20세기 전반
동북아 한인과 아편

박 강

20세기 전반
동북아 한인과 아편

초판 1쇄 발행 2008년 11월 25일
초판 2쇄 발행 2009년 8월 24일

저 자 | 박 강
펴낸이 | 윤관백
제 작 | 김지학
편 집 | 이경남 · 장인자 · 김민희
표 지 | 정안태
영 업 | 이주하
교정·교열 | 김은혜 · 이수정
펴낸곳 | 선인

인 쇄 | 한성인쇄
제 본 | 광신제책
등 록 | 제5-77호(1998. 11. 4)
주 소 | 서울시 마포구 마포동 324-1 곶마루B/D 1층
전 화 | 02)718-6252
팩 스 | 02)718-6253
E-mail | sunin72@chol.com

정가 | 20,000원
ISBN 978-89-5933-143-7 93910

■ 저자와의 협의에 의해 인지 생략.
■ 잘못된 책은 바꾸어 드립니다.

화보집

▲ 조선북부의 앵속 밭에서 작업하고 있는 한인 여성들의 모습으로 추정

▲ 조선의 농촌에서 앵속의 유액을 채취하는 모습

▲ 조선의 농촌에서 유액을 채취하는 아이의 모습

▲ 조선의 농촌에서 앵속의 열매를 들고 가는 경작자의 아이들

▲ 앵속 열매를 칼로 그어 유액을 나오게 함

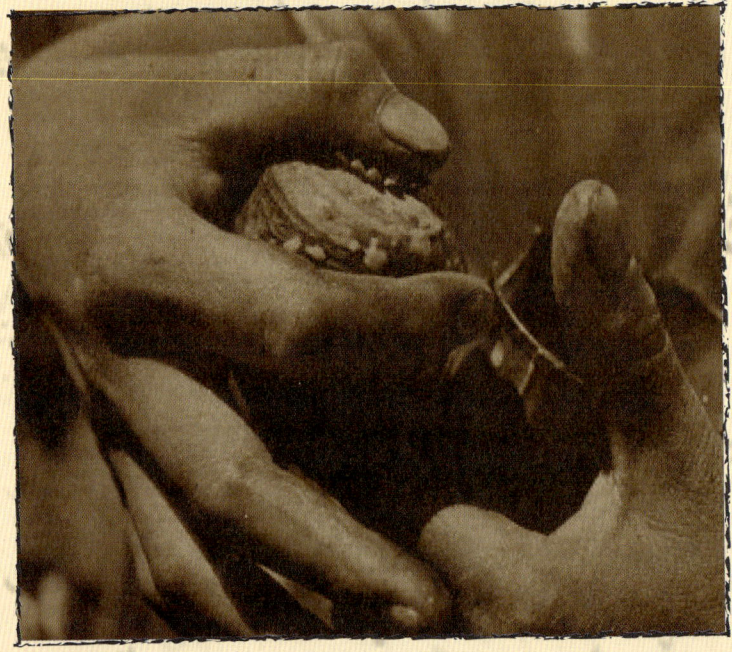

▲ 흘러나오는 유액을 손으로 채취하여 단지(壺)에 모음

▲ 햇빛에 건조시켜 생아편 제조

▲ 유액을 채취하는 도구

▲ 경성 지방전매국 인의동(仁義洞) 공장에서 제조된 마약류

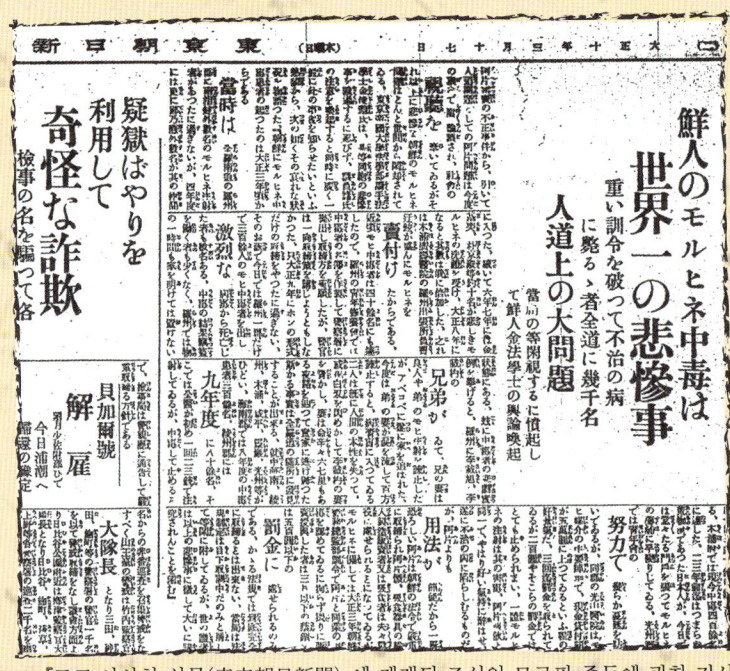
▲ 『도쿄 아사히 신문(東京朝日新聞)』에 게재된 조선인 모르핀 중독에 관한 기사

▲ 아편을 피우고 있는 중국 여성의 모습

▲ 만주의 마약중독자 모습

▲ 하얼빈의 연관(煙館) 모습

▲ 하얼빈에 있는 조선 모르핀관

▲ 하얼빈의 걸인 모르핀 중독자

▲ 장춘 소재 일본인 운영 여관에 비치되어 있는
　아편흡연을 위한 도구

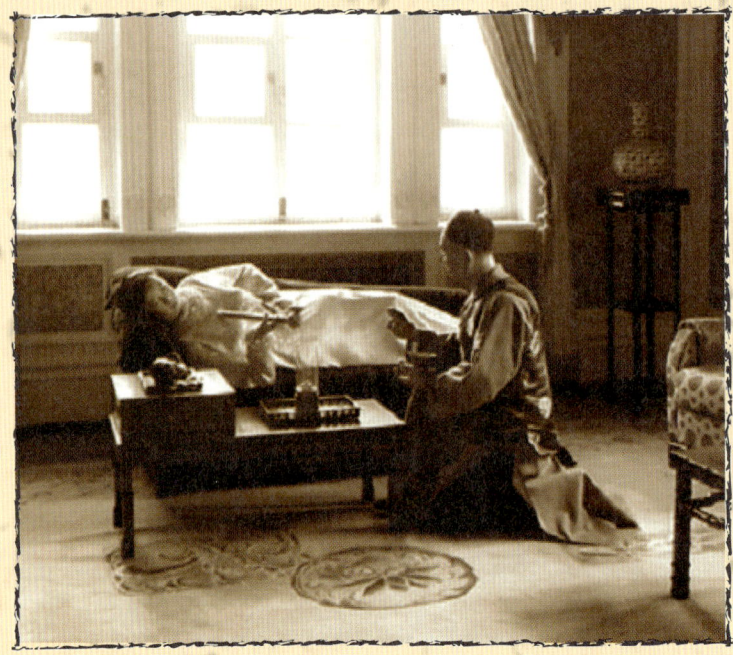
▲ 만주국 황후 완용(婉容)의 아편흡연 모습(밀랍재연)

▲ 장춘에 있는 옛 관동군사령부 건물

▲ 청도(青島) 우체국에서 압수한 일본인 소유의 헤로인

▲ 천진(天津) 소재 일본 조계인 교립가(橋立街)의 '작은 마약 거리'로 불리는 마약을 판매하는 일본 상점들

▲ 천진 소재 일본 조계인 신수가(新壽街)의 '큰 마약거리'로 불리는 마약을 판매하는 일본 상점들

▲ 러시아의 우수리스크역 앞에 선 필자

▲ 러시아 우수리스크시 부근의 광활한 토지

──────── 책을 내면서

　학부에서 경제학을 전공한 필자가 대학원에서 사학(동양사 전공, 세부 전공은 중국 근현대사)으로 전공을 변경하여 일본의 중국침략과 관련한 아편문제에 관심을 갖게 된 데에는 몇 가지 계기가 있었다. 먼저 대학에서 경제학 전공 수업에 대한 따분함을 인문학 수업으로 메우고 싶었던 필자는 어렸을 때 배웠던 중국어에 대한 기억과, 사학을 공부하신 아버님의 영향으로 중국 근현대사 수업을 듣게 되었다. 현재 작고하신 고려대학교 신승하(辛勝夏) 교수님의 중국 근현대사 수업은 서세동점과 아편전쟁으로 시작되었다. 물론 아편전쟁에 관한 간략한 내용은 초등학교 때나 고등학교 수업 때도 들은 적이 있었다. 하지만 이때 들은 강의 내용은 필자에게 새로운 느낌으로 다가왔다.
　이것이 계기가 되어 대학을 졸업하고 사학과 동양사(세부 전공은 중국 근현대사) 전공으로 대학원에 진학하게 되었고 신승하 교수님 밑에서 지도를 받게 되었다. 대학원 수업과정을 통해 중국 근현대사에 대한 이해와 관심의 폭도 넓어지고 다양해졌지만, 그래도 아편전쟁에 대한 관심은 마음 한구석에 여전히 자리하고 있었다. 그러던 중 우연히 아버님 책상 위에서 에구치 게이이치(江口圭一) 교수가 편저

한『자료 일중전쟁기 아편정책: 몽강정권자료를 중심으로(資料日中戰爭期阿片政策: 蒙疆政權資料を中心に)』라는 책을 보게 되었다. 당시 일본 아이치대학(愛知大學)의 에구치 교수는 일본제국주의사를 연구하는 일본을 대표할 만한 학자로서 국사편찬위원회가 주관하는 학술발표회에 초청되어 서울에 왔었다. 이때 아버님이 받은 에구치 교수의 저서를 우연히 보게 되면서 중국의 아편문제가 영국과의 관계에 못지않게 일본과도 밀접한 관련이 있음을 새롭게 알게 되었다. 이것이 계기가 되어 지금까지 은폐되었던 일본의 식민지 및 점령지에 대한 아편정책 연구에 몰두하게 되었다. 그 결과물로 부족하나마 박사학위 논문(「일본의 내몽고통치와 아편정책」)이 나왔고, 곧이어『중일전쟁과 아편: 내몽고지역을 중심으로』라는 이름으로 출판되었다. 이 저서는 일본과 대만에서 각각『日本の中國侵略とアヘン』,『中日戰爭與鴉片: 以內蒙古地區爲中心』이라는 제목으로 번역되었다.

  사실 일본의 아편정책은 1894년 청일전쟁 승리 이래 1945년 패망 때까지 식민지와 점령지에 걸쳐 광범위하게 전개되었다. 필자의 박사학위 논문은 일본의 아편정책 가운데 일부에 불과하였다. 이에 박사 졸업 이후 일본의 각 식민지 및 점령지 별로 아편정책에 관한 연구를 지속시켜 나갔다. 그 과정에서 한인(韓人) 관련 사료를 자주 접하게 되면서 한인관계에 관심을 갖게 되었다.

  당시 한인들은 주로 일본의 조선 강점 이후 만주, 화북, 연해주 등 해외로 이주한 사람들로서 아편마약과 관련하여 중국인과 국제사회로부터 부정적인 인식을 많이 받았다. 뿐만 아니라 주위 어른들로부터 들었던 이야기들이 다시 상기되기도 하였는데, 일제시대 농촌에서 배앓이를 할 때면 양귀비(앵속)를 삶아 그 물을 먹었다는 이야기, 만주로 가서 아편장사로 큰돈을 벌었다는 이야기를 들은 적도 있었다.

  학회에서도 한인과 아편마약 문제와의 관계를 듣곤 하였다. 대만에서 개최된 국제학술회의에서 만났던 중국의 한 원로 학자가 자신의 개인적인 기억을 들려주었는데, 중일전쟁기(1937~1945) 화북에서 아편마약을 밀매했던 사람들은 거의 한인이었다는 것이었다. 국내 학회의 발표에서도 원로 학자들의 기억으로부터 일제시대 한인과 아편과의 관련 얘기는 자주 들을 수 있었다. 이와 같이 일본의 조선 강점과 대외침략시기 국내외 한인의 아편마약과 관련한 얘기는 많이 회자되면서도 정작 연구는 거의 없는 실정이었다. 따라서 지금까지 일본의 아편정책을 연구해온 필자로서는 수집한 사료와 새롭게 발굴한 사료들을 바탕으로 한인 아편마약 문제의 실상을 밝혀보고 싶다는 생각을 갖게 되었다.

그 결과 필자는 최근까지 식민지 조선에서의 일본 아편정책은 물론 해외 이주 한인의 아편마약 문제에 관해 일련의 논문을 발표하였다. 이 책은 필자가 이미 발표한 논문들을 바탕으로 다시 정리한 것이다. 기존에 발표한 논문들을 책 제목에 맞게 일부 장절을 새로이 구성하고, 내용에 있어서도 중복되는 부분을 삭제하고 부족한 부분은 보충하였다. 또한 이 시기 국내는 물론 만주, 화북, 연해주 등 해외 이주 한인의 아편마약 생산 및 판매와 관련한 사진을 수집하여 이해를 돕고자 하였다.

끝으로 가족과 지인들에게 전하는 감사의 마음으로 글을 맺고자 한다. 책을 내면서 시작 부분에도 밝혔듯이 아편연구와 인연을 맺는데 계기를 만들어 주셨던 고려대학교의 신승하 교수님, 아이치 대학(愛知大學)의 에구치 게이이치(江口圭一) 교수님께 감사드린다. 아쉽게도 두 분 교수님은 모두 몇 년 전에 작고하셨다. 또한 일본 아이치 현립대학(愛知縣立大學)의 구라하시 마사나오(倉橋正直) 교수와 중국의 상해사범대(上海師範大) 쑤쯔량(蘇智良) 교수의 도움과 조언에 감사드린다. 동문수학하면서 늘 격려와 조언을 아끼지 않은 서민교(徐民敎) 선배에게도 감사의 마음을 표한다. 또한 학술서적 출판에 대한 자부심으로 출판사를 운영해온 도서출판 선인의 윤관백 사장님과 편집부 여러분께 고마움을 전한다. 끝으로 가족의 어른으로서 또한 학문적으로 늘상 모범을 보여주신 아버님과 형님, 끊임없는 사랑으로 후원을 아끼지 않은 어머님과 아내에게도 깊은 감사의 정을 돌린다.

광안대교가 펼쳐 보이는 해운대에서
2008년 박 강

차례

책을 내면서 / 17

서론 / 27

제1장. 20세기 전반 일본의 아편정책

1. 일본 아편정책의 실시 배경 / 40
2. 중일전쟁 이전 일본의 아편정책 / 47
3. 중일전쟁 발발 이후 아편정책의 확대 / 54
4. 소결: 일본 아편정책의 성격 / 64

제2장. 중국의 마약확산과 일본

1. 중국의 마약확산 배경 / 73
2. 일본의 마약제조 및 밀수출 확대 / 82
3. 마약확산에 대한 일본정부의 대응 및 그 책임 / 92
4. 소결 / 100

제3장. 일본의 조선 아편정책

1. 일본의 마약공급지 조선에 대한 구상 / 106
2. 1차 대전 종전 후 조선 내 마약소비의 증가 / 111
3. 만주사변 발발 이후 아편공급지로의 전환 / 119
4. 소결 / 130

제4장. 재만 한인의 아편마약 밀매

1. 한인의 만주 이주 및 실태 / 137
2. 아편마약과 재만 한인의 활동 / 143
3. 만주국의 아편전매 시행과 밀매문제 / 153
4. 한인의 아편마약 밀매와 만주국의 대책 / 162
5. 소결 / 175

제5장. 화북 이주 한인의 아편마약 밀매

1. 중일전쟁기 일본의 화북 아편정책 / 181
   1) 화북 아편정책의 성격 / 182
   2) 화북과 만주국 아편정책의 비교 / 188
2. 화북 이주 한인과 아편마약 밀매 / 192
   1) 중일전쟁 전후 한인의 화북 이주 / 194
   2) 중일전쟁 이전 재화북 한인의 아편마약 밀매 / 199
   3) 중일전쟁 이후 재화북 한인의 마약밀매 / 204
   4) 한인의 아편마약 밀매와 일본정부의 태도 / 209
   5) 소결 / 220

제6장. 러시아 이주 한인과 아편

1. 우수리스크시(市) 부근과 한인의 아편생산 배경 / 225
2. 한인의 아편생산 및 밀매 / 231
3. 한인사회와 아편과의 관계 / 238
4. 소결 / 243

결론 / 247

참고문헌 / 257
중문초록(中文摘要) / 265
찾아보기 / 274

표 차례

제1장
〈표 1-1〉 1936~1943년도 일본 군사비와 국채 증가상황 | 41
〈표 1-2〉 조선에서의 아편생산 및 수출상황 | 52
〈표 1-3〉 몽강지역 아편지정면적 및 정부 수납실적의 추이 | 60
〈표 1-4〉 몽강지역 정부수납아편의 판매추이 | 60

제2장
〈표 2-1〉 1906~1914년 중국에 수입된 모르핀 수량 | 79
〈표 2-2〉 영국과 일본의 모르핀 수출 및 수입량 비교 | 80
〈표 2-3〉 1916~1920년 일본의 모르핀류 수입량과 제조량 | 83
〈표 2-4〉 1년간 일본의 의료용 모르핀류 사용량 | 83
〈표 2-5〉 1916~1920년 모르핀류의 수출량 | 84
〈표 2-6〉 일본의 모르핀 수입량 | 86
〈표 2-7〉 1924~1928년간 상해 등 각 해관에서의 각국별 마약밀수자 체포 수 및 비율 | 89
〈표 2-8〉 일본의 모르핀, 헤로인 생산량 | 89

제3장
〈표 3-1〉 1919~1929년도 조선의 앵속재배통계 | 112
〈표 3-2〉 조선에서의 모르핀 중독자 수 | 117
〈표 3-3〉 조선의 생아편 생산 및 수출상황 | 122
〈표 3-4〉 조선에서의 마약류 생산 및 만주국에 대한 수출량 | 129

제4장

〈표 4-1〉 재만 한인 이주자의 이주동기 및 이유 | 140
〈표 4-2〉 만주의 각 도시별 한인 인구수 | 142
〈표 4-3〉 하얼빈 거주 한인 직업별 호구수 | 148
〈표 4-4〉 1920년 이주자금 운용상황 | 150
〈표 4-5〉 아편제도 완성을 위한 시행목표 | 158
〈표 4-6〉 연도별 추정소비량에 대한 판매실적 및 비율 | 160

제6장

〈표 6-1〉 제11사단 주둔지역 내 아편재배 면적 및 생산량 | 232
〈표 6-2〉 1데샤진의 아편재배 수익표 | 233
〈표 6-3〉 생산지와 우수리스크시 사이의 아편가격 | 234

---- 일러두기

1. 중국과 일본의 지명은 원어 발음으로 표기하는 것이 원칙이다. 이 책에서도 일본 인명과 지명의 경우 원어 발음으로 표시하였다. 중국 인명 역시 원어 발음으로 표기하였으나 지명의 경우 관행상 한국에서 통용되는 지명을 따랐다.

2. 만주국(滿洲國)은 국제적으로 승인받지 못한 괴뢰정권 또는 괴뢰국이므로 원칙상 ' ' 표시를 해야 하나 번잡한 관계로 생략하였다. '만주사변' 등도 이에 준하여 생략하였다.

3. 용어 문제에 있어 현재는 아편 역시 마약의 일종이지만 당시 모르핀, 헤로인 등 마약은 아편의 대용품으로 사용되기 시작하면서 구별되는 경우가 많았다. 따라서 본서에서는 아편을 모르핀, 헤로인 등과 따로 구별하여 사용한다.

4. 사료에 사용된 일본 연호는 모두 서기로 표기한다.

서론

일본 제국주의시대를 경험했던 분이나 그 시대에 관해 어느 정도 관심이 있는 분이라면 여러 경로를 통해 '만주에서 아편장사로 큰돈을 번 이야기', '식민지 조선의 아편쟁이 이야기', '시골에서 배앓이를 하면 뒤뜰의 양귀비를 삶아서 먹이곤 했던 이야기' 등 국내외 한인과 아편마약 관련 이야기를 들어본 경험이 있을 것이다. 한인과 아편마약과의 관계는 국내보다는 만주 등 해외 이주 한인들의 밀매와 관련하여 많이 전해졌다. 당시 많은 한인들이 일본의 비호를 받으면서 아편마약을 밀매하여 중국인을 병들게 하였고, 이로 인해 일본의 주구(走狗) 노릇을 하였다는 것이다. 그런데 과연 일본 제국주의시대에 해외 이주 한인들이 실제로 아편마약 밀매에 많이 종사하였는지, 종사하였다면 왜 그런 상황에 처하게 되었는지 등등 지금까지 그 실상이 제대로 파악되지 못하였다.

1910년 일본에 의해 나라를 잃은 이후 많은 한인들이 인접한 만주나 연해주, 더 나아가서는 만리장성 넘어 화북 등지로 이주해 갔다. 이들 가운데 항일운동을 위해 해외로 이주한 경우를 제외하고는 국내에서 생계를 유지하기가 어려워 낯선 이국땅으로 간 경우가 대부분이었다. 낯선 이국 가운데 특히 도시로 이주해간 한인들이 구할 수 있었던 생계유지 수단은 매우 제한적이었다. 그렇기 때문에 이들은 생계유지를 위해 또는 그 이상의 목적으로 불법적인 아편마약 밀매에 종사하는 경우가 적지 않았다.

해외 이주 지역 가운데 만주지역하면 제일 먼저 우리민족의 항일독립운동이 연상되지만, 중국 측과 일본 측 사료에는 한인의 아편마약 밀매와 관련된 내용들도 보인다.[1] 그 내용은 만주로 이주했던 일부

---

1 金三民, 『在滿朝鮮人の窮狀と其の解 決策』, 新大陸, 1931 ; 朝鮮總督府內務局社會課 編, 『滿洲及西比利亞地方に於ける朝鮮人事情』, 朝鮮總督府, 1927 ; 拓務大臣官房文書課, 『滿洲と朝鮮人』, 1933 ; 外務省通商局, 『華盛頓會議參考資料 阿片問題』, 1921 ; 『各國ニ於ケル阿片取締狀況』, 1929 ; 外務省通商局, 『支那ニ於

한인들이 일본의 비호 내지 묵인하에 중국과 국제사회에서 금제품(禁制品)으로 지정된 아편마약 밀매에 종사하여 중국인들을 정신적·육체적으로 병들게 하는 데 일조하였다는 것이다. 일부 재만 한인들의 이러한 활동은 중국인과 중국 당국은 물론 국제사회에도 한인에 대한 부정적인 이미지를 각인시키는 데 일정 정도의 역할을 하였다.

만주사변(1931년) 이전 만주지역의 주요 도시에 거주하며 아편마약 밀매에 종사하던 재만 한인들은 만주국 수립 이후에는 어떠한 상황에 처하게 되었을까? 1932년 만주국 수립 이후 재원확보와 관련하여 일본에게는 이 지역 아편 전매제도의 조속한 확립과 밀매아편의 단속이 시급하였다. 이 과정에서 재만 한인들은 일본의 필요에 의해 일시적으로 이용되었다가 배제되는 운명을 겪게 되었다. 즉, 일본의 만주침략 과정에서 한인들이 침략의 도구로 이용되었듯이 만주사변을 전후한 시기에도 이 지역의 아편마약 밀매와 관련하여 만주국에서 추진한 아편마약정책에 또다시 이용되었던 것이다.

중일전쟁 발발(1937년) 전후 화북지역으로 이주한 한인 가운데도 많은 사람들이 아편마약업과 관련을 맺고 있었다. 한인의 화북 이주는 일본의 조선 강점에 따른 정치·경제적 어려움에서 연유된 경우가 대부분이었다. 만주로 이주했던 한인들이 대개 농촌에 정착했던 것과 달리, 화북의 경우 대개 도시로 이주하였고 이들 대다수의 화북 이주 한인들은 '정업(正業)'을 구하기가 매우 어려웠다. 따라서 화북 이주 한인들의 생계 수단은 매우 불안정하였고, 결국 아편마약 등 '부정업(不正業)'의 유혹에서 벗어나기 힘들었다. 특히 중일전쟁기의

ケル阿片及魔藥品』, 1925 ; 「關於日本人民商行在華販運麻醉毒品之說帖」, 國民政府外交部 編, 『中日問題之眞相: 參與國際調查團中國代表提出之二十九種說帖』, 學生書局, 1975 ; 「外人與煙禍槪述」, 『拒毒月刊』 36期, 1929 ; 戴秉衡, 「日本帝國之鴉片政策與東省煙禁之前途」, 『拒毒月刊』 32期, 1929 ; 民, 「遼寧三角地帶毒品之實況」, 『拒毒月刊』 86期, 1935 등에 언급되어 있다.

경우 화북 이주 한인의 마약밀매는 더욱 심각한 상황이었다.2

  러시아 연해주에도 많은 한인들이 이주하였는데, 이 지역의 한인 역시 아편의 생산 및 밀매와 관련이 있었다. 연해주에 대한 한인 이주는 1869년과 1970년에 있었던 흉년에 의한 이주와 같이 생계불안이라는 요인이 컸다. 그리고 러시아가 한인의 이주를 환영하는 태도를 보였다는 사실과 일본의 조선 강점으로 인한 정치적 요인 등이 이 지역으로의 이주를 크게 부추겼다. 러시아 연해주로 이주한 한인들 가운데서도 생업과 관련하여 국제적으로 금제품인 아편마약을 생산하고 밀매에 관여하였다는 등의 내용들이 당시 기록들에 언급되다.3 그런데 지금까지 이와 관련된 내용들이 대체로 소략하고 구체적이지 못하여 이 시기 한인사회와 아편마약 문제와의 관련성에 대한 이해가 매우 부족한 실정이다.

  한인의 아편마약 문제는 해외에서뿐만 아니라 식민지 조선에서도 주목되었다. 일본은 조선이 일본 식민지 내에서 아편 생산에 가장 적당하다고 판단하였는데 그것은 이 지역이 아편의 소비가 거의 없을 뿐 아니라 기후·지질·민도·경찰상황 등이 적합하였기 때문이었다. 이에 따라 식민지 조선에서 아편은 물론 이를 원료로 한 마약까지 생

---

2 1942년에 작성된 일본의 내부자료인 흥아원화북연락부(興亞院華北連絡部)자료에는 "화북의 마약제도 창시에 가장 우려하고 신중히 고려해야 할 것은 半島人(韓國人), 이곳에 거주하는 전체 주민 약 7만 2천 명 가운데 약 7할로 칭해지는 이 같은 업자의 문제로서……"라고 기술되어 있다. 즉, 화북 이주 한인 가운데 70% 정도의 사람들이 마약업에 관련되어 있음을 언급하고 있다(興亞院華北連絡部, 「支那阿片對策關打合會議提出書類」(1942. 8. 19), 岡田芳政 外 編, 『續現代史資料(12) 阿片問題』, みすず書房, 1986, 377쪽).

3 朝鮮總督府內務局社會尼市特務機關, 「大正十年九月 第十一師團駐屯區域內 鮮人阿片栽培事業調査書」, 倉橋正直 編解說, 『二反長音藏 アヘン關係資料』, 不二出版, 1999 ; 尼市特務機關調製, 『第十一師團駐屯地域內 朝鮮人村落及人口調査書』, 1921 ; 朝鮮總督府內務局社會課 編, 『滿洲及西比利亞地方に於ける朝鮮人事情』, 朝鮮總督府, 1927 ; 外務省通商局, 『支那ニ於ケル阿片及魔藥品』, 1925 등이 있다.

산하여 만주 등지에 공급·판매하였다. 조선 내 아편과 마약의 생산은 소비가 거의 없었던 조선에 심각한 사회문제를 낳는 결과를 초래하기도 하였다.

이와 같이 일본의 조선 강점 이후 드러난 국내외 한인의 아편마약 문제는 일본의 대외침략과 관련한 아편마약정책과 밀접하게 연계되어 있다. 일본은 청일전쟁과 러일전쟁에서 잇따라 승리하면서 식민지화한 대만과 관동주에서 재원확보를 위해 아편전매제를 실시하였다. 그 후 만주사변을 통해 수립한 만주국은 물론 중일전쟁을 통해 점령한 중국 각 지역에서도 재원확보라는 동일한 목적하에 아편전매제를 추진해 나갔다. 이러한 상황에 있었으므로 국내외 한인들의 아편마약 관련 문제를 보다 객관적으로 이해하기 위해서는 일본의 대외침략 속에서 파악해야 그 실체를 제대로 규명할 수 있다.

그러나 지금까지 국내외 한인들의 아편마약 관련 문제에 대해서는 제대로 연구가 진행되지 못하였다. 연구가 미진했던 원인으로는 무엇보다도 집중된 사료가 부족하였다는 점이다. 그리고 지금까지 식민지시기 해외 한인에 관한 연구가 주로 독립운동사에 집중되어 있었기 때문이기도 하다. 또한 이 문제가 이 시기 해외 한인사회의 모습 가운데 그다지 드러내고 싶지 않았던 부분이었다는 점도 관련이 있다고 하겠다. 그러나 전체 해외 이주 한인사회의 모습을 제대로 그려내기 위해서는 해외 이주 한인사회의 부정적인 부분이라고 하더라도 당시의 시대상황 속에서 객관적으로 연구되고 살펴볼 필요가 있다.

본서는 국내외 한인의 아편마약 문제를 당시 한인이 처한 시대적 상황, 그리고 일본의 대외침략과 관련한 아편마약정책 속에서 살펴보고자 한다. 이를 위해 전체 내용을 6장으로 구성하였다.

제1장에서는 일본 아편정책의 전체상을 그려봄으로써 국내외 한인과 관련된 아편마약 문제의 기본적인 배경을 이해해보고자 한다. 먼

저 국제적으로 해독(害毒)이 인정되어 생산과 수출 및 판매가 제한되어 있는 아편에 대해 일본이 어떠한 여건 속에서 수입(收入)을 목적으로 전매제를 실시하였는지 살펴보고자 한다. 이어서 중일전쟁 이전까지 일본이 각 식민지에서 행한 아편정책의 운영방식과 그 실태는 물론 중일전쟁 발발 이후 점령지의 확대와 함께 전개된 일본 아편정책의 내용과 그 변화모습을 고찰하고자 한다. 끝으로 일본의 식민지 및 점령지 지배는 물론 침략전쟁의 재창출과 관련한 아편정책이 갖는 성격에 대해 그 특색을 짚어보고자 한다.

제2장에서는 아편의 대용품으로 출발하여 중국사회에 아편보다 더욱 심각한 문제를 야기한 중국의 마약확산 문제를 다루고자 한다. 중국에서의 마약확산 문제는 식민지 조선 내에서의 마약생산 및 해외 한인의 마약밀매와도 연계되어 있어 국내외 한인의 마약문제를 이해하는 데 중요하다. 이를 위해 먼저 청말 아편의 만연에 따른 위기의식이 널리 퍼져있던 상황에서 아편보다도 훨씬 그 해독이 심각한 모르핀 등 마약이 어떻게 중국에 소개되어 확산될 수 있었는지를 고찰하고자 한다. 이어서 1차 대전을 거치면서 중국의 마약 밀수출국으로 부상한 일본의 마약 밀수출 상황을 살펴보도록 하겠다. 그리고 일본 제약회사의 마약 제조, 중국에 대한 밀수출 및 밀매에 대해 일본 당국이 어떻게 대처했는가를 검토하고자 한다. 이를 바탕으로 중국에 대한 일본의 마약 밀매가 단순히 일부 일본 상인들에 의해 자행된 것인지, 아니면 일본 당국의 개입 또는 지원하에서 이루어졌는지 규명해 보도록 하겠다. 이러한 연구는 아편에만 집중되어 제대로 그려내지 못하였던 아편마약 문제 연구의 전체상을 드러내는 데도 기여할 것이다.

제3장에서는 아편마약 청정지역이었던 식민지 조선이 어떠한 환경과 의도 속에서 일본 세력권에 대한 아편마약의 생산·공급지로 전락되었는지, 또한 어떻게 마약남용이 심각한 사회문제가 되었는지

그 배경과 실태에 관해 살펴보고자 한다. 이를 위해 먼저 식민지 조선에서 일본의 아편정책이 시행된 과정을 살펴보고자 한다. 이어서 1차 세계대전 종결과 함께 조선에서는 아편생산이 격감되고 오히려 마약소비가 만연되었는데 그 원인과 실태를 규명해 보고자 한다. 끝으로 만주사변 발발 이래 어떠한 상황 변화 속에서 조선이 일본 세력권에 대한 대규모 아편의 생산·공급지로 변모되어 갔는지를 고찰해 봄으로써 일본의 아편정책 전개과정 속에서 식민지 조선의 역할을 살펴보고자 한다. 이러한 연구는 식민지 조선 내 아편마약의 생산소비와 한인과의 관계는 물론 식민지 조선에서 행한 일본의 침탈이 대외침략 과정에서 어떻게 이용되었는가를 이해하는 데도 도움이 될 것이다.

제4장에서는 만주사변 전후 만주 이주 한인의 아편마약 관련 문제를 살펴보고자 한다. 먼저 만주사변 이전 재만 한인의 아편마약 밀매에 관해 그 배경과 실상을 살펴보고 이어서 아편마약 밀매와 관련되었던 재만 한인들이 만주국 성립 이후 시행된 아편전매 과정에서 어떻게 대응하고 변화되었는지를 검토해 볼 것이다. 이를 위해 먼저 만주사변 이전 재만 한인의 이주배경과 이들의 실태를 간략히 살펴보고자 한다. 그리고 재만 한인의 아편마약 밀매활동의 실상과 그 성격을 일본의 침략정책과의 관련 속에서 고찰해 보고자 한다. 또한 만주국 수립 이후 아편전매제도의 성립과 시행과정에서 기존에 아편마약 밀매에 종사했던 재만 한인에 대한 만주국의 대책과 한인의 대응을 살펴보고자 한다. 이러한 연구는 당시의 시대상황 속에서 재만 한인의 아편마약 종사활동을 보다 객관적으로 조명하는 데 도움이 될 것이다. 나아가서는 만주국 수립 전후 재만 한인 아편마약 밀매자에 대한 일본의 태도변화를 통해 재만 한인에 대한 인식변화의 일면은 물론 일본의 식민지 주민을 이용한 침략정책의 일면을 이해하는 데도 도움이 될 것이다. 아울러 앞으로 만주국 시기 도시 거주 재만 한인

사회의 특성을 이해하는 데도 기여할 것이다.

제5장에서는 중일전쟁 발발 전후 재화북 한인의 아편마약 밀매문제를 다루고자 한다. 이는 일본의 화북 아편정책과의 관련 속에서 이해해야 한다. 이를 위해 우선 일본의 아편정책 연구에서 별로 주목받지 못하였던 화북지역의 아편정책을 만주국과의 차별성에서 출발하여 고찰해 보고자 한다. 이어서 중일전쟁 발발 전후 화북 이주 한인의 아편마약 밀매에 관해 살펴보고자 한다. 먼저 한인의 화북 이주 배경과 그 실태에 관해 살펴보고, 중일전쟁 발발 이전과 이후 화북 이주 한인의 아편마약 밀매상황에 대해 고찰해 보고자 한다. 그리고 한인 마약 밀매자에 대한 일본정부의 대응태도를 통해 화북 이주 한인과 아편마약 문제와의 관련성을 재조명하고자 한다. 이러한 연구는 일본의 화북지역에 대한 아편마약정책 속에서 화북 이주 한인의 아편마약 밀매문제의 객관적 실체를 파악하고 이해하는 데는 물론 이 시기 화북 이주 한인사회의 특징을 살피는 데도 기여할 것이다.

제6장에서는 러시아 연해주 이주 한인의 아편생산 및 밀매에 관해 1920년 전후 우수리스크시(市)[4] 부근지역을 중심으로 살펴보고자 한다. 먼저 러시아지역 우수리스크시 부근에서 이주 한인들이 어떻게 아편을 생산하게 되었는지를 고찰해 보고자 한다. 이어서 이 지역 한인의 아편생산과 거래상황 등을 살펴보고, 이러한 아편생산 및 거래가 한인 사회에 어떠한 영향을 미쳤는지를 분석해 보고자 한다. 이는 러시아 연해주 한인사회의 특성은 물론 만주, 화북지역 이주 한인사회와의 차별성을 이해하는 데도 도움이 될 것이다.

---

4 이곳의 명칭은, 1935년까지는 '니콜스크-우수리스크'로, 1935년부터 1957년까지는 '볼로시로프'로, 그리고 1957년부터 오늘날까지는 계속해서 '우수리스크'로 불리우고 있다(박환, 『박환의 항일유적과 함께 하는 러시아기행 1』, 국학자료원, 2002, 71쪽). 본서에서는 용어의 혼란을 염려하여 현재 불리고 있는 '우수리스크'로 통일하고자 한다.

제1장
20세기 전반 일본의 아편정책

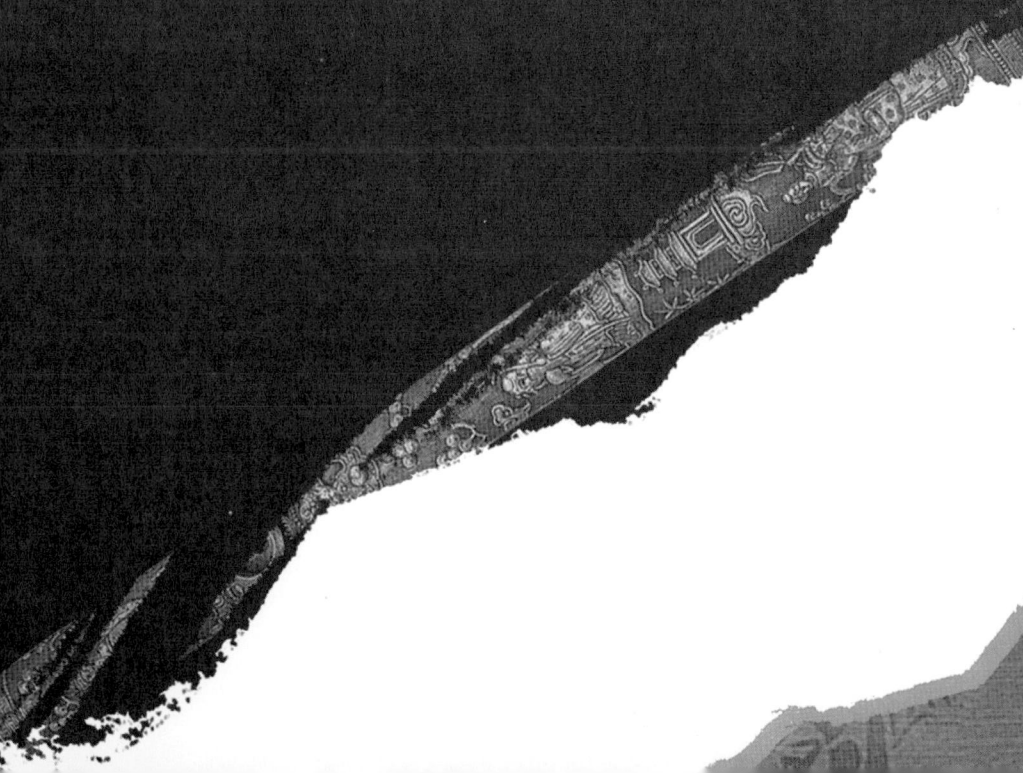

청일전쟁과 러일전쟁을 거치면서 식민지 쟁탈전에 본격적으로 뛰어든 일본은 대만과 관동주 조차지(關東州 租借地) 등 아편 흡연인구가 많은 중국지역을 식민지화하면서 수입위주(收入爲主)의 아편정책을 실시해 나갔다. 청말 이래 중국 내에서 일고 있던 금연운동(禁煙運動)[1]의 열기와 국제적으로 아편금지를 위한 일련의 노력이 전개되는 상황에서 아편을 점차 금지시켜 나간다는 명분으로 아편 전매정책을 시행한 것이었지만 실제로는 수입을 목적으로 한 것이었다. 수입위주의 일본 아편정책은 그 후 1931년 만주사변을 통해 점령한 중국 동북지역은 물론 1937년 중일전쟁을 거쳐 중국 본토의 일부를 점령하면서 더욱 확대되어 갔다.

본장에서는 지금까지 발굴·발간된 사료와[2] 각 지역별 연구 성과를[3] 바탕으로 동북아지역에서 자행되었던 일본 아편정책의 전체상을 그려봄으로써 국내외 한인과 관련된 아편마약 문제의 기본적인 배경을 이해해보고자 한다.

---

[1] 연(煙)은 아편 및 그 대용품을 지칭함.
[2] 가장 최근에 발굴·간행된 일본의 대표적인 아편 관련 자료집으로는 江口圭一 編著, 『資料日中戰爭期阿片政策: 蒙疆政權資料を中心に』, 岩波書店, 1985 ; 岡田芳政 外 編, 『續現代史資料(12) 阿片問題』, みすず書房, 1986 ; 倉橋正直 編·解說, 『二反長音藏·アヘン關係資料』, 不二出版, 1999 등을 들 수 있다.
[3] 일본의 아편정책에 관한 대표적인 연구 성과로는 江口圭一, 『日中アヘン戰爭』, 岩波書店, 1988 ; 倉橋正直, 『日本の阿片戰略: 隱された國家犯罪』, 共榮書房, 1996 ; 朴橿, 『中日戰爭과 阿片: 내몽고지역을 중심으로』, 지식산업사, 1995 ; 劉明修, 『臺灣統治と阿片問題』, 山川出版社, 1983 ; Jennings, John M., *The Opium Empire: Japanese Imperialism and Drug Trafficking in Asia, 1865~1945*, Praeger, 1997 등을 들 수 있으며, 이들 저서 외에도 많은 연구들이 발표되었다.

1. 일본 아편정책의 실시 배경

1894년 청일전쟁과 1904년 러일전쟁을 통해 제국주의로 성장한 일본은 그들의 강력한 군사력에 비해 취약한 경제구조를 가지고 있었다. 경제적으로 취약한 일본이 대외침략 과정에서 실력 이상으로 능력을 발휘할 수 있었던 것은 취약한 경제부문을 영미(英美)에 의존함으로써 가능하였던 것이다. 즉, 일본은 아시아지역에서 제국주의 경쟁상대인 영미에 자원, 무역관계, 국제금융 등을 의존하고 있었다.4

특히 청일전쟁과 러일전쟁을 수행하는 과정에 막대한 전쟁비용이 수반되었는데, 자본축적의 기반이 취약한 일본에 외자도입은 중요한 역할을 하였다. 당시 청일·러일전쟁에서 임시군사비는 각각 2억 엔과 15억 엔에 달하였다. 이 같은 전쟁비용은 청일전쟁의 경우 주로 내국공채와 중국 청조의 배상금을 통해 조달되었다. 러일전쟁의 경우 임시군사비 수입의 40.1%가 영미에서 발행된 외국공채이고, 36.1%가 내국공채였다. 이때 발행된 외국공채는 전후 일본의 재정을 압박하는 주요 원인이 되었다.5

1937년에 시작된 중일전쟁이라는 장기에 걸친 전쟁이 시작되고 지속적인 군비증강(軍備增强)이 필요하게 되자 후진 제국주의 일본이 안고 있던 재정의 취약성이라는 문제는 그 심각성을 더해갔다. 중일전쟁 발발 직후 일본은 임시군사비 특별회계를 만들어 군비를 강화시켜 나갔는데, 〈표 1-1〉을 통해 그것을 확인할 수 있다. 군사비가 총세출에서 차지하는 비율은 증가일로를 달렸다. 중일전쟁 발발 직전인 1936년 군사비의 비율은 47.2%였는데, 태평양전쟁 발발 다음 해인 1942년의 경우 77.2%였다. 이러한 증가에 필요한 거액의 군사비

---

4 江口圭一, 『十五年戰爭史』, 青木書店, 1987, 25쪽.
5 김종현, 『근대일본경제사』, 비봉출판사, 1991, 135쪽 ; 井上光貞 外 編, 『日本歷史大系(4) 近代(I)』, 山川出版社, 1987, 789~790·1131~1132쪽.

는 주로 국채발행과 차입금을 통해 충당되었다. 일본 국민 1인당 평균조세 부담 역시 폭등되어 전전(戰前)인 1934~1936년에 20엔이던 것이 1941년에는 70엔에 달하였다. 이후에도 조세는 계속 증가되어 1941년에 44억 2천만 엔이었고, 1943년에는 87억 5천만 엔까지 이르렀다.[6] 일본정부의 공채발행도 〈표 1-1〉에 보이는 바와 같이 그 규모가 급팽창되었다. 1937년에 22억 3천만 엔이던 것이 1943년에는 211억 4천 7백만 엔으로 커져 약 9배 이상의 증가가 있었다. 그리고 이와 같이 과다한 국채발행은 이후 일본경제가 악성 인플레이션에 시달리는 주요 원인으로 작용하였다.[7] 이러한 조치에도 불구하고 일본의 재정적 어려움은 해결될 기미가 보이지 않았고 급기야는 1943년 이후 점령지 발권은행으로부터 대량의 통화를 차입하여 직접 전비(戰費)로 사용할 정도에 이르게 되었다.[8]

〈표 1-1〉 1936~1943년도 일본 군사비와 국채 증가상황[9]

연도	군사비			총 세출	A/D (%)	국채발행 (소화율:%)
	회계 (A=B+C)	임시군사비 특별회계(B)	육해군성 (C)	일반회계+임시 군사비회계(D)		
1936	1,078		1,078	2,282(100)	47.2	
1937	3,270	2,034	1,236	4,743(207)	68.9	2,230(69.2)
1938	5,961	4,795	1,166	7,776(340)	76.7	4,530(89.7)
1939	6,472	4,844	1,628	8,806(386)	73.5	5,516(86.0)
1940	7,948	5,722	2,226	10,982(481)	72.4	6,884(82.7)
1941	12,499	9,487	3,012	16,452(725)	76.0	10,191(87.0)
1942	18,832	18,753	79	24,406(1,069)	77.2	14,259(95.8)
1943		29,818		38,001(1,665)		21,147(93.4)

---

6 中村隆英, 「戰爭經濟とその崩壞」, 『岩波講座 日本歷史(21) 近代(8)』, 岩波書店, 1976, 150쪽.
7 歷史學硏究會 編, 『太平洋戰爭史4 太平洋戰爭Ⅰ』, 靑木書店, 1974, 268쪽.
8 歷史學硏究會 編, 『太平洋戰爭史5 太平洋戰爭Ⅱ』, 靑木書店, 1974, 94쪽.

이와 같이 자본 축적이 취약한 일본이 대외침략과 함께 획득한 식민지 및 점령지의 유지비용으로 재정적 어려움에 봉착한 것은 당연하였다. 청일전쟁으로 획득한 대만을 경영하는 데 있어 일본은 재정적으로 커다란 압박을 받았다. 특히 대만 지배 초기의 경우 항일무장세력의 진압과 통치기구의 정비가 주요 정책 과제가 되어 재정지출은 팽창되었지만 대만의 세입(歲入)은 미미하였다. 따라서 대만 세입의 부족은 수년간 일본 본국의 국고에 부담으로 작용하였다. 이러한 가운데 일본 본국으로부터 대만 재정의 독립 전망을 가져다 준 것은 1898년 내무성 위생국장 고토 신페이(後藤新平)가 제출한 의견서였다. 그의 의견서에서 특히 주목되는 것은 "아편을 주요 재원으로 하고 외채를 모집하여 대만의 척식(拓植)을 추진한다"라는 부분이다. 이는 일본 본국으로부터 국고보조금이 점차 줄어드는 상황에서 단기적으로는 아편전매수입과 외채를 통해 재정의 적자를 보전(補塡)하고, 장기적으로는 적극적인 식산흥업(殖産興業)정책을 전개시켜 대만재정의 독립을 달성시키자는 것이었다.10 이러한 의견서의 내용을 볼 때 대만지배 초기에 일본은 식민지 유지와 관련하여 재정적으로 매우 어려운 상황에 놓여 있었으며 그것을 타개하기 위한 일환으로 아편수입에 주목하였음을 알 수 있다.

러일전쟁 후 일본에 조차(租借)된 관동주나 1931년 만주사변 후 일본에 의해 수립된 만주국에서도 아편정책은 일본의 식민지 유지를 위한 재원확보와 밀접한 관련을 갖는다. 1919년 일본 각의(閣議) 및 훈령(訓令)에서 이미 "관동주(關東州) 및 청도(靑島)에서 시행된 아편제도의 실제 운용은 그 근본주의인 식민지에 거주하는 중국인의 아편흡연 점금방침(漸禁方針)을 위반하여 사실상 세입(歲入)을 얻을 목

---

9 朴橿, 앞의 책, 234쪽.
10 森久男,「臺灣總督府の糖業保護政策の展開」, 臺灣近現代史研究會 編,『臺灣近現代史研究』創刊號, 1978, 42~46쪽.

적만으로 이용된 측면이 있다"¹¹라고 하여 관동주의 아편제도가 수입 (收入)을 목적으로 하고 있음을 밝히고 있다. 또한 1919년 6월부터 1920년 9월까지 관동주로부터 아편 특허사업을 위임받은 굉제선당 (宏濟善堂) 계연부(戒煙部)가 아편매하(賣下) 과정에서 고의로 매하 가격을 낮추어 이익을 꾀한 것이 발각된 사건이 있었다.¹² 이 사건의 변호를 맡은 오오이 시즈오(大井靜雄) 역시 그가 쓴 「아편사건의 진상(阿片事件の眞相)」에서 "관동청(關東廳)은 관동주 조차 이래 예산 관계상 아편 중독자의 구제를 명목으로 아편의 수입(輸入)・판매를 특허해 주었으며",¹³ "우리나라에서도 관동주 및 청도(靑島) 조차 이래 구미 각국의 아편정책을 모방하여 조차지 지방예산의 대부분을 아편수익에 의존하고 있다"¹⁴라고 언급하였다. 만주국 역시 1932년 6월 관동군 참모장이 일본 육군차관에 대해 "만주국 재정은 치안유지가 곤란하기 때문에 건국 당초의 세입견적(歲入見積) 6,400만 원을 실현하는 데 중대한 난관에 봉착했다. 그런데 위 금액 중에는 1,900만 원의 관세수입 및 약 1,000만 원의 아편전매수입을 계상(計上)함으로써 위의 양자를 급속히 처리하여"¹⁵라고 하여 만주국의 지배력 확립에 필요한 주요 재원(전체 예산의 약 16%)을 아편수입에 의존하려고 하였음을 알 수 있다.

---

11 「臺灣靑島及關東州ニケル於阿片制度撤廢ニ關スル閣議決定(大正八年一月十八日) 及訓令」, 外務省通商局, 『華盛頓會議參考資料 阿片問題』, 1921, 448~450쪽.
12 당시 대련 민정서장 나카노(中野有光) 등이 이 사건에 관련되어 있음이 드러나자 중국은 물론 국제사회의 비난과 함께 세계의 이목을 집중시켰다(大井靜雄, 「阿片事件の眞相」, 岡田芳政 外 編, 앞의 책, 211~212쪽 ; 多田井喜生, 『大陸に渡った円の興亡』, 東洋經濟新報社, 1997, 119~120쪽).
13 大井靜雄, 「阿片事件の眞相」, 岡田芳政 外 編, 앞의 책, 212쪽.
14 大井靜雄, 「阿片事件の眞相」, 岡田芳政 外 編, 앞의 책, 218쪽.
15 「もう一つのアヘン戰爭: 日中戰爭史の一斷面」, 黑羽淸隆, 『十五年戰爭史序說 (上)』, 三省堂選書, 1984, 207~208쪽.

중일전쟁 발발 이후 일본의 중국 점령지 확대에 따라 새로이 수립된 각 괴뢰정권지역에서도 역시 아편수입은 중요 재원으로 처리되었다. 1937년 중일전쟁 발발과 함께 내몽고(內蒙古) 일대에 수립된 세 개의 자치정부는 1939년 9월 1일 몽고연합자치정부(蒙古聯合自治政府)로 통합되었고 정부재원의 수요 증대에 따라 재원확보 차원에서 아편증산이 추진되었다. 즉, 자료「최근몽강경제특수사정 최고고문상경원고(最近蒙疆經濟特殊事情 最高顧問上京原稿)」에 의하면, "아편행정에서는 (1) 아편의 재정 경제상의 중요성 (2) 중일전쟁 발발에 따른 점령지역 안에서의 아편의 부족 (3) 외국아편의 수입에 따른 엔 블록 외부로의 자금유출을 방지한다는 등의 견지에서……종래 구구했던 아편제도를 철폐하고 그것의 일원화를 도모하여 준(準) 아편전매제도의 형식을 채택하였다."16 또한 만철·북지경제조사소(滿鐵·北支經濟調査所)가 작성한 자료에 의하면, "이와 같은 정부조직의 새로운 체제 정비는 필연적으로 정부예산액의 증대를 초래하였다.……이에 따라 종래 중요한 재원으로서 아편의 증산 및 그것의 생산·배급, 기타에 대한 전면적인 통제가 중요한 문제로 제기된 것은 당연하다고 할 것이다."17라고 하였다.

일본의 화북과 화중점령지 역시 수입위주(收入爲主)의 아편정책 실시에 있어 예외가 아니었다. 화북점령지에 대해서는 1938년 9월 1일에 주(駐)중국 일본 외교관이 일본 외무대신 우가키 가즈시게(宇垣一成)에게 보낸 전문을 통해 보면 오히려 금연(禁煙)이 주장되기도 하였다.18 그러나 그해 10월 25일 일본대사관은 화북지역에 대한 아편마약 대책안에서 "화북에서의 아편대책에 관해서는 과거 그것의 거

---

16 「最近蒙疆經濟特殊事情 最高顧問上京原稿」(1942. 3. 1), 江口圭一 編著, 앞의 책, 1985, 553쪽.
17 滿鐵·北支經濟調査所, 「蒙疆ニケル於阿片」, 江口圭一 編著, 앞의 책, 1985, 263쪽.
18 「外務省關係電報および文書」, 岡田芳政 外 編, 앞의 책, 548~549쪽.

래 및 흡연의 실정과 기타 현재 동 지역의 제반 상황을 감안해 볼 때 단금(斷禁)을 강행하는 것은 불가능하고 또한 부적당하다. 뿐만 아니라 지금 갑자기 단금을 취지로 전매제를 시행하는 것은 시기적으로 맞지 않아 점차 단속을 엄중히 하는 방침에 근거하여 지도하는 결과 재정수입상(財政收入上) 기여하는 것으로 해야 한다"19라고 하였다. 이를 통해 화북점령지에서도 일본은 아편근절보다는 재정수입 확보에 더 중점을 두었음을 알 수 있다.

화중점령지는 보다 복잡한 문제가 내재된 지역이었다. 특히 이곳은 영미의 이권이 집중된 지역이었으므로 국제사회의 비난을 회피하기 위한 조치가 필요하였다. 이에 일본은 리지엔푸(里見甫)라는 일본인 민간인을 기용하여 아편업무를 대신 담당하도록 하였다. 이와 같이 책임을 회피하려는 일본의 의도는 일찍이 미국에 간파되어 국제사회에서 비난을 받게 되었다. 즉, 1938년 6월 13일 제네바의 국제연맹 아편자문위원회에서 미국대표 푸러(Stuart Fuller)에 의해 일본이 아편수입을 도모하기 위해 화중지역에 이란산 아편을 수입한다는 것이 지적되어 비난이 집중되었다.20 이를 통해 볼 때 화중점령지에서는 국제사회의 비난을 의식한 조치를 취하기도 하였지만 여전히 아편을 통한 수입이 포기되지 않았음을 알 수 있다.

대외침략 과정과 함께 시행된 일본의 아편정책이 본국의 취약한 경제구조와 관련하여 식민지 및 점령지 유지 차원에서만 시행되었을까? 실제로 아편수입은 일본의 공작자금과도 관련성이 깊었다. 대만에서는 전매국이 아편의 수입, 제조, 판매 등을 관장하는 방식이 채택된 데 반해 관동주의 경우 20년 가까이 식민지 관청이 아닌 개인 또는 특정단체에게 아편의 수입, 제조, 판매를 특허해 주었다. 특허

---

19 「在中華民國日本大使館書類抄」(1938. 10. 25), 岡田芳政 外 編, 앞의 책, 261쪽.
20 「外務省關係電報および文書」, 岡田芳政 外 編, 앞의 책, 537쪽.

제도 시행의 목적이 무엇인가에 대해서는 대만의 아편제도 논의과정에서 대만 민정국장 미즈노 우타가우(水野遵)가 언급한 바 있었다. 그는 대만에서 특허제도의 시행불가를 설명하였는데 이 제도가 아편의 금지를 도외시하고 아편수입과 민심 달래기만을 목적으로 한 것이므로 채택할 수 없다고 주장한 적이 있었다.[21] 그럼에도 불구하고 관동주에서 이 제도가 채택된 것은 이 지역 군부의 공작자금과 관련이 깊다고 하겠다. 즉, 규모가 큰 러일전쟁을 거치면서 관동주 군부의 권한이 강화되어 갔고, 또한 이 지역은 만주침략을 위한 전진기지였다. 따라서 군부에게 정규예산이 아닌 비밀 공작자금이 필요했다는 것은 이해하기 어렵지 않다. 그런데 군부가 이 지역에서 직접 아편사업을 시행하지 않은 것은 외교적인 문제를 야기시킬 수 있었기 때문인데, 이에 따라 개인 또는 단체특허제도라는 위장형식이 필요하였던 것이다.[22] 특히 만주와 중국에 주둔한 일본군의 경우 기밀비·모략비·공작비를 아편수입에 의해 조달한 경우가 많았다. 원래 군대를 유지하고 전투에 필요한 비용은 정규예산과 임시군사비로 충당된다. 또한 기밀비·모략비라는 특별히 은폐된 비용도 육군성의 예산 가운데 계상되지만, 문제는 이러한 정규 기밀비·모략비의 규모를 넘는 비용이 만주와 중국에 주둔한 일본군의 경우 필요했다는 것이다. 따라서 만주와 중국에서 활동한 특무기관, 헌병대 등은 이러한 비용을 아편수입으로부터 조달한 경우가 많았다.[23]

중일전쟁기 화중점령지의 아편업무를 담당한 굉제선당에서 역시 아편수익 가운데 상당금액이 실제 공작자금으로 흘러 들어갔다. 리지엔푸는 1946년 3월 14일 국제검찰국에 의해 진행된 취조에서 아편

---

21 劉明修, 앞의 책, 48쪽.
22 구라하시 마사나오(倉橋正直) 저, 박강 역, 『아편제국 일본』, 지식산업사, 1999, 143~148쪽.
23 「資料解說」, 岡田芳政 外 編, 앞의 책, xiv쪽.

판매를 통해 얻은 이익금 가운데 약 2천만 원을 왕징웨이(汪精衛)정권의 수립과 운영에 사용했다고 진술하였다. 구체적으로는 삼분되어 각각 남경정부 재정부, 계연총국(戒煙總局), 굉제선당으로 분배되었다는 것이다.24 또한 극동국제군사재판에 검찰 측 증거서류로 제출된 남경고등법원(南京高等法院)의 「아편흡연금지처리경과사정(阿片吸煙禁止處理經過事情)」이라는 문서에서도 일본이 상해 및 중국의 각 도시에서 아편을 판매하여 얻은 이익금 대부분이 도죠내각(東條內閣)의 보조자금과 의원의 보조금으로 할당되어 도쿄로 보내졌다고 하였다.25 이를 통해 화중지역에서 일본이 장악한 아편수익금은 대체로 신정권 수립을 위한 공작자금과 일본 본국의 정치자금 등으로 활용되었음을 알 수 있다.

요컨대 일본의 아편정책은 대외침략 과정에서 획득한 식민지·점령지 유지는 물론 군부를 중심으로 한 공작자금 등 기밀자금 확보차원에서 시행되었다. 그것은 취약한 경제구조를 갖고 있는 일본의 당시 현실은 물론 비정상적인 음모·모략 등이 전쟁 수행과정에서 중요한 역할을 하였음을 알 수 있게 하는 부분이라고 하겠다.

2. 중일전쟁 이전 일본의 아편정책

중일전쟁 발발 이전 일본은 아편 소비인구가 많은 대만, 관동주, 만주국 등지를 식민지화한 후 이들 지역에서 대체로 점금정책(漸禁

---

24 小林元裕, 「阿片をめぐる日本と汪兆銘政權の相剋」, 『總力戰・ファジズムと現代史；年報・日本現代史』 3號, 1997, 196쪽.
25 南京高等法院 1946年 5月 25日 聯合軍最高司令部總本部國際檢察局, 「阿片吸煙禁止處理經過事情」, 江口圭一 編著, 앞의 책, 1985, 629쪽 ; 袁愈佺, 「宏濟善堂之內幕」(1946. 1. 22), 南京市檔案館 編, 『審訊汪僞漢奸筆錄(上)』, 江蘇古籍出版社, 1992, 1049쪽.

政策)에 근거한 아편전매제 방식을 통해 아편수입을 꾀하였다. 일반적으로 아편정책은 크게 두 가지로 구분해 볼 수 있다. 하나는 아편의 흡연을 일체 엄금하는 소위 엄금정책(嚴禁政策)이며, 다른 하나는 일반에게는 흡연을 엄금하고 오직 기존의 중독에 빠진 자에 한해 흡연을 허가하는 것으로, 흡연에 필요한 아편은 정부에서 전매하여 공급하는 소위 점금정책이다.[26] 청일전쟁 이래 일본의 대외침략 과정에서 일본의 지배하에 놓인 대만, 관동주, 만주국 등은 원래 아편이 만연된 곳이었다. 일본은 이들 지역에서 점금정책을 취하면서 인도적인 배려라는 점을 강조하였지만 실은 식민지 유지를 위한 재원확보와 관련이 깊었다.

이러한 점금정책은 식민지에서의 아편전매제 유지과정에서 적은 비용으로 높은 전매수입을 꾀할 수 있는 효과적인 방책이었다. 일본이 대만을 점령한 직후 현지의 항일무장세력들은 일본이 아편 등 이 지역에 본래 습관으로 있는 것들을 파괴한다고 선동하였다. 이로써 일본이 엄금정책을 취할 경우 대만 흡연자의 저항을 진압하는 데 따른 군사적 부담이 크다는 문제가 있었다.[27] 대만에서 엄금정책을 시행하기 위해서는 연간 2개 사단 이상의 군대가 수년에 걸쳐 이에 종사하는 것이 요구되었다. 대만과 비교하여 훨씬 넓은 면적과 많은 인구를 갖고 있으며, 삼면이 육지로 둘러싸인 만주국에서 이 정책을 시행할 경우 훨씬 많은 경비와 인원이 요구된다는 것은 자명한 것이었다.[28] 반면 점금정책을 시행할 경우 아편전매제를 통해 엄청난 수입을 보장받을 수 있었다. 따라서 일본은 재정수입 확보 차원에서 엄금

---

26 日滿實業協會,「滿洲國阿片制度と阿片の槪念」(1936. 3), 岡田芳政 外 編, 앞의 책, 223~224쪽 ; 野波靜雄,『國際阿片問題』, 平凡社, 1925, 196쪽.
27 森久男,「臺灣阿片處分問題(1)」,『アジア經濟』19卷 11號, 1978, 7쪽 ; 劉明修, 앞의 책, 38쪽 ; 林進發,『臺灣統治史』, 民衆公論社, 1935, 75쪽.
28 日滿實業協會,「滿洲國阿片制度と阿片の槪念」, 岡田芳政 外 編, 앞의 책, 224쪽.

정책을 포기하고 인도적인 배려라는 점을 강조하여 점금정책을 채택하였던 것이다.

이와 함께 일본은 과거 영국이 동남아지역에서 시행한 바와 같이 전매에 필요한 아편을 주로 소비지 외부로부터 조달하는 방식을 취하였다. 지배력이 불확실한 아편 소비지역에서 아편을 대량 생산하게 되면 밀매가 성행할 소지가 크고 이를 단속하기 위해서는 엄청난 경비와 인력이 필요하게 된다. 따라서 일본이 과거 영국이 동남아지역에서 시행한 것과 같이[29] 소비지에 필요한 수요량을 거의 외부로부터 조달하는 방식을 채택하였던 것은 밀매를 효과적으로 단속하고 독점적인 전매가격을 유지하기 위한 것이었다.

이와 같이 일본은 아편소비지에 필요한 수요량을 소비지 밖으로부터 수입하거나 또는 지역 내에서도 생산지와 소비지를 분리시켜 조달하는 방식을 견지하였다. 대만과 관동주의 경우 경찰제도가 미비하고 아편 중독자가 존재하고 있어 단속이 어렵다는 이유로 일본은 아편의 지역 내 재배를 금지시켰다. 그리고 이들 지역의 수요량을 주로 이란, 터키 등 외국에서 수입하여 충당하였다.[30] 그러나 만주국의 경우 전체 아편 중독자가 필요로 하는 양이 막대하여 그 전량을 모두 외국으로부터 조달하기 어려웠다. 따라서 1936년부터 만주국 내에서 점차 일본이 지정하는 일정지역에 한정하여 아편을 집중 생산시켰다.[31] 이러한 방식을 통해 일본은 밀매의 저항을 물리치면서 독점적인 아편전매를 유지하고자 하였던 것이다.

---

29 「南方占領地域ニ於ケル阿片政策暫定要領」, 江口圭一 編著, 앞의 책, 1985, 590쪽 ; 興亞院華中連絡部次長, 「大東亞共榮圈各地域ヲ通スル阿片政策確立ニ關スル件」, 江口圭一 編著, 앞의 책, 1985, 586~589쪽.

30 劉明修, 앞의 책, 230~231쪽 ; 倉橋正直, 「日本の阿片・モルヒネ政策(その1)」, 『近きに在りて』 4號, 1983, 4~5쪽 ; 佐藤弘, 「大東亞の特殊資源: 阿片」, 岡田芳政 外 編, 앞의 책, 15쪽.

31 倉橋正直, 「日本の阿片・モルヒネ政策(その1)」, 『近きに在りて』 4號, 1983, 42쪽.

소비지와 생산지 분리 방식에 있어 특히 만주국과 조선은 그 지역의 특수 사정이 아편정책 시행에 많이 반영되었다. 만주국의 경우 1936년 이전까지는 열하성(熱河省)과 흥안서성(興安西省) 외에도 여러 지역에 걸쳐 재배지역이 지정되었는데, 이해의 경우는 재배지역 지정이 대폭 축소되었다. 그것은 만주국이 추진했던 '치안공작'과 관련이 깊었다고 생각된다. 즉, 1935년 9월 중순 관동군을 중심으로 일만 군경(日滿 軍警) 및 관계기관이 일체가 되어 '추기치안숙정공작(秋期治安肅正工作)'을 결행하였다. 이 '치안공작'에는 무력토벌인 '치표공작(治標工作)'과 항일세력의 생활근거를 근본적으로 제거하는 '치본공작'이 병행되었다. '치본공작(治本工作)'의 목적 가운데 하나가 아편밀재배 단속을 통한 항일세력의 재원 제거에 있었다. 이에 따라 1936년도에 봉천(奉天), 길림(吉林), 간도(間島), 빈강(濱江), 삼강성(三江省)의 여러 현들이 아편밀재배 '특별청소지역(特別淸掃地域)'으로 지정되어 단속이 강화되었던 것이다.[32] 당시 만주국에서 필요로 하는 아편의 양이 막대함에도 불구하고 이 지역 전체에 걸쳐 아편을 생산시키지 않고 일정지역에 한정시킨 것은 이 지역에 대한 일본의 지배력이 아직 확립되지 않았다는 점과 아편이 항일세력의 재원으로 활용되는 것을 경계하였기 때문이었다.

식민지 조선은 아편흡연 인구가 거의 없지만 일본의 아편정책 대상에 포함되어 생산지로 주목받았다. 일본은 그들 식민지에 필요한 아편을 일본 국내 생산 아편보다 1/3 내지 1/2이 싼 이란, 터키, 인도 등에서 수입하였다. 그런데 제1차 세계대전을 계기로 수입가격이 폭등하자 이를 해결하기 위한 대안이 필요하게 되었다. 당시 조선은 일부 중국과의 접경지역을 제외하고는 전체적으로 아편 흡연습관이

---

32 專賣總局, 『阿片事業槪況』, 1938, 21쪽 ; 加藤豊隆, 『滿洲國警察小史(第一編)滿洲國權力의 實態について』, 元在外公務員援護會, 1978, 97~105쪽 ; 治安部警察司, 『滿洲國警察史』(復刻本), 1976, 393쪽.

거의 없는 지역이었다. 제1차 세계대전의 영향으로 인도·이란산 아편가격이 상승하자 일본은 수입을 대체할 수 있는 지역으로 조선을 주목하게 되었다.33 기후·지질·민도·경찰상황 등에서 일본 식민지 가운데 아편흡연자가 없는 조선이 일본 본토와 함께 아편의 생산지로 가장 적당하다고 판단되었던 것이다.34

1차 대전이 예상외로 일찍 종식되면서 일본은 조선 내 아편생산량을 급속히 감소시켰지만 생산지로서의 역할은 지속시켰다. 특히 만주사변 후에 일본의 식민지 및 점령지가 확대되면서 다시 생산지로서의 역할이 강조되었다. 인구의 3%인 약 100만 명(1933년)이 아편 소비자로 추정되는 만주에서 1년 동안 소비되는 생아편 예상소비량 2,700만 냥(1냥=36g)을35 지역 내에서 모두 생산한다는 것은 불가능하였다. 또한 1차대전기에 경험했던 외국산 아편의 가격폭등을 통해 일본 본토와 함께 지배력이 안정된 조선에서 아편을 생산함으로써 유사시를 대비한 어느 정도의 자급화가 필요함을 체득하였다.36 그러므로 조선은 만주지역 부족분의 일부와 대만, 관동주에 공급할 아편을 생산하는 지역으로 선택되었던 것이다.37 〈표 1-2〉에 보이는 바와 같이 이들 아편 소비지역에 대한 조선의 공급지로서의 역할은 중일전쟁과 태평양전쟁 발발 이후 일본의 외환관리 강화에 따라 외국산 아편의 수입이 어렵게 되자 계속 중시되었다.

---

33 朝鮮總督府專賣局, 『朝鮮專賣史(3)』, 1936, 479~480쪽.
34 佐藤弘, 「大東亞の特殊資源: 阿片」, 岡田芳政 外 編, 앞의 책, 15·18·23쪽.
35 專賣總局, 앞의 책, 8쪽.
36 佐藤弘, 「大東亞の特殊資源: 阿片」, 岡田芳政 外 編, 앞의 책, 23쪽.
37 外務省條約局, 「昭和13年度執務報告拔萃 194~203 6章 阿片及麻藥ニ關スル問題」, 『極東國際裁判記錄 檢察側證據書類』 82卷, 檢察側文書1043-11號.

〈표 1-2〉 조선에서의 생아편 생산 및 수출상황[38]

연도	앵속 재배면적 (ha)	앵속 재배지역	생아편 수납량 (kg)	생아편 수출량(kg) 관동주 전매국	생아편 수출량(kg) 만주국 전매국	생아편 수출량(kg) 대만 전매국
1930	735		1,400	(2,867)	무	무
1931	1,052		5,654	(2,092)	무	무
1932	1,068		7,634	무	무	[1,884] (1,952)
1933	2,240		14,059	무	무	[3,235] (3,186)
1934	2,177	경기·강원 함남·함북	11,339	무	무	무
1935	(2,531)	〃	18,348 (18,160)	(7,500)	(3,572)	무
1936	(2,497)	〃	27,305 (27,086)	(15,022)	(11,283)	무
1937	(2,608)	〃	28,848 (27,608)	(6,700)	(17,461)	무
1938	(5,110)	강원·함남· 함북·평남· 황해도	27,712 (26,538)	(9,010)	(28,668)	무
1939	(6,729)	전남·충북· 평북을 제외한 전국 각 도	(26,702)	(8,524)	(4,259)	(10,059)
1940	(7,425)	〃	(32,929)	(12,498)	(8,501)	(7,315)
1941	(8,602)	〃	(30,739)	(20,110)	(17,008)	(11,473)
1942	(6,799)	〃	(25,971)	(16,839)	(11,032)	(8,139)
1943	(7,654)	〃	(39,433)	(17,418)	(8,377)	(4,777)
1944	(7,778)	〃	(37,811)	(12,000)	무	무
1945	불명	불명	불명	무	무	(224)

* 표기 이외에 1944년도 생아편의 일본해군 수출량(6,011kg)이 있음.
( )는『極東國際裁判記錄 檢察側證據書類』에서, [ ]는『日本帝國統計年鑑』에서, 기타는『朝鮮總督府統計年報』,『朝鮮事情』,「大東亞의 特殊資源; 阿片」에서 인용한 통계수치임.

---

[38] 朴橿,「朝鮮에서의 日本 阿片政策」,『韓國民族運動史研究』20집, 1998, 323~324쪽.

제1장 20세기 전반 일본의 아편정책 ■ 53

　이상과 같이 일본은 높은 전매수입 확보를 염두에 둔 결과 점금정책은 물론 소비지와 생산지를 분리시키는 정책을 도입하였던 것이다. 앞 절에서 언급했듯이 러일전쟁 후 조차한 관동주의 경우를 제외하고는 식민지 당국이 아편의 수입, 제조, 판매 등을 직접 관장하는 방식을 취하였다. 이를 통해 중국인이 거주하는 아편소비지역에서 막대한 아편수익을 올릴 수 있었던 것이다.

　일본의 대만 지배 초기인 1898년 대만에서의 아편전매수입은 약 350만 엔 정도였는데, 이는 당시 대만 전체 세입의 약 46%에 해당하는 액수였다. 그 후에도 약 20여 년 동안 아편전매수입이 대만 전체 세입에서 차지하는 비중은 두 자리 수를 유지하였다.39 관동주의 경우도 일본의 지배 이래 아편수입을 목적으로 한 전매제도가 유지되었고 약 30년이 지난 1934, 1935년에도 그 수입은 각각 약 637만 엔, 300만 엔으로 전체 세입에서 각각 16%, 10%정도를 차지하였다.40 만주국의 경우 건국 초기의 전체 세입예산 6,400만 엔 가운데 아편전매수입이 약 16%인 1천만 엔에 달하였으므로 아편수입에 대한 의존도가 높았음을 알 수 있다.41 중일전쟁 발발 직전인 1936년의 경우 일반회계 전입금으로 들어온 아편전매 이익금만 해도 만주국 세입의 약 5%인 1,331만 엔을 차지하였다.42 이와 같이 아편전매제를 통해 들어온 아편수입은 식민지 재정에서 커다란 비중을 차지하였음을 알 수 있다.

---

39 劉明修, 앞의 책, 184~186쪽.
40 關東局 編, 『關東局施政三十年史』, 1936, 727쪽 ; 滿洲日日新聞社, 『滿洲年鑑: 昭和13年版』, 1937, 110쪽.
41 『極東國際軍事裁判速記錄(1)』, 雄松堂書店, 1968, 435쪽.
42 江口圭一, 앞의 책, 1988, 47쪽.

3. 중일전쟁 발발 이후 아편정책의 확대

1937년 중일전쟁 발발 이후 일본의 중국 점령지가 확대되자 이들 지역에서도 수입을 목적으로 한 아편정책이 추진되었다. 일본은 중일전쟁 발발 직후 일정기간의 과도기를 거쳐 각 점령지의 특성을 고려하여 아편제도를 수립하였다. 몽강지역(蒙疆地域)의 경우 아편의 주된 생산지로 지정하여 처음에는 몽강토약공사(蒙疆土藥公司)를, 이어서 몽강토업조합(蒙疆土業組合)을 통해 아편의 수납과 판매를 대행하도록 하였다. 화북지역의 경우 일부 지역 내 생산을 허용하고 나머지는 대개 외부에서 공급하는 방식이 취해졌다. 아편제도 운영에 있어서는 이 지역을 기반으로 한 유력한 아편상인들을 지정하여 특허회사 또는 조합을 설립케 하여 이들로 하여금 아편의 구입과 도매를 대행하게 하였다. 화중지역의 경우 이 지역 소비아편을 거의 외부로부터 공급받도록 하였고 아편사업의 운영은 초기에는 일본 특무부에 의해, 유신정부(維新政府) 성립 이후에는 일본에 의해 만들어진 굉제선당과 흥아원(興亞院)에 맡겼다. 이와 같이 일본은 각 지역에 따라 아편제도를 달리하였다. 다양한 제도의 운용은 중일전쟁 발발 이전 각 식민지에서 시행된 아편소비지와 생산지 분리원칙을 유지하려한 결과였다.

중일전쟁의 발발로 거대한 아편소비시장인 중국 본토를 점령한 일본은 새로운 아편공급지의 확보가 필요하였고 이러한 상황에서 새롭게 주목된 지역이 몽강지역(蒙疆地域)이었다. 몽강지역이 중일전쟁기에 주요 아편생산지로 주목받은 것은 일본의 중국 점령지 아편수급 문제 해결은 물론 외국아편 수입에 따른 외환유출 문제, 그리고 몽강정권의 재정경제적 중요성과 관련이 깊다. 이와 관련한 내용을 관계문서를 통해 살펴보면 다음과 같다.

몽강의 아편제도를 살펴보면, 중일전쟁 발발 이래 영하·감숙 등의 서북지방 및 사천·운남·귀주 등의 서남지방 주요 생산지와의 교통두절로 인해 점령지역의 아편 수급관계는 심한 불균형에 빠져 여러 가지 폐해를 야기시키고 있다. 외국산 아편의 수입은 외환자금의 엔 블록 외부로의 유출을 불러일으켰으며, 종래 세(稅)제도를 그대로 방임하여 신(新)정부의 건전한 재정·경제 및 아편정책 확립에 커다란 장애가 되고 있었다. 따라서 몽강·화북·화중·화남을 통한 아편의 자급책 확립을 근본방침으로 하여 아편증산정책을 수립하고, 강내(疆內)에서는 단금(斷禁)을 목표로 한 점감정책(漸減政策)을 채택하여 아편의 생산 배급의 두 부문에 걸쳐 완전한 통제관리를 실시한다.[43]

즉, 몽강지역은 과거 군벌시대 이래 아편의 생산 및 중계무역지로서 아편이 이 지역 경제에서 중요한 비중을 차지해 왔다. 중일전쟁 발발 직후 수립된 세 자치정부가 1939년 9월 1일 몽고연합자치정부(蒙古聯合自治政府)로 통합된 후 조직개편에 따른 정부예산의 증대가 예견되었고 재정확립 차원에서 아편수입은 더욱 중시되었다.[44] 또한 중일전쟁으로 인해 외화의 엔 블록 외부로의 지출이 늘어나게 되자 일본은 본격적으로 외환관리를 시행하게 되었고, 그 결과 1939년 이후에는 외환관리가 강화되어 외국산 아편의 수입이 곤란해졌다.[45] 따라서 일본의 중국 점령지에 필요한 아편을 주로 내부에서 공급하는 방식이 검토되었고, 그 가운데 몽강지역은 과거 지역 내 아편의 경제적 중요성 및 이 지역 재정문제와 관련하여 주목되었던 것이다.

태평양전쟁이 한창이던 1943년에 작성된「대동아의 특수자원: 아

---

43 蒙古聯合自治政府經濟部煙政鹽務科,「蒙疆阿片事情槪說」(1941), 江口圭一 編著, 앞의 책, 1985, 192쪽.
44 滿鐵·北支經濟調查所,「蒙疆ニ於ケル阿片」, 江口圭一 編著, 앞의 책, 1985, 204~205·263쪽.
45 厚生省衛生局,「參考資料」(1941), 江口圭一 編著, 앞의 책, 1985, 180쪽 ; 原朗,「日中戰爭期の國際收支」,『社會經濟史學』34卷 6號, 1969, 45~46쪽.

편(大東亞の特殊資源: 阿片)」에도 전시 일본 세력권 내 아편증산과 관련하여 몽강의 중요성이 언급되어 있다. 즉,

> 공영권 내의 아편생산, 서아(西亞)·유럽방면으로부터의 수입이 두절되었다는 것은 누누이 서술한 대로다. 따라서 그것에 대신할 공급지를 가까이 구하고자 하여도 중국·만주는 모두 수입국이며, 인도는 아직 영국의 지배 하에 있는 상황이다. 오직 하나 주목해야 하는 것은 최근 몽강지방의 아편을, 수량은 명확하지 않지만 수입하기 시작했다는 것이다.
> (……)
> 결국 국내증산을 제일로 하고, 그것과 함께 몽강으로부터의 수입(輸入) 증가에 노력하지 않으면 안 된다.[46]

라고 하였다. 이와 같이 중일전쟁 발발 이후 외국산 아편의 수입이 어려운 상황에서 아편생산공급지로서 가장 주목받은 지역은 일본 본토와 함께 몽강지역이었음을 알 수 있다.

몽강지역 역시 아편의 소비가 전혀 없었던 곳은 아니었다. 일본의 발표에 따르면 1939년 몽강지역의 아편흡연자는 전체 인구의 약 3%를 차지하는 16만 5천 명 정도였다. 따라서 아편소비지역에서 아편증산이 추진된 것인데, 이와 관련하여 「몽강아편사정개설(蒙疆阿片事情槪說)」에는 다음과 같이 언급되어 있다. 즉,

> 몽강의 아편재배는 증산정책을 채택해야만 될 정세에 있다. 혹 지역 내 단금정책에 어느 정도 장애가 있더라도 증산의 근본방침은 엄격히 유지시킨다.[47]

---

46 佐藤弘, 「大東亞の特殊資源: 阿片」, 岡田芳政 外 編, 앞의 책, 28~29쪽.
47 蒙古聯合自治政府經濟部煙政鹽務科, 「蒙疆阿片事情槪說」, 江口圭一 編, 앞의 책, 1985, 201쪽.

라고 하였듯이 지역 내 아편단금이라는 정책의 시행보다는 이 지역에서 아편을 확보하는 문제가 더 중요하게 작용하였다. 이는 일본의 아편정책이 아편근절보다는 아편판매를 통한 재원확보에 있었음을 보여주는 것이다.

화북점령지의 경우 전매과정에 필요한 아편은 해외로부터의 수입을 엄금하고 만주국과 같이 지역 내 일부지역 또는 세력권 내부로부터 조달시키려 하였다. 일본은 대만지역에서 아편전매를 시행한 이래 아편소비지와 생산지를 분리하는 방식을 통해 밀매의 횡행을 방지하여 왔다. 즉, 소비지에서 필요로 하는 아편을 모두 외부에서 조달하는 외부 공급방식을 시행하였던 것이다. 그러나 만주국의 경우 아편수요가 너무 많았기 때문에 모두 외부로부터 공급한다는 것은 불가능하였고, 이에 지역 내 일정지역에 한해 아편의 생산을 허가하였다.[48] 이는 외부공급과 지역 내 생산을 병행하는 '준(準) 외부공급방식'이었다. 화북지역의 아편공급 방식은 만주국과 유사한 방식을 채택하였는데 「북지에서의 아편마약대책지도요강안(北支ニ於ケル阿片麻藥對策指導要領案)」 및 「북지에서의 아편대책요강안(北支ニ於ケル阿片對策要綱案)」에 의하면 외화지불을 절약하고 대외선전 효과를 이유로 해외로부터 아편마약을 수입하는 것이 엄격히 금지되었다. 또한 몽강방면으로부터의 아편 출하조정은 만주국 측과 교섭하며, 앵속(양귀비)의 재배는 정부의 허가로[49] 하는 등의 조치를 통해 아편조달에 있어 '준 외부공급방식'을 적용시키고자 하였다. 이에 따라 화북의 경우 실제로 1942년에 산서(山西)와 하남(河南) 두 지역에 한해 각각 1,550무, 6만 무의 재배가 허가되었다.[50]

---

48 倉橋正直, 「日本の阿片・モルヒネ政策(その5)」, 『近きに在りて』 5號, 1984, 4~5쪽.
49 「在中華民國日本大使館書類抄」(1938. 10), 岡田芳政 外 編, 앞의 책, 261~262쪽.
50 興亞院華北連絡部, 「支那阿片對策に關する打合會議提出書類」(1942. 8. 19), 岡田芳政 外 編, 앞의 책, 375쪽.

화중지역의 경우는 국제사회의 비난 등이 중시되어 수입위주의 아편정책이 시행되었고 이로써 화중은 아편의 주요 소비지역으로 구분되었다. 1939년 7월 흥아원에서 작성한 「아편에 관한 협의항목(阿片に關する打合項目)」에 의하면, 화북 및 화중지역의 부족한 아편공급을 위해 몽강에서 최대생산량 확보에 노력함과 동시에 화북 및 화중의 일부지역을 보조지역으로 하여 재배 또는 증산을 실시하도록 하였다. 화북 및 화중에서의 재배지 지정에 대해서는 여러 가지 사정을 고려하여 신중히 결정한다는 단서를 붙였다.51 이어서 그해 10월 10일 흥아원 정무부에서 작성한 「지나에서의 아편수급관계 조정에 관한 건(안)[支那に於ける阿片需給關係の調整に關する件(案)]」에 의하면, 화북 및 몽강의 아편생산을 통해 자급책을 확립하는 것을 기본방침으로 하여 신속히 증산계획을 수립함과 동시에 일정기간 동안 만주국의 협력을 요청하는 것으로 하되, 몽강에서 최대 생산 가능량의 확보를 목표로 하고, 화북에서는 제반의 사정을 고려하여 신중히 재배지를 선정하도록 한다고 하였다. 이에 반해 화중(漢口, 廈門 및 廣東 포함)에서는 당분간 일정 한도 내에서 외국아편의 수입을 행하며 점차 중국산 아편으로 대체하는 것을 방침으로 한다고 하였다. 그러나 재배지의 선정에 관해서는 특히 국제관계 기타 사정을 고려하여 신중히 결정하는 것으로 한다고 하였다.52 흥아원에서 작성한 이 두 문서를 통해 보면, 화북과 화중의 아편공급을 위해 몽강을 최대생산지로 하였고 화북의 경우 부족분을 만주국에서, 그리고 점차 자체 생산으로 충당하려고 계획하였음을 알 수 있다. 또한 화중의 경우도 궁극적으로는 중국산 아편으로 대체하는 것을 원칙으로 하였으나, 국제사회의 비난을 고려하여 지역 내 재배를 자제하고 당분간 수입아편

---

51 興亞院, 「阿片に關する打合項目」(1939. 7. 25), 岡田芳政 等 編, 앞의 책, 289쪽.
52 興亞院政務部, 「支那に於ける阿片需給關係の調整に關する件(案)」, 岡田芳政 外 編, 앞의 책, 303쪽.

에 대한 의존을 유지시키려 하였음을 알 수 있다. 요컨대 화중지역은 일본의 아편정책에서 아편의 판매 대상 지역이었던 것이다.

중일전쟁기에 새로이 일본의 점령지로 편입된 이들 지역 가운데 아편의 증산정책이 실시된 몽강지역은 중일전쟁 이전에 비해 아편 재배면적이 대폭 증가되었고 수납된 아편은 중국의 화북, 화중 등지로 판매되었다. 중일전쟁 이전에만 해도 아편재배면적이 약 27만 무 정도였던 몽강지역에서[53] 일본은 아편증산정책을 시행하여 〈표 1-3〉에 나타난 바와 같이 약 3배 이상의 재배면적을 지정하였고, 최고 1,100여만 냥의 아편을 수납하였다. 그리고 〈표 1-4〉에 나타난 바와 같이 수납된 아편은 총 판매량의 96.4%가 외부로 판매되었다. 그 가운데 특히 점령지인 중국의 화북, 화중은 총 외부판매량의 약 82.7%를 차지하고 있었다. 지역 내 판매는 매년 평균 17만 6천여 냥으로 이는 총 판매량의 3.6%에 불과한 양이었고, 일본이 예상한 몽강지역의 한 해 아편소비량 400만 냥의[54] 4.4%에 불과한 것이었다. 이를 통해 일본은 몽강지역의 아편금지 문제를 도외시한 채 점령지 중국에 공급할 아편을 생산하는 주된 아편공급지로서의 역할을 몽강지역에 부여하였음을 알 수 있다.

---

53 北支那經濟通信社, 『北支·蒙疆年鑑: 昭和16年版』, 1940, 52쪽 ; 川村得三, 『蒙疆經濟地理』, 叢文閣, 1941, 30쪽 ; 滿鐵·北支經濟調查所, 「蒙疆ニ於ケル阿片」, 江口圭一 編著, 앞의 책, 1985, 242쪽.
54 蒙古聯合自治政府經濟部煙政鹽務科, 「蒙疆阿片事情槪說」, 江口圭一 編著, 앞의 책, 1985, 96쪽.

〈표 1-3〉 몽강지역 아편지정면적 및 정부 수납실적의 추이[55]

	1939년도	1940년도	1941년도	1942년도
지정면적(畝) 전경지면적의 비율(%)	1,021,000 2.55	962,955 2.41	914,000 2.29	882,000 2.21
정부수납실적(兩) 생산예상량에 대한 수납률(%)	887,018 4.3	4,925,989 25.6	11,145,866 60.9	3,907,669 21.9

〈표 1-4〉 몽강지역 정부수납아편의 판매추이[56]

	1939년	1940년	1941년	1942년	합계	비율
화북	600,000	1,725,000	1,200,000	1,300,000	4,825,000	24.3
화중	100,000	2,005,000	3,848,000	5,027,000	10,980,000	55.4
기타	27,000	90,000	300,000	2,900,066	3,317,066	16.7
수출계	727,000	3,820,000	5,348,000	9,227,066	19,122,066	96.4
비율	83.8	93.8	97.4	98.2		
지역내계	141,429	252,300	144,100	166,300	704,129	3.6
비율	16.2	6.2	2.6	1.8		
합계	868,429	4,072,300	5,492,100	9,393,366	19,826,195	100.0

특히 화북으로 판매된 몽강산 아편의 수출량은 당초 계획과는 달리 많이 감소되었다. 일본대사관의 촉탁(囑託) 마쓰이(松井)가 예상한 1940년의 화북 아편수급상황을 보면, 수요량 2,500만 냥 가운데 1,500만 냥은 지역 내에서 생산하여 공급하고, 나머지 1,000만 냥은 몽강과 만주국에서 각각 절반씩 수입하여 공급할 계획이었다.[57] 반면

---

55 朴橿, 앞의 책, 180쪽에 의거하여 작성.
56 朴橿, 앞의 책, 195쪽에 의거하여 작성.
57 松井囑託, 「今後五個年に於ける臨時政府管內鴉片の需給數量調」(1939. 9), 岡田芳政 外 編, 앞의 책, 300쪽.

1942년도 8월에 작성된 화북의 아편공급계획에서는 전년도 이월량 외에 몽강수입량 150만 냥, 지역 내 아편수납량 140만 냥뿐이었다. 그리고 몽강아편의 수출계획에서는 몽강의 수납예상량 700만 냥 가운데 화북으로 150만 냥, 화중으로 376만 냥이 계획되었다.58 2~3년 사이 몽강산 아편의 화북 공급계획에 커다란 변화가 발생한 것인데, 〈표 1-4〉를 보더라도 실제로 1939년부터 1942년까지 몽강수납 아편의 약 24.3%가 화북에 수출되었을 뿐이다. 이와 같이 몽강산 아편의 화북판매 비중이 낮아진 것은 화북 지역 내 아편의 판매에 문제가 발생했기 때문이었다.

화북지역의 경우 일본의 지배력이 확립되지 못한 상태였다. 그런 상황에서 화북의 일부지역에 한해 아편의 생산을 허가하였지만 별다른 성과를 거두지 못하였던 것이다. 중일전쟁 중 1941년부터 1942년에 걸쳐 일본의 화북지역에 대한 지배가 강화된 시기도 있었지만 그 지배는 기본적으로 '점과 선'의 상태를 극복하지 못하고 있었다.59 이러한 상황하에서 화북지역의 괴뢰정부인 화북정무위원회가 판매하는 아편가격은 밀매가격에 비해 2배나 높게 책정되어 있었다. 이와 같은 가격정책의 차질은 일본이 아편정책에서 의도했던 소기의 성과를 거두기 힘들게 하였다. 그 결과 1940년 10월 1일에 아편제도가 실시되어 1년 반이 지난 상황에서 아편 중독자 등록 수는 추정 중독자 수 170만 명 가운데 7천 명 정도로60 등록비율이 0.4%에 불과하였다. 2년이 지난 1942년 10월 1일의 경우 등록자 수는 6만 3천여 명으로61

---

58 興亞院連絡委員會, 「昭和17年度支那阿片需給計劃數量に關する件」, 岡田芳政 外 編, 앞의 책, 397쪽.
59 石島紀之, 「中國占領地の軍事支配」, 『岩波講座 近代日本と植民地2 帝國統治의 構造』, 岩波書店, 1992, 235쪽.
60 興亞院華北連絡部, 「支那阿片對策に關する打合會議提出書類」(1942. 8. 19), 岡田芳政 外 編, 앞의 책, 376쪽.
61 大東亞省北京事務所經濟第1局, 「華北禁煙並禁毒制度實施要綱案」(1942. 11. 28),

추정 중독자 수의 3.7%에 지나지 않았다.

화중의 소비아편 공급문제에 있어 당초 일본은 앞서 언급했듯이 주로 일본 세력권 내부와 외국으로부터 수입하고, 일부 부족분에 대해서만 지역 내 생산을 허가할 것을 신중히 고려하였다. 그러나 실질적으로는 외국을 포함한 지역 외로부터의 수입에 절대적으로 의존하게 되었다. 중일전쟁 발발 직후 화중점령지에 대한 아편수요를 일본 세력권 내에서 충당하기 어렵게 되자, 주로 이란산 등 외국으로부터의 수입과 일부 지역 내 생산이 신중하게 고려되었다. 그러나 1940년에 들어와서 몽강지역의 아편증산정책이 이루어지고, 화중지역이 영미의 이권이 집중된 지역으로 국제사회의 관심이 높아지자 이를 감안하여 지역 내 생산이 곤란하다는 판단을 세웠다. 그 결과 몽강산 아편에 절대적으로 의존시키려고 하였다. 이와 함께 2차 대전 발발 이후 수송루트의 단절로 이란산 아편의 화중수입이 어려워진 것도 몽강산 아편에 절대적으로 의존하게 된 또 하나의 원인이 되었다.[62] 이로써 〈표 1-4〉에 보이는 바와 같이 1939년부터 1942년에 걸쳐 몽강수납 아편 가운데 약 55%가 화중에 집중 수출되는 현상이 나타나게 된 것이다.

화북지역을 제외하고 일본의 중국 각 점령지에서 행해진 아편정책은 중일전쟁기에도 재원확보 차원에서 중요한 역할을 하였다. 화북의 경우는 초기에 시행하던 과세 위주의 아편정책을 거쳐 1940년에 아편제도가 성립되었지만 앞서 언급했듯이 아편 밀매매의 성행과 아편 중독자의 등록 저조로 전매아편의 판매가 극히 부진한 양상을 보였다. 따라서 이 지역의 아편수입은 별다른 성과를 거두지 못하였다.

岡田芳政 外 編, 앞의 책, 402~403쪽.

62 興亞院, 「支那に於ける阿片麻藥政策の確立に關する件」(1940. 11), 岡田芳政 外 編, 앞의 책, 357쪽 ; 興亞院連絡委員會, 「支那に於ける阿片及麻藥政策指導腹案」(1940. 12), 岡田芳政 外 編, 앞의 책, 360쪽.

아편 생산공급지 역할을 수행한 몽강지역의 경우 아편전매이익금은 1939년과 1940년의 정부예산에서 약 12%를 차지하였다. 1941년과 1942년에는 각각 약 20%, 28%를 점하였다.63 이와 같이 높은 비중은 아편수입에 대한 몽강정권의 의존 정도를 여실히 보여주는 것이다.

화중지역의 경우 아편정책 시행과정에서 실제 아편업무를 관장한 것은 흥아원과 굉제선당이었기 때문에 단순히 이 지역 재정에서 아편수입이 차지하는 비중만으로 그 재정적 중요성을 판단하기는 어렵다. 유신정부시기인 1939년 동 정부의 아편수입은 600만 원으로 총수입의 약 2.6%를 차지하였다.64 그러나 유신정부하에 설립된 계연총국은 명목상 굉제선당의 감독기관일 뿐 실제로는 일부 세금을 징수하는 외에 아편행정에서 배제되어 있었다.65 왕징웨이 정권시기 역시 굉제선당과 흥아원이 아편판매기구를 장악한 상황에서 1940년에서 1942년까지 아편수입은 전체 수입의 3.0~5.9%에 지나지 않았다.66 그러나 여기에는 실제 아편행정을 관장한 흥아원과 굉제선당으로 유입된 아편수익금이 합산되지 않았다. 따라서 실제 아편수입의 규모가 보다 컸으리라고 짐작하는 것은 무리가 아니다.

---

63 朴橿, 앞의 책, 217~220쪽.
64 「新中央政府樹立ニ對處スベキ財政政策」, 多田井喜生 編, 『續現代史資料(11) 占領地通貨工作』, みすず書房, 1983, 239쪽.
65 袁愈佺, 「宏濟善堂之內幕」(1946. 1. 22), 南京市檔案館 編, 1048~1049쪽 ; 南京高等法院 1946年 5月 25日 聯合軍最高司令部總本部國際檢察局, 「阿片吸煙禁止處理經過事情」, 629쪽.
66 小林元裕, 「阿片をめぐる日本と汪兆銘政權の相剋」, 『總力戰・ファシズムと現代史 ; 年報・日本現代史』 3號, 1997, 200쪽.

4. 소결: 일본 아편정책의 성격

일본의 점령지 및 식민지 전반에 걸쳐 시행되었던 다양한 아편정책의 성격을 몇 가지 살펴보면 다음과 같다.

첫째, 일본은 대외침략 과정에서 획득한 식민지·점령지 유지는 물론 공작자금 확보차원에서 아편정책을 시행함으로써 국제법을 위반하였다. 군사력에 비해 취약한 경제구조를 가지고 있었던 일본은 대외침략 과정에서 획득한 대만과 관동주, 만주국 등의 식민지 및 점령지 유지는 물론이고 중일전쟁이라는 장기에 걸친 전쟁을 시작함으로써 재정적인 어려움에 봉착하였다. 이러한 어려움을 타개하기 위한 일환으로 아편흡연자가 있는 중국 각지에서 아편의 근절이라는 명분하에 재원확보를 위한 아편정책을 시행하였다. 그리고 이러한 아편정책의 시행으로 얻어진 이익금은 실은 식민지 및 점령지 유지차원에서뿐만 아니라 중국 각지에서 활동했던 일본 군부의 기밀비, 신정권 수립과 관련한 공작자금 및 일본 본국의 정치자금 등으로 활용되기도 하였다.

이러한 일본은 1911년부터 네덜란드에서 열린 일련의 국제아편회의는 물론이고 1925년의 제네바 제1아편조약, 제네바 제2아편조약, 그리고 1931년의 마약의 제조제한 및 분배단속에 관한 조약에 모두 조인·비준하여 아편마약의 근절에 노력할 것에 동의하였다.[67] 그런데 일본은 국제조약을 무시하고 인도적인 배려라는 명목을 내세우며 점금정책에 근거한 아편전매제도를 시행함으로써 식민지 및 점령지 유지는 물론 침략전쟁의 재창출을 위한 재원확보에 열을 올렸던 것이다.

---

67 구라하시 마사나오(倉橋正直) 저, 박강 역, 앞의 책, 33쪽; 澁澤信一,「國際問題として阿片問題」, 菊地西治 外 著,『阿片問題研究』, 國際聯盟協會, 1928, 48~61쪽; 劉明修, 앞의 책, 131쪽.

둘째, 일본은 각 식민지 및 점령지의 아편정책 수립과정에서 표면적으로는 아편의 근절을 내세웠지만 실질적으로는 수익성이라는 측면을 중시하였다. 아편소비지와 생산지 분리원칙으로 일본은 최소의 비용을 지출하고 밀매에 대항하면서 최대의 이윤을 추구하였던 것이다. 또한 1·2차 세계대전 등으로 수입산 아편가격의 폭등 또는 공급불능 상태에서는 수입아편가격의 상승으로 전매 채산성(採算性)이 떨어질 것을 염려하여 일본세력권 내에서 적당한 아편 생산공급지를 지정하기도 하였다. 이에 따라 대만과 관동주, 그리고 중일전쟁기에 일본 점령하에 놓인 화중지역은 전적으로 아편 소비지의 성격을 유지시켰고, 만주국과 중일전쟁기에 점령된 화북은 주요 아편소비지이면서 동시에 일부지역에 한해 아편을 생산시키기도 하였다. 아편의 소비가 거의 없는 조선과 일본 본토는 물론 중일전쟁 발발과 함께 일본 점령하에 들어간 몽강지역은 아편의 소비가 있음에도 불구하고 이를 무시하고 중일전쟁기를 통해 주된 공급지로 지정되었다. 일본은 이를 통해 최대의 전매수익을 올리려고 하였다.

그러나 이러한 수익위주의 아편정책도 침략전쟁의 확대 및 전국(戰局)의 변화에 따라 정책이 전환되기도 하였다. 화중의 아편정책은 일본의 대(對) 중국정책이 변화함에 따라 변경되었다. 즉, 태평양전쟁에서의 위기에 따라 중국 내 왕징웨이 정권의 협력이 절실해지자 일본은 실질적인 아편행정을 일본으로부터 왕징웨이에게 이양해 주었다.[68] 만주국 역시 중일전쟁 발발 직후인 1937년 10월에 「아편마약단금방책요강(阿片麻藥斷禁方策要綱)」을, 1940년 10월에는 「아편마약단금강화방책요강(阿片麻藥斷禁强化方策要綱)」을 공포하여 10년이라는 단금기간을 설정해 청장년층의 중독방지를 위한 노력을 표방하였다. 뿐만 아니라 실제로 중독자 가운데 40세 이하의 취로(就勞) 가

---

68 朴橿, 앞의 책, 209~211쪽.

능한 남자를 우선적으로 치료하여 취로에 종사케 하는 등 총력전체제 하에서의 노동력 확보 필요성에 따라 아편정책을 전환시켰다. 이러한 단금정책으로의 전환은 10년이라는 기간설정을 통해 아편수입을 유지하면서 일본의 전시경제를 지원할 수 있는 효과적인 방책이었다고 하겠다.69

셋째, 중일전쟁 이전에 각 식민지에서 수행된 아편정책은 각 식민지 당국에 의해 추진되었다. 그러나 중일전쟁 발발 이후에는 일본의 중국 점령지역에 대한 정치·경제·문화에 관한 사무, 정책수립에 관한 사무, 특수회사의 업무감독 등을 담당하는 기구로서 흥아원이 발족되었다. 이 기구는 일본수상이 총재직에, 외무·대장·육군·해군의 각 대신이 부총재직에 취임하였다.70 이러한 흥아원이 중일전쟁기에 일본의 중국점령지에 대한 아편의 수급계획 등 모든 업무를 관장하였으며 전후에 개최된 도쿄재판에서도 점령지 아편의 수급 등 아편에 관한 모든 업무를 총괄한 기관으로 지목되었다.71 이를 통해 볼 때 일본의 아편정책은 국가 차원에서 국제법을 위반하면서 자행한 국가적인 범죄라고 하겠다.

넷째, 국제조약을 위반하면서 아편정책을 시행한 일본은 추진과정에서도 최대한 범죄를 은닉하고자 하였다. 이를 위해 시기적으로 중국 및 국제사회의 비난이 거셌던 관동주 조차지와 지역적으로 영미의 관심이 집중된 화중지역에서는 굉제선당이라는 전통중국의 자선단체를 설립하여 아편업무를 대행시킴으로써 국제사회의 비난을 모면하고자 하였다. 일본 세력권 내 아편 생산공급지 지정에 있어서도 몽강지역이라는 오지를 선정하여 국제사회의 이목을 피하고자 하였다. 또한 화중지역의 부족한 아편공급과 관련해서도 전시에 따른

69 朴橿,「滿洲國阿片斷禁政策의 再檢討」,『釜大史學』23집, 1999, 19·23쪽.
70 馬場明,『日中關係と外政機構の硏究』, 原書房, 1983, 348~349·358쪽.
71 『極東國際軍事裁判速記錄(10)』, 718·724쪽.

외환부족이라는 어려운 상황에도 불구하고 국제사회의 이목을 고려하여 지역 내 재배를 회피하고, 이란 등 외국으로부터의 수송이 불가능한 시기에까지 외국산 아편을 수입하여 공급하였던 것은 국제사회의 이목을 고려한 결과였던 것이다. 그 외에도 마약밀거래에 있어 중국과 국제사회의 비난을 회피하기 위해 한인(韓人)의 마약업 종사를 조장하였다. 만주와 중국 본토를 점령하기 이전 한인들이 중국에서 마약을 밀거래하다가 관헌에게 체포될 경우 일본은 이들을 자신들의 신민(臣民)이라고 하여 영사재판권을 통해 관대한 처벌을 내렸다.[72] 이를 통해 일본인뿐만 아니라 한인의 마약밀거래를 조장함은 물론 마약밀거래에 대한 중국인과 국제사회의 비난을 한인에게까지 미치게 하였다. 이와 함께 한인에 대한 처벌이 영사재판권으로 관대해져 중국인들이 한인을 부정적인 시각으로 바라보게 됨으로써 한인과 중국인 간의 협력을 저해시키는 효과도 기대되었다.

---

[72] Frederick T. Merrill, *Japan and the Opium Menace*, International Secretariat Institute of Pacific Relations and the Foreign Policy Association, 1942, p.94.

제2장
중국의 마약확산과 일본

19세기 중국사회에 가장 커다란 사회문제를 일으킨 주범이 아편이었다고 한다면, 20세기 전반기의 경우는 아편의 대용품으로 등장한 모르핀, 헤로인 등 마취제(이후 아편과 구별하여 마약이라고 칭함)가 그 역할을 하였다. 마약은 아편에 비해 그 해독이 훨씬 강한 것임에도 불구하고 지금까지 중국의 금연사(禁煙史)[1] 연구에서 모르핀, 헤로인 등 마약문제에 대한 연구는 소홀하게 취급된 경향이 있었다. 금연사 연구의 주된 초점이 아편문제에 보다 집중되어 왔던 것은 금연운동의 주된 대상이 아편에 있었다는 사실에 기인한다. 그리고 마약문제는 단순히 아편의 대용품으로 인식되어 부수적으로 소개하는 데 그치고 말았다. 또한 마약은 휴대가 간편하고 위장이 용이하여 단속이 어려웠고 주로 밀거래로 이루어져 그 실태를 정확하게 파악하기 곤란하였는데, 이러한 점은 이 문제 연구의 저해요인으로 작용하기도 하였다. 마약 사용자들이 일찍 사망하였다는[2] 사실도 중독자 실태의 심각성을 정확히 파악하기 어렵게 하는 요소였다. 특히 1차 대전 전후(前後)부터 중국에 마약을 확산시킨 주범으로 등장한 일본의 조계지, 조차지는 물론 그 밀매인들이 치외법권이라는 특권을 이용하여 마약을 밀수출하였는데, 이 또한 중국 관헌의 단속을 어렵게 하여 실태 파악을 더욱 곤란하게 만들었다.

마약문제는 1차 대전 전후부터 중국사회에 널리 확산되면서 그 심각성이 드러났다. 마약문제의 폐해는 단순히 금전과 도덕 및 건강상의 차원을 넘어서 치명적인 것이었다. 중국사회는 물론 국제적으로도 그 심각성을 인지하고 여러 가지 노력을 기울여왔지만 뚜렷한 성과를 내지는 못하였다. 1909년 상해에서 최초의 국제아편회의가 개

---

[1] 연(煙)은 아편 및 그 대용품을 지칭함.
[2] 당시 의학통계에 의하면 아편중독에 걸린 사람은 수명이 20년 단축되는 데 비해 모르핀, 헤로인 등 마약에 중독된 사람은 겨우 3년 내지 5년밖에 연명할 수 없다고 하였다(黃嘉惠,「困難過程中之拒毒運動」,『拒毒運動』41期, 1930, 11쪽).

최된 이래 계속해서 관련회의가 개최되어 조약을 체결하는 등 아편 및 마약의 남용을 금지하고자 노력하였다. 특히 1차 대전 후 창설된 국제연맹 내에 아편 관련 국가들로 구성된 아편자문위원회가 설치되어 아편 및 마약남용 방지를 위한 회의들이 계속되었다. 이 가운데 제14회 아편자문위원회(1931년 1월 9일~2월 7일)에서 중국대표 우카이썽(吳凱聲)이 말하기를, "일찍이 1909년에 상해에서 국제아편회의가 있었고, 이로부터 헤이그 국제조약이 탄생되었지만, 22년이 지나도록 아편은 결코 근절되지 않고 오히려 기타 마약류가 중국에 들어와 망쳐놓았다.……자료에 분명히 나타나듯이 국제적으로 마약의 밀수는 매우 성행하고 있고, 중국은 마약밀수에 대해 매우 무거운 처벌을 내리고 있다.……실로 조계는 이미 마약 밀수자의 천국이다. 중국정부는 간곡히 청하건대 관련 각국과 중국정부가 충분히 협력하여 조계 내의 마약거래를 제거할 수 있기를 바란다"[3]라고 하였듯이 민국시대에 들어와서 마약은 아편보다도 훨씬 심각한 문제로 부각되었다.

따라서 중국의 금연사 연구에 있어서도 마약문제를 아편연구의 일부가 아닌 독립적인 연구대상으로 취급해야 한다. 일본의 구라하시 마사나오(倉橋正直)는 「일본의 아편·모르핀정책3(日本の阿片·モルヒネ政策3)」[4]에서 일본은 중국 식민지에서 아편전매제 시행과 모르핀 등 마약의 밀수출을 통해 거대한 이익을 창출하였다고 주장하면서 마약을 따로 할애하여 설명하였다. 이 논문은 처음으로 일본이 중국에서 자행한 마약밀수출을 개괄하고 연구방향을 제시했다는 면에서 의미가 있다. 이 밖에 지금까지 중국의 마약문제에 대한 단독연구는 거의 없는 실정이다.

따라서 본장에서는 지금까지 연구가 부족했던 20세기 전반기 중국

---

3 張力, 『國際合作在中國』, 中央研究院近代史研究所, 1999, 233쪽.
4 倉橋正直, 「日本の阿片·モルヒネ政策(その3)」, 『近きに在りて』 6號, 1984.

에서의 마약확산 문제를 살펴보고자 한다. 이 문제는 당시 중국사회에 마약확산의 주범으로 지목되었던 일본의 마약제조와 밀수출에 대한 이해는 물론 식민지 조선에서의 마약생산 및 공급과 해외 이주 한인의 마약밀매 문제를 이해하는 데도 중요하다.

1. 중국의 마약확산 배경

중국에서 모르핀 등 마약은 초기 아편중독을 치료하기 위한 계연약(戒煙藥)으로 소개되었다. 모르핀은 1806년 독일의 제르투너(F.W. Sertuner)가 아편에서 추출해 낸 성분으로 고대 희랍신화에 나오는 수면의 신인 모르페우스(Morpheus)의 이름을 따서 명명한 것이었다. 모르핀은 강한 진통효과를 가지고 있었으므로 미국의 남북전쟁기간에 부상자 치료용으로 많이 사용되었다. 그런데 이 약품 자체의 강한 중독성으로 인해 군대 내에서 치료받은 사람 가운데 40만 명 정도가 중독되는 결과를 낳았다. 이것은 심각한 사회문제로 대두되었고 이에 새로운 대체약물의 개발에 노력하게 되었다. 1898년에 이르러 독일인 두레저(Dreser)가 다시 새로운 약물인 헤로인('영웅', '강력한'이라는 뜻)을 개발하게 되었다. 이 제품은 독일 바이엘 제약회사에서 생산해내기 시작하였는데, 이 약품 역시 중독성이 강한 것으로 나타났다. 즉, 모르핀이 아편에 비해 10배 정도 중독성이 강한 데, 헤로인은 모르핀에 비해서도 5~10배 정도 더 강력한 것이었다.[5]

중국에서 모르핀은 일찍이 동치년간(同治年間, 1862~1874)에 중국의 연해 도시로 수입되기 시작하였다. 1874년 3월 12일자 『신보(申報)』에 실린 상해 대영의원(上海大英醫院)의 계연약 광고를 보면, "런던에서 새로이 모르핀 여러 상자가 도착하였는데, 그 약은 순수하고

---

5 龔纓晏, 『鴉片的傳播與對華鴉片貿易』, 東方出版社, 1992, 9~10쪽.

효력이 있다. 따라서 중독을 막는 효과가 비교적 신속하다"라고 하여 모르핀을 아편 중독자를 치료하는 계연약으로 선전하고 있었다. 이와 같이 모르핀은 그 해독이 제대로 알려지지 않은 채 버젓이 양약방(洋藥房)에서 공개적으로 판매되었다. 이로써 아편보다도 심각한 중독자를 양산해내기 시작하였던 것이다. 모르핀의 수입량은 상해만을 보더라도 1892년에 447kg이었고, 10년 후인 1901년에는 약 7배 이상인 3,234kg을 기록하였다. 헤로인의 경우 모르핀보다 늦게 개발되었기 때문에 시기적으로 늦게 중국에 소개되었지만 모르핀과 마찬가지로 계연약의 형태로 들어왔다. 중국인들은 헤로인이 백색가루를 하고 있었으므로 백면(白面), 백분(白粉)이라고 불렀다.[6]

청말에 전개된 금연운동은 오히려 중국사회에 마약이 수월하게 확산되는 하나의 내부적인 계기가 되었다. 청조는 제2차 아편전쟁 패배 이후 서구열강의 간섭과 내부의 재정압박으로 1860년부터 아편무역을 합법화하였고 아편의 수입과 생산, 그리고 판매에 대해 과세를 시작하였다. 이를 통해 일정정도 재정수입을 도모할 수 있었지만, 다른 한편 이로 인해 아편이 전국적으로 확산되는 심각한 상황을 만들어내기도 하였다.[7] 그러나 아편 만연의 심각성은 이미 청말에 이르러 국내의 의식 있는 지식인들과 국제사회의 관심을 불러일으키고 있었고 나아가 국내외 여론의 압력도 거세지고 있었다. 이에 청조는 1906년에 10년을 기한으로 한 아편금지령을 반포하였으며, 다음 해인 1907년에 가서는 중국에 대한 아편의 주요 공급국가인 영국과 인도산 아편의 중국수출을 10년 동안 단계적으로 금지시켜 나간다는 중영금연조약(中英禁煙條約)을 체결하여 금연에 박차를 가하기에 이르렀다.[8]

---

6 蘇智良, 『中國毒品史』, 上海人民出版社, 1997, 95~96쪽 ; 菊地酉治, 「支那における阿片の害毒」, 『阿片問題の研究』, 國際聯盟協會, 1928, 21쪽.
7 朱慶葆 外 著, 『鴉片與近代中國』, 江蘇教育出版社, 1995, 327~335쪽.
8 于恩德, 『中國禁煙法令變遷史』(影印本), 文海出版社, 1973, 120·124쪽.

이 시기에 청조는 아편의 금지와 더불어 이미 중국에서 그 해독이 알려지기 시작한 모르핀의 금지에 대해서도 단속의 노력을 보였다. 19세기 말에 대량으로 중국에 전해지기 시작한 모르핀은 그 해독이 아편보다 심각해서 일찍이 청정부와 국제사회의 주목을 받았다. 1890년(光緖 16)에 중국에 있는 선교사 의약학회는 모르핀의 중국 수입이 가져올 폐해를 인식하고 중국에서 개최되는 각 선교사대회를 통해 모르핀 문제 저지를 위해 노력해 줄 것을 요청하였다. 청정부도 역시 1902년과 1903년에 영국, 미국과 체결한 속의통상행선조약(續議通商行船條約)에 의약용을 제외한 모르핀의 수입을 금지한다는 조항을 삽입시켰다.9

금연정책 실시 이후 아편의 거래량이 감소하고 가격이 등귀하자 하층민을 중심으로 모르핀의 사용이 늘어났다. 아편에 중독된 후에 그것을 끊는다는 것은 쉬운 일이 아니었으므로 금연운동의 영향으로 아편이 부족해져 가격이 크게 인상되자 아편의 대용품을 찾는 사람들이 늘어나게 되었다. 이 같은 상황에 대해 일본의 아편문제 전문가인 기쿠치 유지(菊地酉治)가 쓴 글과, 1907년 11월 강소순무(江蘇巡撫) 천치타이(陳啓泰)가 상주한 글을 보면 아래와 같다.

> 아편을 피우는 것은 상당한 수고와 시간이 드는 것으로, 맨 처음에 생아편을 구입하여 그것을 여과시켜 유동체로 만드는 데는 숙련된 기술이 필요하였다. 더욱이 특수 램프로 건조시킨 후 흡연기로 태워 마셨다. 그러한 과정은 상당한 수고와 시간이 드는 것이었다. 노동자들은 점차 경제적으로 어려워져 그것을 계속할 수 없게 되었다. 그 때문에 (노동자의) 40퍼센트 내지 50퍼센트 정도는 손쉬운 모르핀 주사를 이용하였고, 가격이 저렴하기 때문에 아편의 대용으로 사용될 수 있었다. 아편은 여전히 금지나 치료의 희망이 있지만 모르핀이나 헤로인, 기타 여러 독물(毒物)에 대해서는 중국에서 치료가 거의 절망상태였다.……모르핀 주

---
9 于恩德, 위의 책, 136~137쪽 ; 朱慶葆 外 著, 앞의 책, 341쪽.

사에 손을 대면 희망은 끝나버린다. 이미 이것은 몇 년 후면 죽음에 이른다는 것을 선고받는 것이나 마찬가지이다.10

    모르핀의 해독은 매우 심해 제거하기 힘들며, 한번 사용하면 끊을 수 없습니다. 그 사용이 나날이 늘어나 신체가 전부 썩어 문드러져 마침내 죽음에 이르게 됩니다. 금연을 실시한 이후 연업(煙業)이 이미 문을 닫았기 때문에 가난한 백성들은 연구(煙具)를 구입할 능력이 없게 되자 모르핀 주사로 중독을 버틸 수 있을 뿐 아니라 주사 한 번의 비용이 10문(文)에도 미치지 않아 수십 문이 드는 중독을 견뎌낼 수 있게 됩니다. 어리석은 백성들이 마침내 그 해를 당하므로 과조(科條)를 분명히 정하여 징벌할 것을 청합니다.11

  위의 두 글에서 언급되었듯이 아편의 흡연은 금전적 지출과 시간의 소비를 요구하였고 능숙한 도구의 사용이 필요하였다. 청말 금연운동 실시 이후 아편의 공급이 감소되고 아편도구를 연관업(煙館業)에서 이용할 수 없게 되자 이를 구입할 능력이 없는 사람들에 의해 모르핀의 수요가 늘어났다. 이들 하층사람들은 금전적으로나 시간적으로 여유가 없었으므로 가격이 저렴하고 사용하기에도 편리한 모르핀을 선호할 수밖에 없었다. 모르핀의 수요가 증가하자 1908년 중국 외무부와 각국 회상(會商)은 다음 해부터 모든 모르핀과 모르핀에 사용되는 주사바늘의 수입을 불허하도록 규정을 만들었고, 법부(法部)는 또한 모르핀치죄조례(嗎啡治罪條例)를 반포하여 모르핀의 제조, 판매, 모르핀 주사자에 대해 죄로 다스릴 것을 명령하였다.12

  청말에 시행된 이러한 금연노력은 아편을 중심으로 민국 초기에 일정한 성과를 거두었다. 청말의 금연운동은 청정부의 노력과 함께 국내외 금연을 지지하는 여론에 힘입어 외국으로부터의 아편수입뿐

---

10 菊地酉治, 「支那における阿片の害毒」, 『阿片問題の硏究』, 21~22쪽.
11 于恩德, 앞의 책, 138쪽.
12 朱慶葆 外 著, 앞의 책, 341~342쪽 ; 于恩德, 앞의 책, 136~138쪽.

만 아니라 국내 아편의 재배, 판매, 흡연의 각 방면에서 두드러진 성과를 올렸다. 민국 초기에 이르러서도 신정부는 청조와 영국이 체결했던 10년 간 유지되는 중영금연조약을 국가명예의 수호차원에서 지속시켜 나갔다. 또한 1909년 상해에서 최초의 국제아편회의가 개최된 이래 연이어 국제회의가 개최되었던 것에 따른 압력도 청말의 금연운동을 중단시키기 어렵게 하였다. 이에 따라 청말에 전개된 금연운동은 아편을 중심으로 민국시기에 이르러서도 일정한 성과를 보였던 것이다.13

그러나 청말 민국 초기의 금연운동이 일정한 성과를 거둔 가운데 아편의 대용품인 모르핀의 수요증가는 여전하였다. 이와 관련하여 전국제연맹 중국대표 짜오취엔(趙泉)이 아편고문위원회 제11기 대회 15차 회의(1928년 4월 11일)에서 행한 연설에 의하면,

> 중국의 새로운 마취약품 기호자 숫자의 증가는 바로 아편 기호자 숫자의 감소와 정비례한다. 이 새로운 위기는 1917년에 중국이 아편의 흡연과 앵속의 재배를 완전히 제지한 시기에 발견된 것이다. 이러한 추세의 조성은 아편 기호자의 악습을 서둘러 제거하려고 함으로써 멋대로 치료약을 구입한데서 나온 결과이다. 그들은 수속이 복잡한 계연의원(戒煙醫院)에 가려고 하지 않고 시장에서 소위 계연약(戒煙藥)—모르핀 환을 구입하였다. 결과적으로 기호자의 계연은 더 큰 독물(毒物)이 아편을 대체하였을 뿐이다.……14

라고 하였다. 모르핀 사용증가라는 새로운 위기는 마약으로의 접근 방지를 위한 안정장치를 제대로 마련하지 않은 상황에서 금연운동을 실시한 것과 관련이 있다. 금연운동을 살펴보면 아편의 흡연을 금지시키는 데 관심이 집중된 반면 아편흡연 금지가 가져올 제반 상황변

---

13 朱慶葆 外 著, 앞의 책, 346~348쪽.
14 趙泉, 「中國禁煙當前之麻醉藥品問題」, 『拒毒月刊』 24期, 1928, 22쪽.

화에 대한 대처가 부족하였다. 즉, 아편을 흡연했던 자들이 계연의원에 가서 치료를 받는지, 아니면 다른 약물로 아편을 대체하는지에 대한 관리가 소홀하였던 것이다. 모르핀치죄조례(嗎啡治罪條例)를 반포하는 등 모르핀 위반에 관한 처벌규정을 만들기도 하였지만 처벌내용이 너무 가벼웠기 때문에15 아편에서 마약으로의 대체라는 현상을 막는 데 역할을 하지 못하였다.

모르핀 등 마약수요의 증가는 또한 밀매상인들의 발호를 유발하는 결과를 초래하였다. 1916년 6월 중국 세관사무관을 지냈던 드루(Edward. B. Drew)가 언급한 바에 의하면, "중국에서 아편수입을 금지한 결과 해독이 심한 모르핀이라는 마약문제가 나타났다. 이러한 마약으로부터 생기는 이익은 매년 500만 달러에 이르렀다. 아편은 수입이 금지된 결과 밀수입이 증가하였고 홍콩·상해에 있는 영국선박에서 몰수된 아편이 자못 많은 액수에 달하였다. 그렇지만 아편의 가격폭등으로 이 같은 손실은 보상되고도 남았다.······지금 모르핀의 수입은 중국에서 가장 유리한 상업의 하나이다."16라고 말하였다. 이와 같이 중국에서의 금연운동은 일정한 성과를 얻기도 했지만 이와 더불어 여러 문제점들도 발생시켰다. 아편의 생산 및 수입이 감소되자 아편가격이 등귀하는 현상이 일어났고 아편가격의 상승은 대용품 수요를 증가시켰다. 아편을 대신하여 모르핀을 사용하고자 하는 사람이 늘어났고 여기에 상응하여 모르핀을 수입해 막대한 이익을 도모하려는 밀매상인 역시 덩달아 증가하였다.

1900년대와 1910년대의 모르핀 수입량을 통해서도 금연운동의 영향을 살펴볼 수 있다. 중국정부의 허가를 받아 세관을 통해 합법적으로 수입된 모르핀의 양은 많지 않았다. 〈표 2-1〉에 보이는 바와 같이

---

15 『民國日報』, 1921년 2월 13日, 馬模貞 主編, 『中國禁毒史資料』, 天津人民出版社, 1998, 716쪽.
16 大內丑之助, 『支那阿片問題解決意見』, 1917, 106~107쪽.

1906년부터 1914년까지 중국에 합법적으로 수입된 모르핀 양을 살펴보면 법적으로 의료용 및 학술용 이외의 모르핀 수입이 금지된 1909년 이후 오히려 수입이 증가되었음을 알 수 있다. 이는 각국 선교사가 경영하는 의원 등에서 중독자 치료를 목적으로 모르핀 수요가 증가한 것에 기인한 것이었다.[17] 그리고 1차 대전이 발발한 1914년을 계기로 독일산 모르핀의 수입이 대폭 감소한데 비해 미국산 모르핀 수입이 증가하였고, 1911년부터는 일본으로부터의 모르핀 수입이 대폭 증가하고 있음을 알 수 있다.

〈표 2-1〉 1906~1914년 중국에 수입된 모르핀 수량(단위: kg)[18]

	1906년	1907년	1908년	1909년	1910년	1911년	1912년	1913년	1914년
홍콩	19.2	0.26	22.77	0.09	0.09	0.11	0.28	0.06	0.03
영국	0.20	0.79	3.74	2.58	7.54	1.25	3.83	2.61	7.29
독일	0.06		0.06	0.34	2.30	1.81	2.78	1.39	0.06
프랑스					0.20	0.60			
러시아					13.83		6.80	95.54	0.06
조선			0.48						
일본(대만포함)		1.64	0.23	0.40	0.34	10.26	91.03	3.35	980.63
미국	0.17	0.03			0.09	0.17	0.06	0.03	2.35
합계	19.63	2.72	27.28	3.41	24.39	14.20	104.78	102.98	990.42

모르핀의 수입은 합법적인 수입량과 함께 그 수량을 능가하는 만큼의 밀수입 물량이 존재하였다. 밀수입의 경우도 역시 일본에 의한 공급이 압도적이었다. 모르핀의 밀수가 증가하였던 것은 금연운동 과정에서 아편의 엄격한 단속이 이루어지자 상대적으로 모르핀의 수요가 증가하였기 때문이었다. 게다가 모르핀의 경우 아편과 달리 냄

17 大內丑之助, 위의 책, 108~109쪽.
18 大內丑之助, 위의 책, 108쪽.

새도 없고 포장을 변조하기도 편리하였을 뿐 아니라 수송이나 휴대하기 역시 간편하였기 때문에 더욱 선호되었다.[19] 중국으로 밀수입된 마약의 주요 공급방식은 일본으로부터의 밀수입이었는데 일본이 중국으로 밀수출한 마약의 수량은 일본과 영국의 무역량을 통해 가늠해 볼 수 있다. 당시 일본은 영국으로부터 많은 양의 모르핀을 수입하고 있었다. 그런데 영국의 대(對)일본 모르핀 수출통계는 일본의 대(對)영국 모르핀 수입통계와 상당한 차이를 보였다. 즉, 〈표 2-2〉에 보이는 바와 같이 영국이 일본에 모르핀을 수출한 양과 일본이 영국으로부터 모르핀을 수입한 양을 비교해 보면, 1915년을 제외하면 대체로 절반 이상이 일본에 수입되지 않고 중간에 증발해 버렸음을 알 수 있다. 게다가 1911년부터 1915년까지 5년 동안 일본이 영국으로부터 수입한 모르핀 양은 일본 국내 추정 의료용 소비량의 70배에 해당되는 것이었고 지나치게 많은 수량이었다. 따라서 영국의 수출량과 일본의 수입량 사이에 보이는 차액 수량은 곧 정식으로 일본 세관을 거쳐 수입되는 과정을 거치지 않고 일본에 의해 중국으로 밀수출된 수량임을 의미하는 것이었다. 이는 일본의 의료용 소비량이 수입량과 비교해 비교되지 않을 정도의 소량이었던 사실로도 충분히 입증된다고 하겠다.[20]

〈표 2-2〉 영국과 일본의 모르핀 수출 및 수입량 비교(단위: kg)[21]

연 도	일본 수입량	영국 수출량	차 이
1911년	830	1,654	- 824
1912년	913	3,524	- 2,611
1913년	2,583	7,147	- 4,294
1914년	5,125	9,983	- 4,858
1915년	10,165	5,804	4,361

19 大內丑之助, 위의 책, 120쪽.
20 大內丑之助, 위의 책, 108 · 117~118쪽.

영국에서 수입된 모르핀은 다양한 경로를 통해 관동주로 들어갔다. 1913년까지는 많은 경우 시베리아철도를 경유하여 관동주로 밀수출되었다. 시베리아를 경유한 수입루트는 1913년 조차지 관헌의 주의를 받게 되면서 이용이 불가능해졌다. 그 후 주로 이용된 방법은 영국 또는 일본으로부터 직접 소포우편을 통해 관동주로 유입시키는 것이었는데, 이 방법 또한 1915년 3월 모르핀 단속법이 반포되면서 불가능해졌다. 그 후 관동주에 수입되는 방법은 생산지로부터 고베(神戶)까지 소포우편 또는 선적품(船積品)으로 송부되어 동 지역에서 보세품으로 취급되거나, 관동주향 다른 품명으로 선적되거나 소포우편으로 밀수입되는 것이었다.22 이러한 우편방법을 통해 영국에서 직접 또는 일본을 거치더라도 정식 수속을 거치지 않은 다량의 모르핀이 중국으로 밀수출될 수 있었다.

요컨대 1910년대 중반까지 중국에서의 마약확산은 청말의 금연운동과 연계되어 있으며 일본과 밀접한 관련이 있었다. 아편은 엄격하게 단속되었던 것에 비해 그 대용품인 모르핀은 모르핀의 성격상 단속도 어려웠고, 금연운동의 비중이 아편에 무게를 두어 모르핀에 대한 단속이 소홀하였다. 또한 금연운동 과정에서 아편의 감소와 가격 등귀현상이 일어나자 돈이 없는 하층사회를 중심으로 모르핀의 수요가 증가하게 되었다. 이를 틈타 외국으로부터 모르핀의 밀수가 증가하게 되었고 아편보다 해독이 심한 모르핀 등 마약이 확산되게 되었다. 이 과정에서 일본은 영국 등으로부터 모르핀을 수입하여 절반 이상을 중국에 밀수출하였고 이로써 아편보다 해로운 마약이 중국사회에 확산되는 데 일익을 담당하였던 것이다.

---

21 大內丑之助, 위의 책, 115~116쪽.
22 大內丑之助, 위의 책, 116~117쪽.

2. 일본의 마약 제조 및 밀수출 확대

일본은 아편을 원료로 한 모르핀과 기타 아편 알카로이드를 모두 외국으로부터의 수입에 의존하고 있었다. 1차 대전의 영향으로 이들 외국산 약품의 수입이 곤란해져 가격 폭등문제가 발생하였는데 이는 모르핀의 자체 기술 확보를 자극하였다. 일본의 호시(星) 제약회사가 1915년에 처음으로 모르핀 제조에 성공하였고, 일본 내무성 위생시험소에서도 독자적으로 아편에서 모르핀을 추출해내는 제조법을 완성시켰다.[23]

당초 일본 내 모르핀의 제조는 일본 국내에서 모르핀 개발에 최초로 성공한 호시 제약회사에 의해 독점되었으나 1917년경부터 다른 세 개의 제약회사에게도 제조가 허가되었다. 호시 제약회사는 1915년 이후 대만총독부로부터 조제(粗製) 모르핀을 독점적으로 불하받아 모르핀을 제조 판매함으로써 일시적으로 일본 제약업계에 군림하였다.[24] 그러나 1917년부터 다른 세 개의 제약회사[다이니혼(大日本製藥), 산쿄(三共製藥), 라지움(製藥)]도 일본 내무성 위생국으로부터 제조를 허가받게 되었다. 이로써 일본에서는 이들 네 개 회사가 모르핀, 코데인, 헤로인을 제조하게 되었던 것이다.[25]

일본 국내에서 제조되기 시작한 모르핀류(모르핀 및 기타 코카인,

---

23 山內三郞, 「麻藥と戰爭: 日中戰爭の秘密兵器」, 岡田芳政 外 編, 『續現代史資料 (12) 阿片問題』, みすず書房, 1996, xliii쪽 ; 劉明修, 『臺灣統治と阿片問題』, 山川出版社, 1983, 194쪽.

24 호시(星) 제약회사는 대만총독부 민정장관 등을 역임했던 고토 신페이(後藤新平)와의 관계를 통해 급속히 성장하였으나, 1924년 고토 신페이(後藤新平)의 정치적 라이벌인 가토 다카아키(加藤高明)가 내각 수반이 된 후 정쟁(政爭)에 얽힌 사건에 휘말리면서 도산하고 말았다(劉明修, 위의 책, 194~195쪽).

25 구라하시 마사나오(倉橋正直) 저, 박강 역, 『아편제국 일본』, 지식산업사, 1999, 120쪽 ; 山內三郞, 「麻藥と戰爭: 日中戰爭の秘密兵器」, 岡田芳政 外 編, 앞의 책, xliii쪽.

헤로인, 코데인 등을 포함한 것을 지칭)는 일부 국내 소비량을 제외하고는 외국으로부터 수입된 모르핀류와 함께 대부분 중국에 밀수출되었다(〈표 2-3〉 참조). 일본 국내에서 1년간 의료용으로 사용된 모르핀류의 수량은 일본 내무성이 추산한 바에 의하면 〈표 2-4〉에 보이는 바와 같이 모르핀과 헤로인이 각각 907kg, 코데인이 1,134kg, 코카인이 1,814kg이었다. 그런데 일본의 모르핀류 수입 및 제조량은 일본 국내 수요의 10여 배에 달하였다. 그리고 이 시기에 정식 수속을 거쳐 수출된 모르핀류의 수량은 일본 대장성(大藏省)이 밝힌 바에 의하면 극히 소량(〈표 2-5〉 참조)에 불과하였다. 국내 수요량을 초과한 나머지 수량은 대부분 중국으로 밀수출되었다.[26]

〈표 2-3〉 1916~1920년 일본의 모르핀류 수입량과 제조량(단위: kg)[27]

	1916년	1917년	1918년	1919년	1920년
모르핀(A)	15,771	16,940	4,677	11,689	12,905
모르핀(B)	272	540	968	1,676	3,496
코카인(A)	1,972	1,972	1,303	1,258	3,130
코카인(B)	–	68	1,041	834	4,127
헤로인(A)	20	–	218	2,367	2,511
헤로인(B)	–	68	760	406	4,867
코데인(A)	27	43	60	440	606
코데인(B)	9	45	34	98	60

* (A)는 수입량, (B)는 일본 국내 제조량.

〈표 2-4〉 1년간 일본의 의료용 모르핀류 사용량(단위: kg)[28]

모르핀	코카인	헤로인	코데인
907	1,814	907	1,134

26 藤原鐵太郞, 「阿片制度調查報告」(1923), 岡田芳政 外 編, 앞의 책, 189~190쪽.
27 藤原鐵太郞, 「阿片制度調查報告」(1923), 위의 책, 189쪽.
28 藤原鐵太郞, 「阿片制度調查報告」(1923), 위의 책, 189쪽.

〈표 2-5〉 1916~1920년 모르핀류의 수출량(단위: kg)[29]

연도	1916년	1917년	1918년	1919년	1920년
모르핀	306	16	50	14	8
코카인	39	25	71	117	18
헤로인	8	8	40	2	5
코데인	155	21	147	20	6

1차 대전 이후 마약이 외국으로부터 중국에 다량 밀수입될 수 있었던 것은 당시 국제사회의 마약수급 불균형 상황은 물론 중국의 혼란한 정치상황과도 관련이 깊었다. 1차 대전기간에 의료용 치료제로서 마약의 수요가 폭증하자 인도, 이란, 터키 등에서 그 원료인 아편을 대량으로 생산하게 되었다. 또한 스위스, 일본, 프랑스, 독일, 영국 등에서도 경쟁적으로 모르핀, 헤로인 등을 생산해내기 시작하였다. 이러한 상황을 통해 활발한 거래가 이루어졌고 관련 상인들은 평소보다 세 배나 높은 이윤을 얻을 수 있었다. 그러나 전쟁이 종결되어 수요가 줄어들게 되자 아편과 마약의 판로가 막히게 되었다. 공급과잉현상이 나타나자 관련 상인들은 이 문제를 타개하기 위해 새로운 판매처로 중국을 주목하였다. 당시 중국은 정치적으로 위엔쓰카이(袁世凱)가 추진한 제제운동(帝制運動)의 영향으로 각 성이 독립할거라는 형세를 보이고 있었다. 따라서 군비증강에 더욱 힘을 쓰게 되었고 이러한 과정에서 아편과 마약의 무역은 군비증강에 있어 절대적인 재원이 될 수 있었다. 각 성의 군벌들은 중국과 외국의 아편마약 상인과 결탁하여 판매를 비호하는 등 아편과 마약이 중국에 확산될 수 있는 계기를 만들어 주었다.[30]

일본은 1차 대전 중에 자국 내에서 제조된 마약은 물론 외국으로

---

29 藤原鐵太郎,「阿片制度調査報告」(1923), 위의 책, 190쪽.
30 甯頗,「中國鴉片流禍的槪觀」,『拒毒月刊』, 65期, 1933, 26~27쪽.

부터 수입한 마약까지 포함하여 다량의 마약을 중국으로 밀수출하였다. 특히 남북 만주와 중국 북부지역은 모르핀류의 수요가 많았다. 앞서 언급했듯이 아편의 공급이 부족하게 되거나 그 가격이 등귀할 때 그 대용품으로 마약의 수요가 증가하였다. 중국 남부에서는 이전부터 아편의 공급이 풍부하였고 일반인의 구매력도 넉넉하였기 때문에 아편이 많이 애용되었다. 따라서 이 지역은 다른 지역과는 달리 모르핀 등의 밀수입이나 밀거래가 적었다. 반면 중국 북부지역은 남부지역과 상반되는 이유로 인해 모르핀류의 밀수입과 밀매가 성행하였다. 이들 아편의 대용약은 환약(丸藥)으로 만들어져 사용되거나 혹은 피하주사를 통해 이용되었다.31

한편 이들 마약은 대련을 통해 만주지역으로, 천진을 통해 중국 중부지역으로 그리고 상해를 통해 중국 남부지역으로 밀수입되었다. 1919년까지 대련에서는 의료용 이외의 목적으로도 모르핀 수입이 허가되었다. 그러나 1920년 12월에 일본 내무성령(內務省令)으로 모르핀 등 마약에 대한 단속령이 발표되자32 이후 의료용 이외의 마약수입이 불가능하게 되었지만 대련을 통해 만주로 수입되던 마약은 조선, 안동을 거쳐 들어가거나 혹은 극히 교묘한 방법을 통해 대련의 관문을 빠져나가 오지로 들어갔다. 천진에서는 마약의 수입을 허가하지 않았으나 단속에 있어서는 대련과 같이 엄격하지 않았기 때문에 밀수입 수량이 매우 많았다. 중국 남부지역의 모르핀 기타 마약은 상해에 집적되었는데, 일본으로부터 수입된 수량이 많았다고 추정되지만 정확한 수량은 알 수 없다. 다만 이 지역은 중국 최대의 아편시장이었기 때문에 모르핀의 수입은 아편만큼 주목을 끌지 못하였다.

---

31 藤原鐵太郎, 「阿片制度調査報告」(1923), 岡田芳政 外 編, 앞의 책, 189쪽.
32 일본은 내무성령으로 1920년 12월에 「모르핀, 코카인 및 염류의 단속에 관한 건」을 발포하여 다소의 예외를 제외하고는 거의 아편과 같은 단속을 할 것이라고 하였다(外務省通商局, 『華盛頓會議參考資料 阿片問題』, 1921, 277쪽).

밀수입된 모르핀 등은 상해에서 소비되지 않고 많은 부분이 중국 북부 등 타 지역으로 재수출되었다.[33]

〈표 2-6〉 일본의 모르핀 수입량(단위: kg)[34]

연 도	영국	독 일	미 국	네덜란드	프랑스	스위스	관동주	총수량
1906년								972
1907년	323	418				9		749
1908년	891	272			2		0	1,166
1909년	204	299	5					507
1910년	386	234	9					629
1911년	604	207	18					830
1912년	606	279	27					913
1913년	2,078	491	0	14		1		2,583
1914년	2,776	2,169	47		50	11	39	5,124
1915년	8,390	589	1,100				86	10,164
1916년	15,279		428				135	15,842
1917년	16,973		42					17,016
1918년	3,394		1,040		28	9	168	4,680
1919년	1,072		9,094		749	315	368	11,598
1920년	5,126	893	9,211	124	3,040	2,251		22,067
1921년								5,936
1922년								313
1923년								3
1924년		877						877
1925년		676		299				976
1926년		51						51
1927년								0
1928년								0
1929년								0
1930년								264

* 일본의 국가별 모르핀 수입량은 확인된 수량만을 표기한 것이어서 총수량과 일치하지 않는다. 또한 표에 표기된 국가 이외의 다른 국가로부터의 수입량 중 확인된 부분은 다음과 같다. 즉, 1914년에 벨기에(11), 불명(21), 1920년에 벨기에(1,037), 이탈리아(147), 스웨덴(135), 덴마크(104) 등에서 각각 수입.

---

33 藤原鐵太郞, 「阿片制度調査報告」(1923), 岡田芳政 外 編, 앞의 책, 191쪽.
34 『日本外國貿易年表』에 의거하여 작성된 것임[구라하시 마사나오(倉橋正直) 저,

1900년대 이래 외국으로부터 일본에 수입되던 모르핀은 〈표 2-6〉에 보이듯이 1921년을 기점으로 수입이 두드러지게 감소되었다. 1915년 이전 국내생산을 하지 못했던 일본은 영국과 독일, 1차 대전 이후에는 독일을 대체한 미국으로부터 모르핀을 수입해왔다. 1921년부터 일본의 외국수입 모르핀 양이 대폭 감소하였는데, 이는 모르핀의 국내생산이 가능해진 점과 외국의 상황변화라는 점이 작용한 결과였다. 영국의 경우 1917년 10월 본국의 아편무역금지협회와 재중국 선교사들의 요청을 받아들여 일본으로의 수출을 포기하였다.35 미국의 경우도 역시 국내적으로 마약의 해외수출 금지에 관한 논의가 지속되면서 1922년 5월 26일에 이르러 마취약품수출입법안이 제정돼 합법적인 용도 외의 수출이 제한되었다.36

그럼에도 불구하고 중국으로의 밀수출은 여전하였다. 그러한 사실은 1929년에 일본 외무성 조약국이 외무대신의 훈령에 따라 각 재외주요 공관이 제출한 보고를 참고하여 펴낸 『각국에서의 아편단속상황(各國ニ於ケル阿片取締狀況)』을 통해서도 알 수 있다. 일본의 사실상 식민지였던 관동주는 차치하고, 1920년대 말기 봉천성의 경우 이 지역의 마약을 밀수입하였던 업자는 러시아 상인에 이어 일본인과 조선인이 그 다음을 잇고 있었다.37 길림성의 경우 마약 밀수입자는 일본인과 조선인이 많았으며 그 수입품은 전부 일본에서 제조된 것이었다. 이들 마약은 대련, 봉천, 장춘 등에 있는 일본인 약종상 혹은 금제품 브로커를 거쳐 밀수입되었다.38 화북의 천진에서는 1929년

박강 역, 앞의 책, 117쪽에서 재인용.
35 山田豪一, 『滿洲國の阿片專賣』, 汲古書院, 2002, 49·74쪽.
36 F. Musto 저, 周雲 역, 『美國禁毒史』, 北京大學出版社, 1999, 267~269쪽.
37 「奉天省ニ於ケル阿片取締ノ現狀ニ關スル調査報告」(1929年 7月 10日 在奉天 林總領事報告), 外務省條約局, 『各國ニ於ケル阿片取締狀況』, 1929, 32쪽.
38 「吉林地方ニ於ケル阿片取締ノ現狀ニ關スル調査報告」(1928年 10月 17日 在吉林 川越總領事報告), 外務省條約局, 『各國ニ於ケル阿片取締狀況』, 1929, 44~45쪽.

중 1개월 동안의 수입량 조사결과 제(諸)외국으로부터의 수입은 약 1만kg, 일본으로부터의 수입은 354~425kg이었고 대부분 헤로인이었다.[39] 청도에서는 헤로인의 밀수입이 가장 많았는데, 밀수입자 가운데 일본국적을 가진 사람이 약 90%를 차지하였다.[40] 상해의 경우도 역시 헤로인이 가장 많았다. 일본을 제외한 기타 외국으로부터 수입된 헤로인이 6,804kg이었는데, 일본 한 나라로부터 수입된 양이 다른 여러 나라를 합한 양의 절반에 해당되는 3,402kg에 달하였다. 상해로의 밀수입 방법은 고베(神戶), 나가사키(長崎)로부터 수출되는 경우가 가장 많았고 대부분 일본인에 의해 취급되었다. 그리고 상해에 수입된 일본 마약은 거의 세이카 제약주식회사(精華製藥株式會社) 제품이었다. 세이카 제약주식회사 제품은 북중국으로 주로 밀수되고 있었던 니혼 제약주식회사(日本製藥株式會社)나 호시 제약주식회사(星製藥株式會社)보다 1파운드당 1달러 정도 저렴하였기 때문에 상해에서 환영받았던 것이다.[41]

또한 중국 각 해관의 마약밀수자 체포상황을 통해 볼 때도 일본의 마약 밀수입이 그다지 개선되지 않았음을 알 수 있다. 중국의 민간금연단체인 중화국민거독회(中華國民拒毒會)가 1924년부터 1928년까지 전국의 32개 해관을 조사한 결과에 따르면 중국 동해에서 발해 연해선에 이르는 8개 해관(江海, 津海, 大連, 濱江, 膠海, 瑗琿, 山海, 延吉)에서 외국인에 의한 마약수입이 가장 많았다.[42] 해당 8개 해관의 각 국별 마약밀수자 체포 수에서는 〈표 2-7〉과 같이 일본인이 가장 많은

---

39 「天津地方ニ於ケル阿片取締ノ現狀ニ關スル調査報告」(1929年 4月 18日 在天津 田代總領事代理報告), 外務省條約局, 『各國ニ於ケル阿片取締狀況』, 1929, 90쪽.
40 「靑島地方ニ於ケル阿片取締ノ現狀ニ關スル調査報告」(1928年 12月 28日 在靑島 藤田總領事報告), 外務省條約局, 『各國ニ於ケル阿片取締狀況』, 1929, 106쪽.
41 「上海地方ニ於ケル阿片取締ノ現狀ニ關スル調査報告」(1929年 5月 10日 在上海 重光總領事報告), 外務省條約局, 『各國ニ於ケル阿片取締狀況』, 1929, 142~144쪽.
42 「外人與中國煙禍」, 『拒毒月刊』, 36期, 1929, 23쪽.

수를 차지하였다. 요컨대 일본이 외국으로부터의 마약수입을 대폭 줄였다고 해서 중국으로의 밀수출이 감소된 것은 아니었다.

〈표 2-7〉 1924~1928년간 상해 등 각 해관에서의 각국별 마약밀수자 체포 수 및 비율(단위: 명)[43]

연 도	총계	일본(한국)	러시아	독일	영국	스위스	폴란드	불명자
1924	25	15	7	1				2
1925	75	44(5)	21				1	4
1926	46	17(6)	1	3	1	2		16
1927	36	12(4)	2	5				13
1928	26	19						7
총계	208	122	31	9	1	2	1	42
비율	100.0	58.6	14.9	4.3	0.5	1.0	0.5	20.2

* 위 조사는 江海(상해), 津海(천진), 大連, 濱江, 膠海, 璦琿, 山海, 延吉 8개 해관보고에 의거한 것임.

〈표 2-8〉 일본의 모르핀, 헤로인 생산량(단위: kg)[44]

	모르핀	헤로인
1931년	1,446	688
1932년	1,832	734
1933년	3,624	675
1934년	3,305	547
1935년	3,245	250

1920년대에 들어와서 일본 내지로의 모르핀 수입량이 격감했음에도 불구하고 중국 각지로의 밀수출이 감소하지 않은 것은 일본으로의 수입을 통한 재수출 외에도 중국 현지에서의 마약제조라는 문제가 있었다. 사실상 1차 대전 기간에 시작된 일본의 마약제조량은 〈표

---

43 「外人與中國煙禍」, 위의 책, 1929, 24쪽.
44 佐藤弘, 「大東亞の特殊資源: 阿片」(1943. 9), 岡田芳政 外 編, 앞의 책, 23쪽.

2-8)에 보이는 바와 같이 1930년대에 들어와서도 세계적인 수준을 유지하였다. 모르핀의 경우 1935년에 일본의 생산량은 미국, 독일, 프랑스에 이어 전 세계 생산량의 10% 이상을 차지하였고, 헤로인의 경우는 1935년에 전 세계 생산량의 37%를 생산함으로써 생산량 1위를 차지하였다.[45] 이러한 생산량에도 불구하고 앞서 언급했던 일본 내 1년간 국내소비량을 제외하고 『각국에서의 아편단속상황(各國ニ於ケル阿片取締狀況)』에 나타난 일본의 마약밀수량을 충족하기에는 크게 부족한 수량이었다.

이 같은 부족분에 대해 일본의 국내 제조량 통계의 신뢰성 부분에 의문을 제기해 볼 수 있으나 현재로서는 그 증거를 찾기가 어렵다. 또한 그 외에 중국 현지에서의 마약제조 문제를 간과할 수도 없다. 1920년대 초기에 들어와서 일본 현지 주둔군의 비호하에 중국 현지에서도 마약이 제조되기 시작하였다. 중국 현지 제조는 주로 만주와 화북을 중심으로 하고, 원료는 모르핀 함유량이 높은 열하산 아편이 이용되었다. 중국정부의 금연운동으로 공공연히 마약을 제조할 수 없었기 때문에 일본의 제약업자들은 만주와 화북의 일본군 주둔지역으로 들어가 그들의 보호하에 활동함으로써 중국정부의 간섭을 벗어날 수 있었다.[46] 또한 관동주는 1922년부터 전매아편으로 수입된 터키와 이란 아편을 제약업자에게 모르핀, 헤로인의 원료로 공급하여 대련에서 제조하도록 하였다. 여기서 제조된 마약은 만주와 중국 각지로 밀수되어 마약이 더욱 확산될 수밖에 없었다.[47]

1930년대에 들어와서도 중국지역 가운데 중국의 행정력이 제대로 미치지 못하는 지역의 경우 마약의 밀수와 남용은 여전하였다. 1930년대 초에도 대련은 마약 밀수출의 중심지 역할을 하였는데 천진(天津),

---

45 위와 같음.
46 山內三郞, 「麻藥と戰爭: 日中戰爭の秘密兵器」, 岡田芳政 外 編, 앞의 책, xliii쪽.
47 山田豪一, 앞의 책, 79~81쪽.

지부(芝罘, 지금의 煙台), 청도(靑島) 등의 일본인 관련 마약밀수는 대부분 대련을 통해서 이루어졌다. 이로써 대련은 계속해서 마약 밀수출의 중심지로서 국제사회로부터 주목을 받았다.[48] 또한 1932년에서 1934년에 걸쳐 관동주의 모르핀 소비량은 100만 명당 평균소비량이 27~44kg으로 세계 1위를 차지하였다.[49] 만주국 역시 1930년대 중반에 마약문제가 매우 심각하였는데, 1935년 미야지마 미키노스케(宮島幹之助)가 작성한 「만주의 아편과 마약(滿洲の阿片と麻藥)」에 의하면,

> 만주국 내의 마약중독자 개수(槪數)를 알 수 있는 정확한 자료는 없으나 약 15만 명으로 추정되고 있다. 현재 설립된 계연소(戒煙所) 또는 치료소에서 취급하는 환자의 대부분은 헤로인, 모르핀 중독자로 아편중독자는 극히 적다.……이와 같이 아편보다도 그 해독이 강한 마약에 대해 만주국에서 아편전매와 동시에 엄격한 단속법을 제정하지 않은 것은 극히 유감이다.[50]

라고 하였듯이 만주국 역시 마약의 남용을 방조하였고, 그와 상응해 마약중독 문제는 그 정도가 매우 심각하였음을 알 수 있다.

요컨대 1차 대전 이후 국제사회의 마약 공급과잉과 중국의 혼란한 정치상황 속에서 모르핀 등을 자체적으로 제조하기 시작한 일본은 외국으로부터의 수입 모르핀류와 더불어 이들 마약을 중국에 계속해서 밀수출하였다. 1920년대 초 외국으로부터의 수입이 두드러지게 감소하기 시작한 이후에는 일본 국내 생산 외에도 일본 현지 주둔군의 비호하에 중국 현지에서까지 마약이 제조되어 공급되었다. 중국의 행정력이 미치지 못하는 지역을 중심으로 일본의 마약 밀수와 남용 방조는 1930년대까지 지속되었다.

---

48 「外務省關係電報および文書」, 岡田芳政 外 編, 앞의 책, 523쪽.
49 江口圭一, 『日中アヘン戰爭』, 岩波書店, 1988, 32쪽.
50 宮島幹之助, 「滿洲の阿片と麻藥」(1935), 岡田芳政 外 編, 앞의 책, 110쪽.

3. 마약 확산에 대한 일본정부의 대응 및 그 책임

　1910년대 초반 이후 일본의 마약 판매상들이나 제약회사들이 외국에서 수입하거나 자체적으로 생산하기 시작한 마약을 중국에 적극 확산시켜 나갈 수 있었던 것은 마약문제에 대한 일본정부의 허술한 대응과도 관련이 깊다. 앞서 언급했듯이 1차 대전 이후 아편과 마약의 공급과잉현상이나 중국의 독립할거 형세라는 시대적 상황도 있었지만, 일본의 마약제조 및 판매상들에게 직접 영향을 미친 것은 일본 국내의 마약 관련 법규였다. 당시 마약 관련 제약회사에 대한 일본 당국의 단속이 극히 미미해서 제조량에 대해 신고만 하면 아무런 제약을 받지 않았다.51 또한 아편에 대해서는 일찍부터 아편법을 제정하여 강력히 단속에 나섰던 일본이 모르핀 등 마약에 대해서는 독극물(毒劇物) 단속법 차원에서 가볍게 취급하였다.52

　이 같은 일본 당국의 미약한 마약 단속법규로 중국에 밀수입된 마약은 일본인이 중국에서 누릴 수 있는 치외법권(治外法權)과 일본 영사관(領事館)의 지나치게 가벼운 벌칙으로 어려움 없이 확산될 수 있었다. 앞서 언급했듯이 중국은 1908년에 이미 모르핀에 관한 처벌조례를 반포하였으며 민국시기에 들어와서도 역시 1914년과 1921년에 이어 모르핀 위반에 대한 처벌 수위(유기징역과 벌금 병행)를 계속해서 높여갔다.53 그러나 중국 거주 일본 국적인의 경우 중국에서 누릴 수 있는 치외법권으로 인해 중국 관헌의 단속을 받지 않았다. 마약 등을 밀매하다가 적발될 경우 일본 영사관에 보내졌는데 일본 영사관령(領事館令)의 아편 및 기타 마약류에 관한 단속벌칙은 지나치게

51　劉明修, 앞의 책, 134쪽.
52　外務省通商局, 『華盛頓會議參考資料 阿片問題』, 1921, 277쪽.
53　朱慶葆 外 著, 앞의 책, 341~342쪽 ; 于恩德, 앞의 책, 136~138 ; 『民國日報』, 1921年 2月 13日, 馬模貞 主編, 앞의 책, 716쪽.

제2장 중국의 마약확산과 일본 ■ 93

가벼웠다. 최고 형량이 고작 구류 30일 또는 벌금, 과료 50원 이하에 처하는 것이었다. 이에 따라 일본인들은 이 같은 특권을 이용하여 중국에서 손쉽게 마약을 확산시킬 수 있었던 것이다.54

실제로 중국에서 많은 일본인들이 치외법권이라는 특권과 일본 영사관의 관대한 처벌을 이용하여 마약밀매에 종사하였다. 아래 글을 통해 중국에서 일본인의 마약밀수 종사 정도와 그 이유에 관해 살펴볼 수 있다.

> 우리 일본인 가운데 중국(관동주를 제외)에 있는 자는 10만 명을 헤아리지만 실제로는 구미인에 비해 턱없이 적은 수이다. 많은 사람들이 부정한 직업 또는 추한 업을 운영하며 중국인에게 사기행위를 하고 있다…….
>
> 그런데 일본인 부정업자는 대부분이 매약(賣藥) 행상인으로, 모르핀 및 코카인을 판매하지 않는 자가 거의 없다. 이 거래 금지품목은 그 이득이 매우 크고 또한 그것을 밀수하는 일에 종사하는 자는 멀리 '만주' 내륙까지 침입하여 몰래 다니기 때문에 도저히 단속하는 것이 불가능한 상태이다.55

> 마약류의 단속에 관해 그 핵심을 어느 정도 분석해 내어도 그것을 근절한다는 것은 매우 어렵습니다. 특히 일본으로서는 중국이 매우 가깝고, 가격은 중국쪽이 높기 때문에 약간만 소지하고 가더라도 수지가 맞으며 교통 역시 빈번하기 때문에 단속은 매우 곤란합니다.56

윗글을 통해 중국에 있는 일본인이 구미인에 비해 수적으로 적었

---

54 원래 재중국 일본인에 대한 아편·마약범죄 처벌에 있어 아편범죄는 형법을, 마약류범죄는 영사관령을 적용하도록 되어 있었다. 실제로는 아편에 대한 범죄 역시 거의 영사관령을 적용하였다(外務省條約局第三課, 『第五回阿片及麻藥類ニ關スル委員會議事錄』, 1928, 7·12~13쪽).
55 野波靜雄, 『國際阿片問題』, 平凡社, 1925, 221쪽.
56 外務省條約局第三課, 『第五回阿片及麻藥類ニ關スル委員會議事錄』, 1928, 32쪽.

음에도 불구하고 많은 사람들이 마약업에 종사하고 있었음을 알 수 있다. 일본인들이 다수 마약업에 종사했던 원인으로는 지리적으로 인접한 지역이라는 점 외에도 중국과 일본 사이에 마약류의 높은 가격차가 존재했기 때문에 손쉽게 높은 이득을 취할 수 있었다는 점이 크게 작용하였다.

천진에 거주하는 일본인 5천 명 가운데 그 7할이 모르핀 기타 금제품 거래에 관계하고 있었는데, 그것은 모르핀 역시 아편과 같이 막대한 이득을 취득할 수 있었기 때문이었다. 이들 일본인들이 중국정부에서 금지한 마약류를 거래할 수 있었던 것은 치외법권을 통해 중국 관헌의 단속을 피할 수 있었고 재중국 일본 영사관의 단속노력이 미미하였기 때문이었다. 즉, 이들 마약 판매자에 대한 영사관의 방침은 도저히 방치하기 어려운 자이거나, 해관(海關)에서 발각된 경우, 또는 다른 사건과 관련되어 발각된 경우만 기소하고 직접 범행을 밝혀 검거하는 경우는 없었다. 이 지역에서 단속이 미온적이었거나 방관적이었던 것은 철저한 단속을 시행할 경우 일본인이 이 지역에서의 거주를 기피할 것이라는 우려 때문이었다. 일본인이 거주하는 다른 지역도 상황은 천진과 비슷하였다.[57] 중국에 거주하는 일본인의 이 같은 불법적인 마약판매는 일본 영사관의 묵인 내지 미온적인 대처로 제지할 수 있는 장치가 없게 되어 더욱 성행하였던 것이다.

1920년대를 전후하여 영미의 마약수출 감소 등 환경변화에 따라 일본정부도 마약문제에 대한 단속의지를 표명하였으나 처벌규정이 약하여 별다른 성과를 거두지 못하였다. 즉, 1920년 12월 내무성령으로 「모르핀, 코카인 및 그 염류의 단속에 관한 건」을 공포하였지만 단속에는 위반자에 대한 처벌이 겨우 3개월 이하의 징역, 100엔 이하의 벌금뿐이었고 밀수품에 대한 몰수규정은 보이지도 않았다. 이 규

---

[57] 藤原鐵太郞, 「阿片制度調査報告」(1923), 岡田芳政 外 編, 앞의 책, 191쪽.

정이 유명무실함을 보여주듯 1921년도 『도쿄 아사히(東京朝日)』에는 모르핀 밀수와 관련된 대기업, 무역상들에 관한 기사들이 게재되곤 하였다.58

이러한 현상은 그 후에도 커다란 변화가 없었다. 그것은 1927년 1월 18일 일본 외무성 내 제1회의실에서 외무성을 비롯하여 내무성, 대장성, 사법성, 체신성, 척식국, 조선총독부, 대만총독부, 관동청 관계자들이 모여 개최된 제5회 아편 및 마약류에 관한 위원회의 의사록에 실린 외무성 미타니(三谷) 서기관(書記官)의 발언을 통해서도 살펴볼 수 있다. 즉,

> 일본의 방침은 모르핀, 헤로인, 코카인 제품은 내지에서 제조되기 때문에 그 제품의 수입(輸入)을 허가하지 않으나 오직 외국으로 수출할 경우에 한정하여 그것을 조건으로 수입을 허가하는데 동의하였습니다. 그러나 그 거래, 즉 중국 및 그 접양지에 대한 수출이 극히 여러 나라의 주의를 불러 일으켰기 때문에 현재로서는 외무성과 내무성이 협의한 결과 중국 및 접양지에 대한 마약류의 대량 수출은 허가하지 않을 방침을 세워두고 있습니다.59

라고 하였듯이 일본정부는 마약류의 밀수출을 단속한다고는 하였지만 외국으로 수출할 경우에 한해 수입을 허가한다고 함으로써 수입을 조장한 격이었다. 게다가 내무성의 마약류 밀수출에 관한 단속 역시 실효성이 의심되는 벌칙을 규정하고 있었으므로 중국으로의 마약류 밀수출은 그 단속의 성과가 의심스러울 수밖에 없었다.

1930년대에도 일본 관헌들의 마약단속 의지 부족으로 일본인에 의한 중국으로의 마약 밀수 및 남용은 계속되었다. 이와 관련하여 1934년 9월 8일 제네바 주재 국제회의 제국사무국장(帝國事務局長) 대리

---

58 山田豪一, 앞의 책, 74~75쪽.
59 外務省條約局第三課, 『第五回阿片及麻藥類ニ關スル委員會議事錄』, 1928, 16쪽.

겸 총영사 요코야마 마사유키(橫山正幸)가 일본 외무대신 히로타 고키(廣田弘毅) 앞으로 보낸 전문을 보면,

> 최근 천진, 지부(芝罘, 지금의 煙台), 청도(靑島) 등으로부터 방인(邦人)관계 마약밀수 보고를 종합하면, 그 압수품의 대부분은 대련방면으로부터 밀수입된 것으로, 관동주 특히 대련이 마약밀수출의 일 중심지라는 느낌을 주는 것에 대해서는 동 지방에서 금제약품의 거래단속을 엄중히 하고, 특히 밀수출에 대해 엄밀한 감독을 행해야 한다.……
> 또한 종래 재중국 제국영사재판 판결에 의한 마약밀수입 범죄인 처벌이 너무나도 가벼웠습니다. 최근 2, 3범인에 대한 판결처벌과 같이 겨우 20엔의 벌금을 부과한데 지나지 않은 실례가 있습니다. 이러한 것은 종래 우리나라 관헌의 마약 단속규칙 위반자 처벌이 중국 및 구미 여러 나라 관헌이 실행하고 있는 엄중한 처벌에 비해 너무나 가벼워 하등 단속의 효과가 없다는 비난을 받고 있는 동시에 우리 측 관헌이 이 같은 효과 없는 처벌로 범인을 방치하는 것은 오히려 밀수를 장려한다는 억측을 갖게 하는 것입니다. 따라서 이 같은 사태를 계속하는 것은 우리 측 입장에서 볼 때 불리한 결과를 초래할 우려가 있다고 생각됩니다……[60]

라고 하였다. 즉, 1930년대에 들어와서도 중국주재 일본 관헌들의 효과 없는 단속과 처벌은 계속되어 마약의 단속보다는 오히려 마약을 장려하는 듯한 인상까지 주고 있었다.

이상과 같이 일본정부는 자국이 외국으로부터 수입한 마약과 자국 내에서 제조된 마약이 중국에 밀수출되어 막대한 손해를 끼쳤음에도 그에 책임을 회피하기 일쑤였다. 1909년 상해에서 개최된 최초의 아편회의 이래 연이어 개최된 아편 및 마약금지를 위한 회의는 물론 1931년에 마약의 제조제한 및 분배단속에 관한 조약에 이르기까지 일본은 모든 조약에 조인·비준하여 아편 및 마약의 단속에 노력할 것을 약속하였다.[61] 그러나 일본의 상인들은 별다른 어려움 없이 영

---

[60] 「外務省關係電報および文書」, 岡田芳政 外 編, 앞의 책, 523쪽.

국 등 서구 국가들로부터 마약을 수입하여 중국에 밀수출하였고 제1차 세계대전 이래 모르핀 등을 국산화하여 이것 또한 중국에 밀수출하였다. 그 결과 일본은 중국과 국제사회는 물론 아편확산의 원흉으로 지목되어왔던 영국에게까지 국제회의 등에서 마약 밀수출에 대한 비난을 받았다.62

영국은 1924년에 시작된 제네바 제1아편회의에서 중국 각지에서 입수한 일본인의 아편 및 관계사건에 관한 신문보도를 증거로 제출하였고, 대련 민정서장(大連民政署長)이 직접 개입되어 있는 '관동청 아편사건'을 소개하기도 하였다. 또한 한발 나아가 1918년 12월 21일 천진의 영국계 신문 『노스 차이나 헤럴드(The North China Herald)』지에 실린 기사(1919년 2월 14일 『뉴욕 타임즈』에 「일본인의 아편밀수입에 대한 비난」이라는 기사로 다시 게재됨)를 들어 일본은 관민(官民)이 일체로 아편과 마약의 밀거래에 관여하였다고 고발하였다. 이러한 보도들은 일본 정계에 크게 영향을 미쳤다. 1921년 제44회 의회에서 야당의원들이 이 문제를 들어 내각을 문책하는 결의안까지 제출하는 사태가 발생하기도 하였던 것이다.63

만주사변 이후 중일전쟁 발발 이전인 1930년대에도 국제아편회의에서 중국과 미국 등 각국 대표들은 중국에서의 마약밀매와 관련하여 일본을 비난하였는데, 당시 일본대표들은 마약밀매와 일본정부와의 관련성을 부인하기 일쑤였다. 1935년 5월에 개최된 제20차 아편자문위원회에서 중국대표 후쓰쩌(胡世澤)는 일본대표에게, 일본정부는 필요한 조치를 취해 일본 국민이 마약판매활동에 종사하지 않도록 노력해줄 것을 바라며, 마약금지운동에 적극 기여할 경우 중일 양국간에 있었던 오해의 하나를 해소할 수 있을 것이라고 말하였다. 이에

---

61 구라하시 마사나오(倉橋正直) 저, 박강 역, 앞의 책, 33쪽.
62 劉明修, 앞의 책, 133~134·140~141쪽.
63 劉明修, 앞의 책, 137~140쪽.

대해 일본대표 홋타 마사아키(堀田正昭)는 자신은 이 분야의 전문가가 아니라서 이와 관련하여 깊이 있는 토론을 하기 어렵지만 분명히 말할 수 있는 것은 일본정부는 결코 마약의 판매를 비호한 적이 없으며, 만약 일본정부가 취한 조치가 부족했다면 아편자문위원회에 일본정부는 마약무역의 죄악을 퇴치하는 데 힘껏 노력할 것을 보증할 수 있다고 주장하였다. 또한 1937년 5월에 개최된 제22차 아편자문위원회에서도 중국에서의 아편 및 마약판매에 대한 각국의 비난이 일자 일본대표 요코야마 마사유키(橫山正幸)는 일본정부 역시 중국 주재 영사관에 아편 및 마약 관련 위법자에 대해 가장 무거운 처벌을 내리도록 하였으며 현재 노력 중에 있으니 인내심을 갖고 기다려줄 것을 요청하였다.[64]

그렇다고 하더라도 중국에서의 마약확산과 관련하여 일본정부는 그 책임을 피해가기 어렵다. 앞서 대련 민정서장 오우치 우시노스케(大內丑之助)의 『지나아편문제해결의견(支那阿片問題解決意見)』과 관동청사무관 후지와라 테츠타로(藤原鐵太郎)가 작성한 「아편제도조사보고(阿片制度調査報告)」에서도 언급되었듯이 일본은 국내 수요량 이상의 모르핀류를 외국으로부터 수입하거나 국내에서 제조하여 중국에 밀수출하였다. 이렇게 국내 소비량 이상의 모르핀류가 수입될 수 있었던 것은 일본정부가 외국으로 재수출할 경우에 한해 그 수입을 허가한다는 방침을 세워두었기 때문이었다. 당시 일본에서는 이들 모르핀류의 제조량이나 제품의 매매 등에 별다른 제약이 없었다. 제조량과 매매 등은 신고제를 통해 처리되었을 뿐 여타 당국의 제재는 전혀 없었다.[65] 이러한 상황은 당연히 모르핀류의 제조와 밀수출 확대를 용이하게 만들었다. 비록 1920년 12월 일본 내무성령으로 「모

---

64 張力, 앞의 책, 255~257쪽.
65 劉明修, 앞의 책, 134~135쪽.

르핀, 코카인 및 그 염류의 단속에 관한 건」이 공포되었지만 단속 위반자에 대한 처벌이 너무 가벼워 밀수출 단속에 별다른 효과를 거두지 못하였다. 또한 1920년대 초 이후에는 관동주와 일본 현지 주둔군의 비호하에 중국현지에서까지 마약이 제조되어 중국사회에 마약이 더욱 확산되는 계기를 만들었다.

 중국으로 밀수출된 마약이 중국 내 엄격한 금연령에도 불구하고 손쉽게 유통될 수 있었던 것은 해외 일본인에 대한 치외법권과 마약밀수를 장려하다시피한 영사재판이 크게 작용하였다. 앞서 언급했듯이 중국 주재 일본 영사관은 그들 눈에 특별히 거슬리는 자 이외에는 검거하지 않았다. 마약 밀수입자는 검거되더라도 처벌이 지나치게 가벼워 오히려 각국으로부터 일본 관헌이 밀수를 조장한다는 비난을 받았고, 일본인에 대한 마약의 밀수출과 밀거래에 대해 엄격히 단속해 줄 것을 요구하는 재외 일본 외교관의 보고까지 있을 정도였다.

 요컨대 일본정부는 국제아편 및 마약조약 등에 조인하여 마약의 단속에 노력할 것을 약속하였으나 이를 이행하려는 노력은 저조하였다. 당시 마약 단속과 관련한 일본 당국의 대응태도를 보면 조약을 준수할 의지가 부족하였음을 알 수 있다. 따라서 그에 따른 비난과 책임을 면하기도 어렵다고 하겠다. 아편보다 그 해독이 심각한 것을 알면서도 모르핀류의 과다한 수입과 제조는 물론 중국으로의 밀수출 및 밀거래에 대해 일본정부는 적절한 대응조치를 취하지 못했다. 일본정부는 마약문제와 관련하여 실효성이 없다시피한 가벼운 관련법규를 제정하거나 결과적으로 확산을 조장하는 방침만을 세웠을 뿐이었다. 따라서 책임소재를 따져볼 때 일본인의 마약 밀수출 및 밀거래로 인한 중국에서의 마약확산은 단순히 이익만을 추구한 일본 제약업자나 일부 상인들만의 책임으로 돌리기는 어렵다. 마약확산의 환경을 조성하고 장려하다시피한 일본 당국이 책임을 빗겨갈 수는 없다고 하겠다.

4. 소결

　아편의 대용품으로 중국사회에 등장한 마약은 청말에 실시된 금연운동 과정과 외국 여러 나라, 특히 일본의 마약 밀수출과의 깊은 관련 속에서 확산되어 갔다. 중국은 금연운동 과정에서 아편단속에 비중을 둠으로써 모르핀류에 대한 단속을 소홀히 하였다. 모르핀류는 그 성격상 단속이 어려웠고 금연운동으로 인해 아편의 감소와 가격 등귀 현상까지 일어남으로써 하층사회를 중심으로 모르핀류의 소비가 증가하여 외국으로부터의 밀수가 증가하였다. 이러한 상황에서 일본은 영국 등으로부터 모르핀을 수입하여 절반 이상을 중국에 다시 밀수출하여 아편보다 훨씬 해로운 마약을 중국에 확산시키는 데 일조를 하였던 것이다.

　1차 대전 기간에 일본은 자체적으로 모르핀 등을 제조하기 시작하여 외국에서 수입한 모르핀류와 함께 계속해서 중국에 밀수출하였다. 이것이 가능했던 것은 당시가 1차 대전 기간에 국제적으로 과잉 생산된 마약의 해소처가 필요했던 시점이었고, 중국의 경우 혼란한 정치상황으로 손쉬운 대상이 되었기 때문이다. 일본의 마약류 밀수출은 1921년을 기점으로 외국으로부터의 수입이 두드러지게 감소된 상황에서도 여전하였다. 이것은 일본 국내 제조뿐 아니라 일본 현지 주둔군의 비호하에 중국 현지에서까지 마약이 제조됨으로써 가능하였던 일이었다.

　또한 일본의 마약 판매상들이나 제약회사들이 외국에서 수입하거나 자체적으로 제조한 마약을 중국에 적극 확산시켜 나갈 수 있었던 것은 일본 당국의 적극적인 마약단속 의지 부족과도 관련이 깊다. 일본의 마약 관련 제약회사들은 마약 제조량에 대해 신고만 하면 아무런 제약을 받지 않았다. 게다가 아편과는 달리 모르핀 등 마약은 가볍게 취급되었다. 특히 일본 당국은 외국으로 재수출할 경우에 한해 국내 소비량 이상의 모르핀류 수입을 허가한다는 방침을 세워두었기 때문에 중국으로의 마약밀수출은 더욱 용이하였다. 비록 1920년 12월 내무성령으로 마약단속과 관련한 법규가 공포되었지만 위반자에 대한 처벌이 너무 가벼워 실효성이 없었다. 일본 당국의 단속의지가 미약하였다는 것은 중국에 거주하는 일본인들이 마약을 밀매하는 과정에서도 드러났다. 즉, 중국에서 마약을 밀매하는 일본인들은 치외법권을 누릴 수 있었으므로 밀매과정에서 중국 관헌의 단속을 두려워하지 않았다. 일본 영사 역시 단속의지가 없었고 일본 영사관령도 중국이나 다른 나라에 비해 지나치게 가벼워 오히려 이를 장려하는 듯한 인상을 줄 정도였다.

요컨대 1909년 이래 국제사회에서 여러 차례 개최된 아편 및 마약 금지조약에 모두 조인하고 실천을 약속한 일본 당국은 중국에서 확산되고 있는 마약문제에 대해 미온적인 태도를 취하였는데 이러한 대응은 많은 일본 상인이나 제약업자로 하여금 중국에서 마약을 확산시키도록 조장한 것이나 마찬가지이다. 따라서 이 문제와 직접 관련이 있는 당사자뿐만 아니라 일본정부 역시 국제사회로부터 비난과 그 책임을 면하기 어렵다고 하겠다.

제3장
일본의 조선 아편정책

1910년 조선을 강점한 일본은 경제적인 차원에서 조선에 몇 가지 역할을 기대하였다. 그것은 자원약탈과 상품판매시장으로서의 역할 뿐만 아니라 국제사회에서 규제되고 있는 아편 및 마약의 생산·공급지로서의 역할도 있었다. 이 때문에 조선은 국내적으로 마약이 남용되어 사회문제를 낳기도 하였다. 이러한 문제들이 있었음에도 불구하고 지금까지 일본의 아편정책 연구에서 식민지 조선관계는 그 연구 정도가 미미하였다. 그 주된 이유는 일본의 아편정책에 관한 연구가 주로 일본의 아편 판매를 통해 금전과 건강상 직접적으로 피해를 입은 지역, 즉, 중국지역을 중심으로 연구되었기 때문이다. 생산·공급지 역할을 주로 한 식민지 조선의 경우는 상대적으로 피해가 적었던 것으로 여겨져 경시되었던 것이다. 일본의 강력한 식민지 배하에서 아편 관련 자료가 많이 은폐되거나 축소되었던 점도 조선에서 시행된 아편정책에 대한 연구를 저해했던 원인의 하나였다.

그런데 최근 일본과 미국을 중심으로 일본 지배하 조선에서 시행된 아편정책에 관한 연구가 나왔다. 그것은 나가다 킨야(長田欣也)의 「식민지 조선에서의 아편생산(植民地朝鮮における阿片生産)」과[1] 제닝스(John M.Jennings)의 「잊혀진 역병: 일본 지배하 조선의 아편과 마약, 1910~1945(The Forgotton Plague: Opium and Narcotics in Korea under Japanese Rule, 1910~1945)」[2]이다. 전자의 경우 식민지 조선의 아편생산 문제와 그러한 생산이 아편생산자인 조선 민중에게 어떠한 의미를 갖고 있었는가에 초점을 맞추어 연구되었다. 후자의 경우 식민지 조선의 아편마약 남용실태와 일본 세력권에 대한 생산·공급 상황을 설명하였다. 그런데 이들 연구는 생산문제에만 치중되거나 단

---

[1] 長田欣也,「植民地朝鮮における阿片生産」,『早稻田大學大學院文學部紀要』別冊 20권, 1994.
[2] John M. Jennings, "The Forgotton Plague: Opium and Narcotics in Korea under Japanese Rule, 1910~1945", *Modern Asian Studies*, No.29-4, 1995.

순히 조선 내의 상황 설명에 중점을 두었기 때문에 일본의 전체 아편 정책과의 연관관계 및 그 속에서 조선의 역할 등을 이해하는 데는 부족한 측면이 있다.

본장에서는 이와 같은 기존 연구를 바탕으로 식민지 조선이 어떠한 환경과 의도 속에서 일본 세력권에 대한 아편마약의 생산·공급지가 되었는지, 또한 어떻게 마약남용이 심각한 사회문제가 되었는지 그 배경과 실태를 일본의 전체 아편정책 전개과정 속에서 살펴보고자 한다.

1. 일본의 마약공급지 조선에 대한 구상

조선에서는 인접지역인 중국의 영향으로 아편이 흡연되고 있었다. 특히 국경지역을 중심으로 폐해가 심하였다. 1905년 통감부(統監府)의 의지에 따라 대한제국정부(大韓帝國政府)는 형법대전 중에 아편연(煙) 및 흡연기구의 수입·제조·판매를 금지시켰다.[3] 1910년 일본에 의해 조선이 강제로 병합된 이후 조선총독부(朝鮮總督府)는 1912년에 조선형사령을 발포하여 아편에 관한 제재를 엄격히 하는 한편 중독자에 대해서는 점감(漸減)의 방침을 취해 구제·치료를 강구하였다. 1914년에 이르러서는 경무(警務) 기타 관헌에게 단속방법을 시달하고 이후 일반흡연자에 대해서는 절대금지의 방침을 채택하였다. 중독자의 경우 점감방책에 따라 소집하여 반강제적으로 치료를 시켰다. 이로써 눈에 띄게 그 폐해가 감소되었지만 아편흡연에 관한 인습이 오래되었기 때문에 완전히 근절시키기는 어려웠다. 특히 원료인 아편은 중국으로부터 밀수입되거나 조선 내 평안북도 및 함경북도

---

3 滿鐵經濟調査會第5部, 『朝鮮阿片麻藥制度調査報告』, 1932, 1쪽.

등 국경 부근에서 밀재배가 이루어지고 있었다.4

　일본이 식민지 지배 초기에 위와 같이 아편을 단속한 것은 국제사회의 비난을 피하고, 또한 아편의 만연이 식민지 지배에 장애가 된다고 판단하였기 때문일 것이다. 즉, 1909년과 1912년에 이미 상해 국제아편회의와 헤이그 국제아편회의가 열려 국제사회에서 아편 및 마약의 심각성이 지적되었고 단속에 노력할 것이 제기되었다. 이러한 국제아편회의가 개최되고 일본이 역시 아편근절 노력에 동의한 상황에서 굳이 아편의 흡연이 심하지 않은 조선에서 아편을 만연시켜 국제사회의 비난을 받을 이유가 없었던 것이다. 게다가 조선총독부에서는 종래 조선 북부 기타 지방에 아편이 밀수되고 중독된 자들이 있음을 알고 아편의 흡연이 '조선 개발'에 장애가 된다는 점을 고려하여 악습을 제거하고자 하였다.5 중국의 예에서 나타났듯이 아편흡연의 만연은 사회·경제적으로 심각한 손실을 야기할 수 있기 때문에 일본은 조선통치에 도움이 되지 않는다는 판단을 내렸고 그 결과 아편의 단속으로 정책을 추진하였던 것이다.

　그런데 1차 대전의 발발은 아편을 둘러싼 제반 여건의 변화를 가져왔다. 기본적으로 일본의 아편수급상황이 크게 변화되었다. 본래 일본 내지에서의 아편생산은 기후와 대항작물인 보리(大麥), 두류(豆類)의 가격 및 노임의 급격한 상승으로 그다지 유리하지 않았다. 일본 내무성(內務省)의 재배장려에도 불구하고 일본 내지의 아편생산량은 증가를 보이지 않았으므로 터키, 인도, 이란 등 외국산을 수입하지 않을 수 없는 상황이었다. 또한 종래 아편을 원료로 한 약품, 즉, 모르핀 등 기타 아편 알카로이드도 모두 외국으로부터의 수입에 의존하고 있었다. 1차 대전은 먼저 외국산 수입여건을 악화시켰다.

4　朝鮮總督府專賣局,『朝鮮專賣史』3卷, 1936, 479쪽 ; 滿鐵經濟調查會第5部, 앞의 책, 3쪽.
5　滿鐵經濟調查會第5部, 앞의 책, 2~3쪽.

즉, 전쟁의 영향으로 외국산 약품의 수입이 곤란해지자 가격 폭등 등의 문제가 발생되었다. 이에 일본 내지에서의 직접 제조 필요성이 대두되었던 것이다. 따라서 일본에서는 아편법을 일부 개정하여 제약업자인 네 개의 회사를 지정하고 모르핀, 코데인, 헤로인 등을 제조토록 하였다. 그 원료인 아편의 조달방법으로는 재배자에게 경작비용을 전대(前貸)해 주어 생산량의 증대를 기대하였다. 그러나 효과가 기대에 미치지 못하자 결국 거의 전량을 인도 및 이란산에 의존하지 않을 수 없었다. 이미 1917년에 1천 수백 관(貫, 1貫=3.75kg)을 수입하였고, 1918년에는 수천 관(貫)을 수입하였다. 또한 일본 내지에서의 수급상황을 조사해 보면, 1915년부터 1917년까지 3년 동안 매년 평균 의약용 아편원료 1,875kg 남짓, 모르핀 및 기타 아편 알카로이드 원료 16만 1,250kg 남짓, 합계 16만 3,125kg 남짓의 수요에 대해 1918년에는 겨우 510kg을 생산하는 데 그쳤다. 아편의 가격에 있어서도 일본 내지의 배상금은 10% 모르핀 함유량 100문(匁, 1匁=3.75g)당 15엔인 데 비해, 외국산은 25엔 내지 35엔이라는 고가를 형성해 현격한 차이를 드러냈다. 이와 함께 원산지에서의 생산량 감소와 선편부족 등으로 외국산 아편의 수입이 곤란하였고 가격의 등귀 경향이 현저하였다. 따라서 일본에서는 약품 자급정책상 아편생산의 적지를 선택하여 장려하는 것이 아편수급상황을 해결하는 중요한 사안으로 대두되었다.[6]

이러한 상황에서 일본은 자국의 세력권 내에서 아편재배 여건이 가장 적합한 지역으로 조선을 주목하게 되었다. 조선의 지질과 기후는 앵속(罌粟, 우리나라에서는 앵속을 楊貴妃라고도 칭함)재배에 적당할 뿐만 아니라 모르핀 함유량에 있어서도 재배 및 유액채취방법을 약간 개량한다면 10% 이상의 모르핀을 함유한 아편을 생산하는

---

6 朝鮮總督府專賣局, 앞의 책, 482~483쪽.

것도 가능하다고 보았다. 아편생산 과정에서 중요한 요소인 토지와 노임도 역시 비교적 저렴하였다. 따라서 당시 조선에서의 앵속재배는 보통작물에 비해 유리하다고 판단되었고 약품의 자급정책상 주목되었던 것이다.7 이러한 생산 측면에서 뿐만 아니라 이 지역에 아편의 소비가 거의 없다는 사실도 조선을 아편생산지로 선정하는 데 크게 작용하였다. 즉, 생산된 아편의 수납과정에서 밀매단속에 따른 경비와 인력의 지출을 최소화할 수 있기 때문에 아편생산지로 적격이라는 판단을 했을 것이다.

이로써 일본은 1919년부터 조선에서 일련의 아편 관련 법규를 공포하여 아편정책을 추진하였다. 아편의 제조·수수 등에 관한 근본적인 단속을 가할 필요가 있었으므로 1919년에 아편단속령 및 동시행규칙을 발포하였다. 그 내용을 살펴보면, 아편제조의 허가를 받은 자 외에 앵속의 재배를 엄금한다는 것, 재배구역을 한정시켜 제조한 아편은 매년 모두 정부에 납부하고 자유매매를 금지한다는 것 등 극히 엄밀한 단속규정이 설정되었다. 이와 함께 정부에서 수납한 아편은 일정한 표준에 의해 그것을 보상하고 수납한 아편은 지정된 제약업자에게 불하하도록 하였다. 아편 관련 사무에 있어서는 재배허가 및 일반단속은 경무국(警務局) 관할로 하고, 수납 유액채취지도 및 매하에 관해서는 재무국(財務局) 주관으로 업무를 이관시켰다.8

한편 조선에서 일본의 앵속재배를 통한 마약생산은 약품의 자급책 이상의 목적이 있었다는 것에 주목해야 한다. 앞서 언급한 바와 같이 1차 대전 이전에 일본은 아편을 원료로 하는 약품, 즉 모르핀 및 기타 아편 알카로이드를 모두 외국으로부터 수입하였다. 그것은 일본에서는 아직 아편으로부터 모르핀 등 의약품을 추출해내는 기술이

---

7 朝鮮總督府專賣局, 앞의 책, 483쪽.
8 朝鮮總督府專賣局, 앞의 책, 479~480쪽.

개발되지 않았던 것과 관련이 있다. 그러나 1차 대전의 발발로 외국산 마약의 수입이 어렵게 되자 1915년에 일본 내무성 위생시험장에서 모르핀, 헤로인의 추출제조법 개발에 성공하였다. 그리고 1차 대전 이전에 독일 등이 중국에 수출하던 마약이 1차 대전을 거치면서 중단되자 일본은 중국의 마약시장에 주목하였다. 독일 등을 대신하여 일본이 중국시장의 장악을 꾀하였고 처음으로 중국시장의 커다란 공급원이 되었다. 이를 추진하는 과정에서 일본은 마약의 원료인 아편을 터키, 인도, 이란 등으로부터 수입하여 생산하였으나 수입 수량이 부족한 실정이었다.9 따라서 아편흡연자가 없는 일본 내지와 함께 여러 가지 여건 면에서 유리한 조건을 보유한 조선이 원료 아편의 생산지로 주목되었던 것이다.

이러한 마약판매 구상에 따라 조선은 단순히 일본의 약품 자급책 차원을 넘어 동아시아지역에 대한 대규모 마약의 공급지로까지 계획되고 있었다. 아래 만철경제조사회제5부(滿鐵經濟調査會第5部)가 작성한 극비문서인 「조선아편마약제도조사보고(朝鮮阿片麻藥制度調査報告)」를 통해 보면 조선에 대한 일본의 이러한 목적을 알 수 있다.

> 당국은 드디어 대규모로 전체 조선에 앵속재배를 시행해 약 1만貫(3만 7,500kg)의 아편을 채취하여 반도 내 마약의 자급자족을 꾀함과 동시에 내지(內地), 만몽(滿蒙), 남양(南洋), 지나(支那)방면에 모르핀, 헤로인을 공급하여 반도의 경제에 기여할 것을 계획하였다. 이를 일본정부와도 심의한 결과 동의를 얻어 1919년에 조선아편단속령 동시행규칙을 발포하고, 앵속재배의 허가, 총독부 아편매상제도를 시행하고 그것을 다이쇼 제약주식회사(大正製藥株式會社)에 불하하여 마약의 대규모 생산을 행하기에 이르렀다.10

---

9 山內三郎, 「麻藥と戰爭: 日中戰爭の秘密兵器」, 岡田芳政 外 編, 『續現代史資料 (12) 阿片問題』, みすず書房, 1986, xliii~xliv쪽.
10 滿鐵經濟調査會第5部, 앞의 책, 3~4쪽.

공간된 『조선전매사(朝鮮專賣史)』에서 일본은 조선에서 아편을 생산하는 이유를 의약품 자급정책상의 필요에 따라 실시하게 되었다고 하였다. 그런데 내부자료에 따르면 조선과 일본 내지의 자급자족은 물론 주변의 만몽, 남양, 중국에까지 모르핀, 헤로인을 공급함으로써 경제적 기여를 기대하였고, 조선을 하나의 대규모 마약공급지로 삼으려고 계획하였다.

요컨대 청일전쟁 이래 식민지를 획득해간 일본은 재원확보와 관련하여 아편흡연자가 있는 지역을 중심으로 아편정책을 추진하고 있었다. 1차 대전기 마약수급의 불균형 문제가 발생하자 일본은 아편의 생산 및 소비가 거의 없는 조선까지 아편정책 대상지역으로 포함시켰다. 당초 일본의 아편정책은 아편소비지역에 주목하여 막대한 전매수입을 기대하였고 이를 실현하기 위해 이들 지역의 소비아편을 지역 외(외국)에서 조달하는 방식을 취하였다. 그런데 1차 대전기를 계기로 수입에 의존해오던 외국산 마약의 수입이 곤란해지자 기존의 아편정책과는 달리 아편의 자급정책을 강구하여 일본 본토와 함께 아편의 생산 및 소비가 거의 없는 조선에서 마약을 생산하였다. 그리고 이는 실제로 자급책 차원을 넘어 서구열강이 후퇴한 동아시아의 마약시장 장악을 목표로 한 것이었다.

2. 1차 대전 종전 후 조선 내 마약소비의 증가

1919년에 발표된 아편정책에 의하면 조선에서 생산된 아편은 거의 민간제약회사에 불하되어 모르핀류를 생산하는 데 사용하도록 하였다. 이에 조선총독부는 민간에서 생산된 아편을 전부 정부에서 수납하여 정부가 지정한 제약업자에게 불하, 모르핀의 생산 및 판매를 독점하도록 하였다. 그 제약업자는 다이쇼 제약주식회사(大正製藥株式

會社)로서 도쿄(東京)에 본사를 두고 경기도 고양군 아현리(京畿道 高陽郡 阿峴里)에 경성지점 및 공장을 설치하여 1919년 이래 모르핀의 생산과 판매 업무를 수행하였다.[11]

〈표 3-1〉 1919~1929년도 조선의 앵속재배통계[12]

연 도	재배지정면적(ha)	실제재배면적(ha)	실제수납량(kg)
1919		2,285	7,586
1920	1,911	93	154
1921	1,881	447	2,715
1922	1,782	432	1,643
1923	〃	373	1,391
1924	〃	330	1,181
1925	〃	241	848
1926	〃	278	630
1927	〃	366	769
1928	〃	414	806
1929	2,079	744	1,500

그러나 1차 대전이 예상외로 일찍 종식되자 조선 내 마약의 원료인 아편생산량은 급속히 감소되기 시작하였다. 전쟁의 종결로 수요가 감소된 데다 다시 값싼 외국산 아편 및 마약의 수입이 가능해져 가격경쟁에서부터 뒤쳐졌던 것이다. 위의 〈표 3-1〉에 나타난 바와 같이 아편정책 시행 첫해인 1919년에는 2,285ha가 재배되어 7,596kg의 아편이 수납되었다. 그런데 1차 대전 종식 후 아편 알카로이드 시가의 하락과 수납아편에 대한 배상금 저하로 앵속재배는 거의 폐경지경에 이르렀다. 1920년부터 모르핀의 제조 및 판매사업이 전환된 1930년 바로 전해인 1929년까지의 평균 재배 지정면적 1,835ha에 비

---
11 朝鮮總督府專賣局, 앞의 책, 498쪽 ; 滿鐵經濟調查會第5部, 앞의 책, 4쪽.
12 滿鐵經濟調查會第5部, 앞의 책, 9쪽 ; 朝鮮總督府專賣局, 앞의 책, 527·540쪽.

해 실제 재배면적은 그것의 약 20%인 372ha에 지나지 않았으며, 평균 수납량은 시행 첫해인 1919년의 약 15%인 1,164kg에 지나지 않았다.

이와 같이 다이쇼 제약주식회사는 당초 계획했던 마약생산 및 판매의 목적을 달성하기 어렵게 되자 해외에서 많은 불법적인 사건을 유발하였다. 앞서 언급하였듯이 1차 대전으로 마약류의 가격이 폭등하자 일본은 내지의 일부지역과 식민지 가운데 조선에서 재배를 장려하였다. 그리고 다이쇼 제약주식회사는 조선에서 생산된 아편을 사용해 독점적으로 모르핀을 제조하여 판매할 수 있도록 허가받았다. 그런데 예상외로 일찍 대전이 종식되어 모르핀 등 기타 마약류가 유럽으로부터 다시 수입되는 상황을 맞이하게 되자 마약류 가격은 1차 대전시기에 1파운드 1,000엔 이상 폭등하였던 것이 갑자기 400엔으로, 다시 200엔으로까지 하락하기에 이르렀다. 이러한 수입가격과 함께 생산 배상금의 하락은 조선의 재배자로 하여금 앵속재배에 매력을 잃게 하여 아편생산도 급격히 저하되었다(〈표 3-1〉 참조). 그 결과 대규모 설비투자를 갖추었던 다이쇼 제약주식회사는 매년 손실이 누적되었고 또한 기존에 생산된 마약의 재고량이 증가해 회사의 운영이 더욱 어렵게 되었다. 게다가 이 회사의 당초 계획이었던 중국, 남양 등에 대한 수출도 조선총독부에서 수입국 관헌의 허가가 있는 경우에만 수출을 허가한다고 하였다. 따라서 다이쇼 제약주식회사로서는 결국 밀매 외에는 다른 선택의 여지가 없게 되었다.13

1925년 이후 다이쇼 제약주식회사의 마약류 밀매와 관련한 범죄가 줄곧 적발되었다. 1925년에 관동주에서 다이쇼 제약주식회사의 직원이 조제(粗製)모르핀을 밀매한 사건이 연이어 발생하였고, 그 후 1926

---

13 菊地酉治,「朝鮮に於ける阿片モヒ害毒問題」,『社會事業』12卷 3號, 1928, 81~82쪽.

년과 1927년에도 마약류를 밀매한 사건이 일어났다.14 이에 조선총독부는 모르핀류에 대한 철저한 단속을 위해서는 그것의 제조 판매를 모두 정부에서 직접 관할하는 것이 가장 적당하다는 판단을 내렸다. 이에 따라 다이쇼 제약주식회사의 지정이 취소되고 모르핀류의 제조 판매가 관영으로 변경, 1930년 3월 하순부터 사업이 개시되도록 하였다.15

한편 1920년대 조선 내부에서도 마약이 불법으로 유입되면서 중독자 문제가 심각하게 나타났다. 『조선전매사(朝鮮專賣史)』에 언급된 내용을 통해 이 시기 조선 내에 유통된 마약의 공급과정을 살펴보면,

> 이들 중독자가 사용하는 모르핀은 종래 판매된 아편을 제조한 것 또는 약종상의 수이입(輸移入)에 의해 공급된 것으로 왕왕 부정한 수수가 행해지거나 혹은 부당한 가격으로 판매되는 등 그 해독이 적지 않았기 때문에 정부는 국민보건위생의 입장에서 이들 모르핀 중독자를 근절하는 한편 역시 여러 가지 폐해를 일소할 방침 하에…….16

라고 하였다. 조선에서 모르핀 중독자들이 사용하는 약물은 대체로 불법적인 방법으로 공급되었던 것이다. 당시 다이쇼 제약주식회사에게 독점 생산 및 판매된 마약은 해외로의 수출이 곤란하였다. 따라서 여러 가지 부정한 밀수가 자행되고 있었고 이러한 상황에서 일본 본토에서 생산된 마약까지 약종상(藥種商)에 의해 수입되는 등 여러 가지 불법적인 방법을 통해 소비자에 전달되어 조선에 심각한 마약중독의 폐해를 야기하였다.

조선에 마약중독 문제가 심각했던 것은 이 지역의 마약 관련 처벌이 관대하였다는 점도 크게 작용한 것으로 보인다. 당시 아편흡연의

---

14 朝鮮總督府專賣局, 앞의 책, 498~499쪽.
15 朝鮮總督府專賣局, 앞의 책, 481쪽.
16 朝鮮總督府專賣局, 앞의 책, 480~481쪽.

대용품인 모르핀의 주사 및 복용은 아편의 흡연보다 간편하고 값도 저렴했을 뿐만 아니라 적발되기도 쉽지 않았다는 이점이 있어 애용되기 시작하였다. 또한 이들 마약이 일부 부유층 자제를 중심으로 성적 기능을 강화시켜준다는 회춘약(回春藥)으로 잘못 인식되어 남용되기도 하였다.[17] 그리고 조선인들 가운데는 중독의 공포를 알면서도 조선에 대한 일본의 식민지배의 가혹함과 불투명한 미래에 대한 회의를 잊으려고 현실 도피수단으로 이용되기도 한 것으로 보여 진다.[18] 그리고 이렇게 사용이 가능했던 것은 이 시기 모르핀에 관한 법률이 아편에 비해 상대적으로 관대했던 것이 결정적이었다.

당시에도 이 시기 모르핀 중독자의 증가가 관련 법규의 제재가 미약했던 것에 원인이 있었음을 인정하였다. 『조선전매사(朝鮮專賣史)』와 『조선아편마약제도조사보고(朝鮮阿片痲藥制度調査報告)』에도 언급되었듯이,

> 아편에 대한 단속 노력의 결과 점차 아편연의 흡식자는 감소하였다. 그러나 한편 지금부터 약 30년 전 일부 사람이 아편연 흡식의 대용인 '모르핀'을 주사 및 복용하였는데 이는 오히려 간편하고 법규의 제재도 없었기 때문에 점차 만연되어 '모르핀' 중독에 빠진 자가 적지 않기에 이르렀다.[19]

> 당국의 성급한 아편정책은 아편흡식자 수를 감소시키는데 힘을 기울였으나 그것의 반작용으로써 모르핀, 헤로인 등 마약주사를 행하는 자가 두드러지게 증가하였다. 당국은 그것에 대해 어떤 대책을 시행해야 하는지도 거의 알지 못했다.[20]

---

17 菊地酉治,「朝鮮に於ける阿片モヒ害毒問題」, 77쪽.
18 倉橋正直,『日本の阿片戰略: 隱された國家犯罪』, 共榮書房, 1996, 188쪽.
19 朝鮮總督府專賣局, 앞의 책, 480쪽.
20 滿鐵經濟調査會第5部,『朝鮮阿片痲藥制度調査報告』, 1쪽.

라고 하여 아편에 비해 여러 가지로 간편할 뿐만 아니라 관련 처벌법 규 및 구체적인 대책이 없었기 때문에 모르핀이 만연되기에 이르렀다고 보았다.

  일본은 당시 마약의 폐해를 인식하고 있었으면서도 조선에서의 마약 관련 처벌법규를 아편과 비교하여 매우 가볍게 규정하였다. 1914년 10월에 조선총독부 경무총감부 훈령에 의하면 모르핀 주사의 폐해가 아편흡연과 같이 동등하다고 인정하여 그에 대한 인식이 있었음을 알 수 있다. 당시 아편흡연에 관한 처벌의 경우 아편연의 수입, 제조, 판매 혹은 판매의 목적으로 이를 소지한 자는 6개월 이상 7년 이하의 징역에 처하고, 아편연을 흡식한 자는 3년 이하의 징역에 처하도록 하였다. 이에 비해 모르핀을 판매 수여한 자는 3개월 이하의 금고 또는 5백 원 이하의 벌금을 부과하는 정도에 불과하였다.[21] 동일한 사회악에 대해 이 같이 서로 다른 제재를 취한 것은 결과적으로 정부에서 가벼운 제재를 가한 마약사용에 대해 남용될 수 있는 길을 열어준 것이나 마찬가지이다.

  결국 1920년대 마약에 관한 조선에서의 관대한 처벌과 다이쇼 제약주식회사의 해외 판매부진 등은 조선 내 마약중독자의 수를 크게 증가시켰다. 당시 조선 내 모르핀 중독자 수에 관해서는 믿을 만한 공식적인 통계자료가 없다. 일본은 국제여론의 비난을 두려워하여〈표 3-2〉와 같이 축소 은폐하려고 하였기 때문에 공식적인 통계자료는 그 신빙성이 매우 떨어진다고 하겠다. 〈표 3-2〉에 의하면 1930년의 모르핀 중독자 수는 3,278명이나 「극비(極秘)」라고 날인된 『조선아편마약제도조사보고(朝鮮阿片痲藥制度調査報告)』에 의하면 1930년도의 중독자 수는 자혜의원(慈惠醫院)과 도립의원(道立醫院) 환자 9,498명 외에도 다수의 민간의원에서 진료 받은 중독자가 있을 것으

---

21 金俊淵, 「朝鮮モルヒネ問題」, 『中央法律新報』 1卷 5號, 1921, 8쪽.

로 추정되므로 이해의 중독자 수는 1만 명 이하로는 내려가지 않을 것이라고 보았다.[22]

〈표 3-2〉 조선에서의 모르핀 중독자 수[23]

연 도	중독자 수(명)
1922	1,570
1923	1,700
1924	2,700
1925	-
1926	3,000
1927	-
1928	-
1929	3,515
1930	3,278
1931	3,778
1932	4,044

또한 일제시대 동경제국대학 법학부를 졸업하고, 해방 후에는 동아일보(東亞日報)의 편집국장과 주필을 지낸바 있는 김준연(金俊淵)은 1921년에 쓴 글에서 조선에서는 모르핀 중독자가 매우 많으며 의사가 확언하는 바에 의하면 경기도 이남지역만 하더라도 그 수가 1만 명을 넘는다고 하였다.[24] 이와 같이 마약문제에 관한 당국의 공식통계는 신빙성이 떨어짐을 알 수 있다.

조선에서의 마약중독 상황의 심각함을 알 수 있는 몇 가지 근거가 더 있다. 당시 김준연은 일본 당국에 대해 조선에서의 실질적인 마약단속 법규의 제정을 촉구하고 있었는데,『도쿄 아사히신문(東京朝日新

---

22 滿鐵經濟調査會第5部, 앞의 책, 24~26쪽.
23 倉橋正直, 앞의 책, 195쪽.
24 金俊淵,「朝鮮モルヒネ問題」, 7쪽.

聞)』에 그의 주장에 관한 글이 게재되었다. 이 신문에 게재된 타이틀 기사를 보면,

> 선인(鮮人)의 모르핀중독은 세계에서 가장 비참한 일. 엄한 훈령을 어기고 불치의 병으로 쓰러져 죽은 자가 전체 도(道)에 수천 명. 인도상 (人道上)의 큰 문제(大問題). 당국의 등한시에 분기(憤起)한 선인(鮮人) 김(金)법학사의 여론 환기25

라고 되어 있다. 조선의 마약중독 실상이 일본 신문에 세계에서 가장 비참한 일이라고까지 기사화될 정도라면 사태가 매우 심각했음을 반증해 주는 것이라 하겠다. 또한 당시 일본의 대표적인 아편연구가 기쿠치 유지(菊地酉治)는 1926년 말 조선에서의 실제 모르핀 중독자 수는 7만여 명 정도라고 보았다.26 이상과 같은 내용들을 종합해 보면 당시 조선의 마약중독자 수는 일본 당국이 공개한 통계와는 상당한 거리가 있었을 것이며 매우 심각한 정도였음을 알 수 있다.

조선 내 마약중독자의 심각성이 조선지배뿐만 아니라 일본에까지 영향을 미치게 되자 조선에 대한 일본의 마약대책은 다이쇼 제약주식회사의 지정 취소와 함께 전환되었다. 즉, 1920년대 말까지 조선에서의 마약중독자 증가는 범죄율의 증가와 노동자의 생산성 저하를 초래하였고, 나아가서는 중독된 조선인 노동자의 일본 입국으로 일본의 범죄율 증가와 함께 일본에서의 마약 만연을 우려하게까지 되었다.27 따라서 조선총독부는 모르핀 중독자를 근절하고 여러 가지 폐해를 일소하기 위해 모르핀류의 제조판매를 관영화하였다. 이와

---

25 『東京朝日新聞』, 1921年 3月 17일, 2쪽[新聞記事는 日本 愛知縣立大學(아이치 현립대학)의 倉橋正直(구라하시 마사나오) 교수로부터 제공받은 것임].
26 倉橋正直, 앞의 책, 195~197쪽.
27 John M. Jennings, "The Forgotton Plague: Opium and Narcotics in Korea under Japanese Rule, 1910~1945", op.cit., p.800.

함께 중독자를 등록하여 치료를 시행하는 한편 모르핀류의 원활한 공급을 위해 1929년 9월에 재차 전매국 관제를 개정, 아편수납의 사무를 모르핀류의 제조 및 판매 사업의 신규개시와 동시에 전매국 소관으로 환원하게 되었다. 이로써 경성 전매지국 인의동(仁義洞) 연초제조공장 내에 모르핀제조공장을 설치하게 되었고, 이것이 완료된 1930년 3월 하순부터 사업의 개시에 들어갔다.[28] 공식적인 통계에 의하면 조선총독부가 시행한 마약중독자에 대한 등록과 치료를 거쳐 1939년에 이르러 조선에서의 모르핀 중독자는 거의 사라졌다고 한다.[29]

요컨대 일본은 1차대전기를 맞이하여 식민지 조선을 동아시아지역의 마약시장 장악을 위한 주요 공급지로 계획하였다. 그러나 1차 대전의 이른 종결로 해외 판매가 여의치 않게 되자 조선 내에 마약의 소비가 급격히 증가되는 결과가 초래되었다. 예상보다 1차 대전이 일찍 종식되자 수입산 마약의 가격이 하락하여 다시 값싼 외국산 마약이 수입되었고 이로 인해 조선 내에서 생산된 마약의 해외 판매가 어려워졌다. 결국 조선 내의 관대한 마약단속 법률하에서 조선과 일본 내에서 생산된 마약이 조선으로 유입되었고 이 지역에 심각한 마약문제를 불러왔던 것이다.

3. 만주사변 발발 이후 아편공급지로의 전환

일본은 1931년 만주사변을 일으킨 후 다음 해 이 지역에 만주국을 수립하고 대만, 관동주와 같이 점금주의에 근거한 아편전매제도를 추진하였다. 이러한 아편정책은 경제적인 측면이 많이 고려된 것이

---

28 朝鮮總督府專賣局, 앞의 책, 480~481쪽.
29 John M. Jennings, "The Forgotton Plague: Opium and Narcotics in Korea under Japanese Rule, 1910~1945", op.cit., p.801.

었다. 청일전쟁 직후 식민지화한 대만의 경우 엄금정책을 시행하기 위해서는 연간 2개 사단 이상의 군대가 수년에 걸쳐 정책수행에 필요하다는 계산이 있었다. 따라서 대만과 비교하여 훨씬 넓은 면적과 많은 인구를 갖고 있으며 삼면이 육지로 둘러싸인 만주국에서 엄금정책을 실시한다면 경비(經費)와 동원 인원이 훨씬 많을 수밖에 없다는 것은 자명하였다.[30] 일본은 아편엄금을 위해 이러한 지출을 할 여유가 없었고 나아가 그 필요성도 느끼지 않았다. 오히려 재원을 확보할 수 있는 방향으로 추진되었다. 또한 이 정책은 이 지역의 지배력 확립과도 밀접한 연관을 갖고 있었다. 즉, 이 지역에서 많은 양의 아편들이 비적(匪賊, 일본에 반대하는 모든 항일세력을 의미)에 의해, 혹은 비적의 보호하에 생산되고 있으므로 아편정책의 시행에는 이들의 재원을 차단하기 위한 목적도 내포되어 있었다.[31] 이러한 목적에 따라 일본은 만주국에서도 역시 점금주의에 근거한 아편정책을 실시하였던 것이다.

만주국의 전매과정에서 필요한 아편은 원칙적으로 지역 내에서 조달하는 것이 가능하였으나 소비지라는 관점에서 일부 부족분에 대해서는 외부에서 공급하는 '준 외부공급방식'이 채택되었는데 그 주요 지역으로 식민지 조선이 주목되었다. 일반적으로 아편흡연자가 대거 존재하고 있고 지배력이 확립되지 않은 지역에서 아편을 대량으로 생산할 경우 밀매가 성행할 것은 필연적인 것이고 이를 단속하기 위해서는 엄청난 인력과 경비의 지출이 요구된다. 따라서 만주지역과 같이 인구의 3%인 약 100만 명(1933년도)으로 추정되는 아편소비자가 1년 동안 소비하는 생아편 예상소비량 2,700만 냥(1냥=36g)을[32] 지역

---

30 日滿實業協會, 「滿洲國阿片制度と阿片の槪念」(1936), 岡田芳政 外 編, 앞의 책, 224쪽.
31 朴橿, 『中日戰爭과 阿片: 내몽고지역을 중심으로』, 지식산업사, 1995, 66쪽.
32 專賣總局, 『阿片事業槪況』, 1938, 8쪽.

내에서 모두 생산한다는 것은 무리였다. 그러므로 그 부족분 가운데 일부를 공급할 지역으로 조선이 선택되었다. 이와 같이 일본은 조선을 아편공급지로 지정하였는데 「1938년도 외무성집무보고(昭和13年度 外務省執務報告)」에 의하면,

> 조선총독부 보관 생아편은 1933년 4월 11일의 각의(閣議) 결정에 의해 잠정조치로서 그것을 만주국정부에 양도할 것이 용인되었고, 금후 조선 내에서 생산된 생아편은 전기(前記) 각의 결정에 의해 대만총독부 및 관동국 전매아편의 재료로서 공급하는 외에, 만주국 전매제도에 협력하기 위해 그것을 만주국정부에 양도하도록 하고…….33

라고 하여 아편공급지로서의 역할이 보다 확대된 것이었다. 즉, 일본은 만주사변 이후 조선을 아편의 생산이 거의 없는 대만, 관동주 뿐만 아니라 만주국 전매아편의 공급지로 삼았던 것이다.

이에 따라 조선의 앵속 재배면적 및 생아편 생산량은 1933년부터 급격히 증가되어 일본세력권으로 수출되기 시작하였다. 〈표 3-3〉에 나타나듯이 1933년도의 앵속 재배면적은 전년도인 1932년도의 두 배로 증가되었고, 1933년에는 대만에, 1935년부터는 관동주와 만주국에 수출되기 시작하였다. 특히 중일전쟁 발발 이후에는 대만과 관동주, 만주국에 대한 아편의 생산·공급지로 자리매김 되었음을 알 수 있다.

---

33 外務省條約局, 「昭和13年度執務報告拔萃 194~203 6章 阿片及麻藥ニ關スル問題」, 『極東國際裁判記錄 檢察側證據書類』 82卷, 檢察側文書1043-11號.

〈표 3-3〉 조선의 생아편 생산 및 수출상황[34]

연도	앵속 재배면적 (ha)	앵속 재배지역	생아편 수납량(kg)	생아편수출량(kg)		
				관동주 전매국	만주국 전매국	대만 전매국
1930	735		1,400	(2,867)	무	무
1931	1,052		5,654	(2,092)	무	무
1932	1,068		7,634	무	무	[1,884] (1,952)
1933	2,240		14,059	무	무	[3,235] (3,186)
1934	2,177	경기·강원· 함남·함북	11,339	무	무	무
1935	(2,531)	〃	18,348 (18,160)	(7,500)	(3,572)	무
1936	(2,497)	〃	27,305 (27,086)	(15,022)	(11,283)	무
1937	(2,608)	〃	28,848 (27,608)	(6,700)	(17,461)	무
1938	(5,110)	강원·함남· 함북·평남· 황해도	27,712 (26,538)	(9,010)	(28,668)	무
1939	(6,729)	전남·충북· 평북을 제외한 전국각도	(26,702)	(8,524)	(4,259)	(10,059)
1940	(7,425)	〃	(32,929)	(12,498)	(8,501)	(7,315)
1941	(8,602)	〃	(30,739)	(20,110)	(17,008)	(11,473)
1942	(6,799)	〃	(25,971)	(16,839)	(11,032)	(8,139)
1943	(7,654)	〃	(39,433)	(17,418)	(8,377)	(4,777)
1944	(7,778)	〃	(37,811)	(12,000)	무	무
1945	불명	불명	불명	무	무	(224)

* 1944년도의 경우 표의 수량 이외에 생아편의 일본해군 수출량(6,011kg)이 있음.
( )는 『極東國際裁判記錄 檢察側證據書類』에서, [ ]는 『日本帝國統計年鑑』에서, 기타는 『朝鮮總督府統計年報』, 『朝鮮事情』, 「大東亞의 特殊資源; 阿片」에서 인용한 통계수치임.

---

34 朝鮮總督府 編, 『朝鮮總督府統計年報』, 1940, 252쪽 ; 朝鮮總督府 編, 『朝鮮事情』, 1936~1941, 107쪽(1936)·103쪽(1937)·119쪽(1938)·149쪽(1939)·157쪽(1940)· 161쪽(1941); 『極東國際軍事裁判記錄 檢察側證據書類』82卷, 檢察側文書 9555호;

한편 1938년부터 조선에서의 앵속 재배면적은 전년에 비해 두 배 가까이 증가되었는데 이는 중일전쟁 발발 직후 전환된 만주국의 아편정책, 그리고 해외로부터의 수입곤란 문제와 관련이 있었다. 만주국에서는 1937년 중일전쟁 발발 직후인 8월에 만주국이 시행한 점금주의에 근거한 아편전매제도가 재정수입을 목적으로 실시된 것이라는 평가를 받게 되자 새로운 제도로의 개혁이 불가피한 것으로 결론지었다. 이에 「아편마약단금10개년계획(阿片痲藥斷禁十個年計劃)」을 수립하고 1938년도부터 앵속 재배면적을 점차 감축시키기 시작하였다.35 또한 종래 만주국에서 필요한 아편은 만주국산 및 조선산 외에 외국산(이란) 아편을 수입하여 충당하였는데 1939년 이후는 외환관리와 관련하여 외국산 아편의 수입이 불가능하게 되었다. 더구나 만주국산 아편 중 많은 양이 화북 및 몽강으로 밀수출되어 이 지역에서의 아편수급은 매우 어려운 상황에 놓이게 되었다.36 이러한 상황에 대한 해결책을 1938년 12월 6일에 우에다(植田)대사가 아리타(有田) 외무대신 앞으로 보낸 아래의 전보내용을 통해 살펴보면,

> 금후에는 오로지 국내 및 조선으로부터의 공급에 응할 것을 방침으로 세워 조선 측으로부터 본년 3월의 협정에 의해 연간 약 5만kg을 수입하던 것을 명년부터 배로 증가시켜 10만kg 수입을 교섭 중에 있다……37

「日本の阿片モルヒネ政策(その4)」, 『近きに在りて』 4號, 1983, 6쪽에서 재인용;佐藤弘 編, 「大東亞の特殊資源;阿片」, 13쪽;朝鮮總督府專賣局, 앞의 책, 524~528쪽.
35 厚生省衛生局, 「參考資料」(1941), 江口圭一 編著, 『日中戰爭期阿片政策: 蒙彊政權資料を中心に』, 岩波書店, 1985, 180쪽;專賣總局, 『滿洲國專賣槪要』, 1938, 14쪽.
36 江口圭一 編著, 앞의 책, 180쪽.
37 「外務省關係電報および文書」, 岡田芳政 外 編, 앞의 책, 556쪽.

라고 하여 일본이 만주국에서는 부족한 아편수량을 조선산 아편에 의존해 해결하려고 하였음을 알 수 있다.

실제로 1938년에 조선으로부터 만주국에 수출된 아편은 정식으로 양도된 양과 밀수출된 양을 합하면 당초 계획된 양만큼 만주국으로 양도되었다. 1938년도에 조선총독부로부터 만주국에 정식으로 수출된 아편은 약 3만kg이었고, 조선에서 만주로 밀수출된 아편이 또한 약 2만 5천kg으로 이것을 합하면 약 5만 5천kg의 아편이 이 해에 만주국으로 유입되었다고 파악된다.[38] 정식으로 수출된 아편과 밀수출된 것을 합하면 대략 이해의 재배증가에 의해 만주국에 양도할 양이 실제로 양도되었던 것이다. 이와 같은 밀수출이 가능했던 것은 지역적으로 강원과 함경남북도지역이 척박하여 수입을 많이 얻을 수 있는 농산물이 달리 없었다는 사실에 기인하고, 또한 만주와 접경지역으로 밀수가 용이했던 점과[39] 관계가 있는 것으로 생각된다.

1939년도부터는 대만과 관동주도 역시 조선산 아편에 절대적으로 의지하는 경향을 보였다. 1939년 이전에 대만과 관동주는 연고(煙膏)의 제조원료로 외국산 아편(주로 이란산)을 수입하고 있었다. 그러나 외환관리의 실시로 수입이 불가능하게 되자 1939년 이후는 대체로 조선산 아편으로 대체하고자 하였다.[40] 이에 따라 1939년 대만의 전체 아편수입량의 80%를 조선산이 차지하게 되었다.[41]

일본은 계속해서 조선에서의 아편생산량을 증대시켜 인근지역에 공급할 계획이었으나 이는 생산저조라는 결과에 부딪쳐 뜻대로 달성되지 못하였다. 즉, 1939년도와 1940년도에도 계속해서 당초 재배지

---

38 外務省條約局外務省書記官西村熊雄,「滿洲國及北支ニ於ケル阿片麻藥問題ニ關スル視察報告」, 1935, 6쪽.
39 朝鮮總督府專賣局, 앞의 책, 526·555쪽.
40 厚生省衛生局,「參考資料」(1941), 江口圭一 編著, 앞의 책, 180쪽.
41 倉橋正直, 앞의 논문(その4), 6쪽.

정면적을 증가시켜 보다 많은 생산량을 확보해 인접한 대만, 관동주, 만주국에 공급하려고 하였다. 그런데 예상외로 생산량이 저조하여 당초 공급에도 훨씬 못 미치는 결과를 낳았다. 1939년의 계획은 전년도인 1938년도에 비해 1,989ha의 재배면적을 증가시킨 6,989ha의 재배지에서 전년도 수납량의 약 3배에 달하는 78,366kg을 수납하는 것이었다. 그리고 그것으로 만주국에 62,000kg, 관동주에 13,000kg, 대만에 5,000kg을 양도할 계획이었다.42 그런데 실제 재배면적은 당초 계획보다 약간 적은 약 1,600여 ha가 증가되었지만 정부에 수납된 생산량은 26,702kg으로 작년보다 오히려 감소되었을 뿐만 아니라 당초 예상수납량의 1/3수준에 불과하였다. 따라서 수출계획에도 차질이 발생되어 관동주로는 당초 수출예정량의 약 66%, 만주국으로는 당초 수출예정량의 약 0.7%를 수출하는 데 그치고 말았다. 1940년도의 경우 당초 4,950ha를 증가시켜 11,880ha의 재배지정면적에서 128,000kg의 수납을 계획하였다.43 그런데 실제 아편의 수납량은 당초 예상량의 26% 수준인 32,929kg에 그쳐 인접 지역에 대한 양도 계획도 엄청난 차질을 빚게 되었다.

이와 같이 조선에서의 아편공급이 당초 계획과는 달리 원활히 이루어지지 못했던 원인은 무엇 때문이었을까? 나가다 킨야(長田欣也)는 1938년에서 1940년에 정부의 아편수납이 제대로 이루어지지 않은 것을 주로 무리한 경작면적 증대와 재배강제에서 찾았다. 즉, 1938년의 경우는 앵속 경작면적의 무리한 증가로 1호당 아편생산량의 한계 문제와 새로운 지역에 대한 시험적 재배라는 원인이 있었고, 1940년의 경우는 기후의 불순과 앵속 지정면적 및 재배지정구역의 급격한 증가에 따른 재배강제로 농민의 저항이 곧 아편생산 및 수납량 저하

---

42 外務省條約局,「昭和14年度 外務省執務報告」, 1939, 118쪽.
43 外務省條約局,「昭和15年度 外務省執務報告」, 1940, 116쪽.

로 나타났다고 보았다.[44]

그러나 필자는 기후 등의 자연조건을 제외한 가장 근본적인 요인은 정부의 보상가격 문제에 있었다고 생각한다. 일본세력권의 아편 생산지로서 조선과 유사한 몽강(蒙疆)의 경우에서도 정부의 아편에 대한 보상가격이 아편수납에 가장 커다란 영향을 미쳤다.[45] 또한 1932년에 작성된 일본의 내부문서인『조선아편마약제도조사보고(朝鮮阿片麻藥制度調査報告)』에서도 조선의 수납량 변동에 가장 커다란 요인으로 기후 등의 자연적 조건과 함께 가격관계에 의한 밀매의 다소(多少)를 들고 있다.[46] 게다가 1941년 이후 저조한 아편수납량의 극복방안으로 일본이 사용했던 첫 번째 수단은 아편보상가격의 인상을 시행하는 것이었다. 이것은 당시 생산 차질의 주된 요인이 어디에 있었는가를 뒷받침해주는 것이다. 실제로 수납이 저조했던 1940년도의 경우 아편생산의 결과 앵속 재배농가는 정부의 낮은 보상가로 1단보(段步, 약 9.9a)당 23~33원의 손실을 보게 된 상황이었다.[47] 이에 농민들은 밀매가 가능한 지역에서는 밀매로, 그렇지 못한 지역에서는 재배기피로 정부의 낮은 보상가격에 대응하였던 것으로 생각된다.

조선에서의 아편생산과 수납이 이와 같이 원활하지 않았지만 당시 2차 세계대전의 영향으로 조선산 아편에 대한 기대는 여전할 수밖에 없었다. 1940년도에 조선산 아편은 기후와 보상가 문제 등의 영향으로 그 생산량이 당초 예상량의 1/3 이하로 감소되었기 때문에 일본은 중일전쟁 발발 이후 외환관리에도 불구하고 외국산 아편의 수입을 도모하였다. 그 결과 일본 후생성에서는 각 관계관청 간에 협의를 거쳐 터키산 아편을 수입할 수속을 완료시켰다.

---

44 長田欣也,「植民地朝鮮における阿片生産」, 114~116쪽.
45 朴橿, 앞의 책, 180쪽.
46 滿鐵調査會第5部, 앞의 책, 11쪽.
47 長田欣也,「植民地朝鮮における阿片生産」, 116~117쪽.

그러나 2차 세계대전의 영향으로 수입루트를 확보할 수 없었다. 이스탄불로부터 이라크에 이르는 수송루트는 영국군의 시리아 점령으로 불가능하게 되었고, 다시 시베리아 철도를 통한 방법을 모색하였지만 독소(獨蘇)개전으로 이 또한 불가능하게 되었다. 그 후 아프가니스탄으로부터 구입을 시도하였으나 그것도 역시 이란이 전쟁에 들어감으로써 결국 부족분을 충당하기 어렵게 되었다.48 이에 따라 일본은 1941년 이후 조선에서 보상가격의 상향조정과 앵속조합 설립에 따른 강제재배 등의 방법으로 아편 생산에 박차를 가하였던 것이다.49

그렇다면 조선에서의 아편생산이 당초 예상과는 달리 원활하지 않은 상황임에도 불구하고 대만과 관동주 및 만주국의 아편공급지로서 이 지역이 계속해서 중시된 것은 무엇 때문일까? 그것은 조선으로부터의 아편조달이 대만과 관동주 및 만주국의 아편전매제 유지에 가장 부합되었기 때문일 것이다. 즉, 앞서도 언급했듯이 아편소비지역인 대만과 관동주 및 만주국에서 전매수입을 도모하기 위해서는 지역 외에서 값싼 아편을 조달하는 것이 가장 중요한 조건이었다. 만주사변 이래 일부를 외국산 아편에 의존하고 있었는데 중일전쟁 발발에 따른 외환관리의 강화와 2차 대전의 영향으로 수송루트가 단절되었다. 이로써 외국산 아편의 수입이 불가능하게 되어 일본 세력권 내에서 조달하는 것이 불가피한 상황이었다. 여기에서 아편의 소비가 거의 없고 일본의 지배력이 확보된 지역인 조선은 값싼 아편을 생산할 수 있는 지역으로 주목되었던 것이다. 1939년의 각 지역 생산 아편에 대한 보상가격을 살펴보면, 만주국산의 70%를 차지하는 1등품(1냥에 대한)이 2원 50전인 데 반해 조선 아편은 2원 25전, 몽강 아편은 3원 50전, 이란 아편은 1원 65전이었다. 외화문제를 수반하는 이

---

48 厚生省衛生局, 「參考資料」(1941), 江口圭一 編著, 앞의 책, 181쪽 ; 外務省條約局, 「昭和16年度 外務省執務報告」, 1941, 224쪽.
49 長田欣也, 「植民地朝鮮における阿片生産」, 117~118쪽.

란산을 제외하고는 조선산 아편이 가장 저렴하였다.50 따라서 외환관리의 강화와 전쟁으로 인한 외국산 아편의 수입루트가 차단된 상황하에서 이들 아편소비지역의 전매제를 유지하는데 필요한 소비아편의 값싼 조달지로서 즉, 외국산 수입아편을 대체할 수 있는 지역으로 조선이 선택되었던 것이다.

한편 1930년대 조선에서는 아편의 대규모 생산과 더불어 모르핀의 생산이 급격히 증가하기 시작하였다. 그 요인을 대내외적인 것으로 나누어 살펴볼 수 있는데, 먼저 대내적으로는 치료용 마약의 필요성 때문이었다. 앞서 언급했듯이 1920년대 모르핀 중독자의 증가가 조선뿐만 아니라 일본에까지 여러 가지 부정적인 영향을 미쳤다. 이에 마약환자에 대한 단속 및 치료가 시행되었고 이를 위해 치료용으로 마약이 필요하게 되었던 것이다. 대외적으로는 1933년에 일본 각의에서 결정된 대만, 관동주의 모르핀과 조선에서 생산된 생아편의 교환 내용과 관계가 있다. 즉, 조선총독부는 마약교정치료를 선언한 1930년만 하더라도 마약을 제조할 만큼의 충분한 생아편을 보유하고 있지 못하였다. 반면 대만은 흡연용 아편의 소비가 많아 주로 흡연용 아편을 생산하면서 만들어지는 조제(粗製)모르핀을 다량 보유하고 있었다. 이에 일본은 조선에서 필요한 모르핀 수량을 대만과 관동주에서 수입하여 충당하려고 한 것이었다.51 그 결과 조선은 대만과 관동주에 대해 생아편을 수출하고 조제모르핀을 수입해 서로 보완적인 성격을 띠게 되었다.

---

50 外務省條約局外務省書記官西村熊雄, 앞의 자료, 1935, 33쪽.
51 朝鮮總督府專賣局, 앞의 책, 554~555쪽 ; John M. Jennings, "The Forgotton Plague: Opium and Narcotics in Korea under Japanese Rule, 1910~1945", op.cit., p.807.

〈표 3-4〉 조선에서의 마약류 생산 및 만주국에 대한 수출량[52]

연 도	모르핀(kg)	헤로인(kg)	의약용아편(kg)
1935	84	12	5
1936	없음	3	12
1937	없음(50)	3(101)	64
1938	87	1,244(1,200)	22
1939	142	1,327(1,200)	45
1940	239	196(360)	25
1941	184	10	
1942	없음	10	53
1943	없음	없음	없음
1944	542〈500〉	4	35
1945	불명	불명	불명

* ( )안은 만주국에 대한 수출량, 〈 〉안은 재조선 일본군에 대한 마약류 판매량.

    1930년대에 들어와 만주국은 조선에서 생산된 아편과 마약의 최대 수출지로서 부각되었다. 앞서 언급했듯이 만주국에서는 1937년에 「아편마약단금10개년계획」이 발포된 이후 아편과 함께 마약이 정부에 의해 전매되고 있었다. 만주국의 아편 및 마약에 대한 수요는 엄청나서 만주국 내의 생산으로는 도저히 충당하기 어려웠다. 만주국에 대한 조선의 수출품목은 주로 생아편이었는데 1930년대 말기에 이르러서는 마약도 수출되기 시작하였다. 〈표 3-4〉에 의하면 1938년과 1939년 두 해에는 각각 1,200kg의 헤로인이 수출되었음을 알 수 있다.

    요컨대 일본은 만주사변 이래 확대된 아편소비지역(대만, 관동주, 만주국)의 원활한 전매제 유지를 위해 일본세력권 가운데 아편의 소비가 거의 없어 값싼 아편을 조달하기에 용이한 조선을 아편의 주된 생산공급지로 주목하였다. 특히 중일전쟁과 2차 대전 발발 이후 외

---

[52] 「朝鮮京城 在朝鮮美軍軍政府本部麻藥在庫品의 種類, 位置, 所有權ヲ示ス一覽表」, 『極東國際軍事裁判記錄 檢察側證據書類』 82卷, 檢察側文書9555-6, 8號.

환관리의 강화와 외국산 수입루트의 단절이라는 사태로 외국산 아편의 수입이 더욱 곤란해지자 외국산 아편의 수입대체지역으로 조선에 대한 기대는 더욱 증폭되었다. 이와 같이 조선은 만주사변 이래 일본 세력권 내 전매제 유지를 위한 수입아편의 대체지로서 그 중요성이 부각되었던 것이다.

4. 소결

1900년대에 들어와서 국제사회에서는 아편 및 마약의 해독을 인식하고 이를 규제하기 위한 일련의 노력이 진행되었는데 일본은 식민지 획득과 관련하여 오히려 국제사회의 노력과 역행하는 방향으로 나아가기 시작하였다. 청일전쟁 이래 식민지를 획득하기 시작한 일본은 아편소비지역을 중심으로 재원확보 차원에서 일련의 아편전매정책을 전개시켜 나갔다. 이를 유지하기 위해 이들 소비지역에 필요한 아편은 지역 외(외국)에서 조달하는 방식을 취하였다. 그런데 1차 대전기를 계기로 외국산 마약의 수입곤란을 명목으로 의료용 마약의 자급책 차원을 넘어 서구열강이 후퇴한 동아시아의 마약시장 장악을 위해 아편의 생산 및 소비가 거의 없는 조선을 대규모 원료아편의 생산 및 마약의 공급지로 구상하였다. 그러나 1차 대전의 이른 종식으로 값싼 외국산 마약이 다시 수입되자 조선 내에서 생산된 마약의 해외 판매가 차질을 빚게 되었다. 결국 조선 내의 관대한 마약단속 법률하에서 해외수출이 여의치 않은 마약이 오히려 조선으로 유입되었고 마약중독자를 양산시키는 결과를 초래하였다.

한편 1930년대에 들어와서 만주사변을 통해 대규모 아편소비지역인 만주지역이 새로이 일본의 아편정책지역에 포함되자 전매제 유지

차원에서 값싼 아편을 조달하기에 용이한 조선에 대한 역할이 강조되었다. 특히 중일전쟁과 2차 대전 발발 이후에는 만주국의 아편정책 전환과 외환관리의 강화, 그리고 외국산 아편의 수입루트 단절로 값싼 외국산 아편의 수입이 어려운 상황에 이르자 조선산 아편에 대한 기대는 더욱 증폭되었다. 이로써 조선은 만주사변 이래 일본 세력권, 즉 대만, 관동주, 만주국의 전매제 유지를 위한 외국산 수입아편의 대체지로서 그 중요성이 부각되었던 것이다. 일본의 조선에서의 아편증산정책은 계획처럼 수월하지 않았는데 그 원인은 자연재해뿐 아니라 정부의 낮은 아편수매가에 대한 반발이라는 문제가 있었다.

요컨대 일본 식민지하에서 조선은 아편소비지역으로서 점금정책을 명목으로 한 전매제도가 시행되었던 지역과는 달리 아편의 생산 및 소비가 거의 없었던 지역임에도 불구하고 마약공급지로서, 대규모 아편의 생산 공급지로서 그 역할이 강제되었다. 이로 인해 조선 내에 마약이 대거 소비되어 사회문제를 낳기도 하였다. 식민지 조선에 대한 일본의 이 같은 아편정책은 결국 대륙침략과정에서 획득된 일본의 중국 식민지 유지와 침략전쟁의 재창출을 위한 일련의 과정에서 비롯된 결과라고 하겠다.

제4장

재만 한인의 아편마약 밀매

일본 식민지시대 만주지역(중국 동북지역)은 우리 민족의 역사에서 많은 왜곡과 굴절이 있었던 곳이다. 만주지역 하면 제일 먼저 우리민족의 항일독립운동이 연상되지만 당시 중국 측과 일본 측 사료에[1] 자주 언급되는 한인(韓人)의 아편마약 밀매문제 역시 간과할 수 없다.

당시 재만 한인들은 일본에 의해 조선이 강점된 이후 일본의 경제적, 정치적 핍박을 피해 만주로 이주해 온 사람들이 대부분이었다. 이들은 일본이 한인의 중국귀화를 인정하지 않았기 때문에 만주에서 불안정한 법적 지위를 가지고 있었고 이로 인해 생활이 어려울 수밖에 없었다. 이러한 상황에서 도시에 거주한 한인 가운데 일부는 일본의 암묵적인 묵인하에 치외법권(治外法權)을 이용하여 아편마약의 밀매 등 '부정업(不正業)'에 종사하였다.

만주국(1932~1945) 수립 이전 일본정부의 암묵적인 묵인과 지지하에 아편과 마약밀매 등에 종사했던 이들 재만 한인들은 만주국 수립 이후에는 어떤 상황에 처하게 되었을까? 사실상 1931년 만주사변을 통해 일본이 만주를 점령하면서 이전에 침략의 도구로 이용되었던 한인의 의미는 이제 상실되었다고 할 수 있다.[2] 오히려 만주국 수립 이후 이 지역의 안정화를 위해서는 한인보다는 '만주국인(滿洲國人, 또

---

[1] 金三民, 『在滿朝鮮人の窮狀と其の解 決策』, 新大陸, 1931 ; 朝鮮總督府內務局社會課 編, 『滿洲及西比利亞地方に於ける朝鮮人事情』, 朝鮮總督府, 1927 ; 拓務大臣官房文書課 編, 『滿洲と朝鮮人』, 1933 ; 外務省通商局, 『華盛頓會議參考資料 阿片問題』, 1921 ; 外務省條約局, 『各國ニ於ケル阿片取締狀況』, 1929 ; 外務省通商局, 『支那ニ於ケル阿片及魔藥品』, 1925 ; 「關於日本人民商行在華販運麻醉毒品之說帖」, 國民政府外交部 編, 『中日問題之眞相: 參與國際調查團中國代表提出之二十九種說帖』, 學生書局, 1975 ; 「外人與煙禍槪述」, 『拒毒月刊』 36期, 1929 ; 戴秉衡, 「日本帝國之鴉片政策與東省煙禁之前途」, 『拒毒月刊』 32期, 1929 ; 民, 「遼寧三角地帶毒品之實況」, 『拒毒月刊』 86期, 1935 등에 언급되어 있다.

[2] 依田憙家, 「滿州における朝鮮人移民」, 滿州移民史硏究會 編, 『日本帝國主義下の滿州移民』, 龍溪書舍, 1984, 576쪽 ; 김경일·윤휘탁·이동진·임성모, 『동아시아의 민족이산과 도시: 20세기 전반 만주의 조선인』, 역사비평사, 2004, 42쪽.

는 '滿人')³에 대한 배려가 더 요구되었다. 그러나 지금까지 손쉽게 많은 이익을 볼 수 있는 아편마약 밀매업을 경험했던 한인들이 다른 업종으로 전환하기란 쉽지 않았을 것이다. 특히 '일본국 신민'으로서 일본인과 같이 치외법권이 인정되는 상황에서는 더욱 그러하였다. 그렇다면 만주국의 건국으로 일본의 한인에 대한 태도나 인식이 그 전과 다른 상황에서 재만 한인 아편마약 밀매업자들에게 어떠한 변화가 일어났던 것일까?

지금까지 만주사변 전후 아편마약 문제와 관련된 재만 한인에 대한 연구는 매우 부족한 실정이었으나, 최근 미국 학자에 의해 연구된 일본의 아편 관련 연구에서 재만 한인의 아편마약 관련 연구가 포함되기도 하였다. 제닝스(John M. Jennings)가 쓴 『아편제국: 아시아에서의 일본 제국주의와 마약밀매, 1895~1945(The Opium Empire: Japanese Imperialism and Drug Trafficking in Asia, 1895~1945)』에는 북만주지역에서 한인의 아편생산과 밀거래에 관한 언급이 있다. 그러나 저자는 주로 1920년대 중반 북만주에 거주하는 다수의 한인들이 일본의 영사재판권에 의존해 만주지역에서 아편의 생산과 밀거래에 종사했다는 실태를 소개하였을 뿐이다. 당시 재만 한인들이 처한 상황이나 그와 관련한 일본의 의도 등에 관해서는 거의 언급이 없다.

만주사변 이후 만주국 아편제도에 관한 연구는 최근에야 본격적으로 그 성과를 나타내기 시작하였고,⁴ 만주국 시기 주요 도시를 거점

---

3 만주국정부는 그 주민을 '만주국인' 혹은 '만인'으로 불렀으며 공식문서에서 만주국 주민들은 '만인'으로 표기되었다. 이러한 만주국인은 비록 만주국에 거주하는 모든 민족 집단을 가리키지만, 내용상 전 주민의 95% 이상을 차지하는 한족을 뜻한다. 그 외 만주족, 몽고족 등도 포함되지만 치외법권이 철폐되기 전까지 韓人은 만주국인에 포함되지 않았다(한석정, 『만주국건국의 재해석: 괴뢰국의 국가효과, 1932~1936』, 동아대학교출판부, 1999, 150~151·166쪽).

4 만주국시기 재만 한인과 아편마약 관련 연구는 거의 없지만, 만주국시기의 아편마약과 관련한 연구로는 아래의 몇 편을 들 수 있다. 대표적으로 山田豪一,

으로 한 이주 한인에 대한 연구가 이제 첫발을 내딛기 시작한 정도이다.5

본장에서는 만주사변 이전 재만 한인의 아편마약 밀매문제를 당시 한인들이 처한 상황과 관련하여 그 배경을 알아보고 일본의 의도와 관련하여 그 실상을 살펴보고자 한다. 이어서 만주국 성립 이후 시행된 아편전매 과정에서 재만 한인들이 어떻게 대응하고 변화되었는지 밝혀보고자 한다.

1. 한인의 만주 이주 및 실태

한인의 만주 이주는 그 역사가 매우 오래되었으며 이주의 요인도 다양하였다. 시기에 따라 조선 내부의 정치 경제적 요인은 물론 중국과 일본의 외부상황이라는 요인도 크게 작용하였다. 이훈구(李勳求)는 한인의 만주 이주에 대해 1890년부터 1910년까지를 이주 환영시대로, 1910년 일본의 조선 강점 이후부터 만주사변이 일어난 1931년까지의 한인 이주를 중국의 탄압시기로 분류하고 있다. 또한 탄압시기를 두 시기로 나누었는데, 1910년부터 1926년까지를 제1기인 제한시기로, 1927년부터 1931년까지를 제2기인 배척시기로 구분하였다.6

이주 요인을 살펴볼 때 1905년은 한인의 만주 이주에 커다란 계기

『滿洲國の阿片專賣』, 汲古書院, 2003 ; 呂永華, 『僞滿時期的東北煙毒』, 吉林人民出版社, 2004 ; 李恩涵, 「九一八事變前後日本對東北(僞滿洲國)的毒化政策」, 『中央研究院近代史研究所集刊』 25期, 1996 ; 朴橿, 「滿洲國阿片斷禁政策의 再檢討」, 『釜大史學』 23집, 1999 ; 王貴勤, 「淺析僞滿時期的鴉片斷禁政策」, 『僞皇宮陳列館年鑑』, 1984 ; 李作權, 「僞滿洲國的鴉片政策」, 『僞皇宮陳列館年鑑』, 1985 등이 있다.
5 김경일·윤휘탁·이동진·임성모, 앞의 책.
6 拓務大臣官房文書課 編, 앞의 책, 240~241쪽.

가 되는 시점이다. 1905년까지 한인의 만주 이주는 대체로 경제적 빈궁에 따른 요인이 주류를 이루었다. 그러나 1905년 이후에는 정치성을 띤 요인이 점차 나타나기 시작하였다. 청조가 '만주는 만주족을 위한 만주'라고 칭하여 한족(漢族), 한인(韓人) 등 다른 민족의 만주 이주를 금지한 봉쇄시기는 물론 다른 민족의 만주 이주를 묵인한 묵허시대와 만주지역의 개발을 위해 한족과 한인의 이주를 환영한 이주 환영시대에 이르기까지 한인의 이주는 주로 경제성을 띤 경우가 많았다. 그런데 1905년 이후의 이주는 경제성 이주와 정치성 이주 두 가지가 복합적으로 나타나기 시작하였다. 경제성 이주는 조선에 대한 일본의 경제적 압박의 결과 한인들이 만주로 향하기 시작하였던 것이며, 일본의 조선 통치에 대한 반항으로 만주로 향하는 정치성을 띤 이주도 나타나기 시작하였던 것이다.[7]

본격적인 한인의 만주 이주는 1910년부터 시작되었다고 해도 과언이 아니다. 이 시기 이후 20년간에 걸쳐 한인의 이주는 두드러지게 증가하였다. 1910년 이전은 주로 서북지방의 사람들이 국경을 넘어 조선과 가까운 간도(間島)와 압록강 또는 두만강 연안지방으로 이주한 경우가 대다수였고 그 수도 많지 않았다. 1910년 이후에는 일본인들이 조선 남부지방으로 속속 이주해 들어오기 시작하면서 토지를 잃은 한인들이 산으로 들어가 화전민이 되거나 혹은 만주의 신천지로 이주하기 시작하였다.[8]

당시 신천지라고 여겨졌던 만주에서의 생활이 한인에게 순탄했던 것은 아니다. 앞서 언급했던 탄압시기 가운데 제1기인 제한시기에 중국의 관헌 중 일부 지방관헌은 한인에 대해 동정을 보이기도 하였다. 하지만 한인과 중국인 사이에 문제가 야기되었을 때 일본은 한인

---

7 朴宣泠, 『東北抗日義勇軍』, 中國友誼出版公司, 1998, 165쪽.
8 金三民, 앞의 책, 42~43쪽.

을 자국의 '신민(臣民)'이라고 하여 이를 빌미로 중국의 공권력을 무력화 시키는 경우가 발생하였다. 이에 점차 중국관헌들은 한인을 감시하고 제한하기에 이르렀다. 중국관헌들이 보다 적극적으로 한인에게 압박을 가하기 시작한 것은 1925년 6월 11일 봉천(奉天)정부 경무국장 위쩐(于珍)과 조선총독부 미쓰야(三矢) 경무국장 사이에 '미쓰야 협정(三矢協定)'이 체결되면서부터였다. 이로부터 중국관헌은 약속한 협정을 이행하기 위해 만주에서 활동하던 한인 민족주의자들을 체포하기 시작하였다. 당시 체포된 사람 가운데 다수가 이주 농민이었다. 또한 중국관헌은 부과금제도 등 여러 가지 법령을 만들어 이주 농민에게 부당한 벌금과 수수료 등을 징수하여 금전을 착취함으로써 압박을 더해갔다.9 1927년 이후 중국 국민혁명의 기운 속에 열강에 빼앗긴 주권회수운동이 만주에도 영향을 미치기 시작하였다. 그러한 가운데 반일운동의 고조와 연계되어 한인에 대한 압박은 더욱 극심해져 갔다.10

이와 같이 한인의 만주 이주에 대한 중국 측의 태도가 1910년 일본의 조선 병합을 계기로 제한과 압박을 더해 갔음에도 불구하고 전체적인 이주자 수는 계속 늘어만 갔다. 1898년의 경우 만주 이민자 수가 4만 명을 헤아렸던 것이 1910년 일본의 조선 강점 이후에는 그 수가 대폭 증가하였다. 1926년 일본 영사관 조사에 의하면 그 수는 542,869명, 조선총독부는 553,000명, 동양협회(東洋協會)는 736,266명, 만철(滿鐵 南滿洲鐵道株式會社)은 783,187명으로 보고되었다. 사실상 재만 한인에 대한 정확한 인구조사는 불가능하였다. 일본 영사관, 만철, 조선총독부 등의 조사는 일부 지역에 한정되었고 오지는 조사대상에서 제외되었기 때문이다.11 시기에 따라 인구 증가 경향에는 다

---

9 拓務大臣官房文書課 編, 앞의 책, 242~243쪽.
10 朴宣泠, 앞의 책, 166쪽.
11 金三民, 앞의 책, 42·44~46쪽 ; 玄圭煥, 『韓國流移民史』 上, 語文閣, 1967, 169~170쪽.

소 차이가 있었지만 만주사변 직전인 1930년 만주지역 한인의 수는 약 60여만 명을 헤아렸다.[12]

<표 4-1> 재만 한인 이주자의 이주동기 및 이유[13]

원인 및 이유	절대 수	상대 수(%)
본국에서의 경제곤란으로	30	14.9
집에 돈이 없으므로	33	16.4
생활고로	72	35.8
의식의 곤란으로	2	1.0
본국에서의 사업실패로	24	12.0
여행의 결과로	2	1.0
본국의 정치적 이유로	7	3.4
만주에서 농업을 하기 위하여	18	9.0
만주에서 돈을 모으기 위하여	11	5.5
사업의 성공을 위하여	1	0.5
친족을 따라서	1	0.5
합계	201	100.0

일본의 조선 병합 이후 한인의 만주 이민이 대폭 증가되었던 데에는 어떤 동기와 원인이 있었던 것일까? 조선총독부는 물가 등귀로 인한 생활 곤란을 주된 원인으로 꼽았고, 켈러(Keller)는 정치적 불만이 주된 요인이라고 보았다. 또한 동경제국대학 교수인 야나이하라 다다오(矢內原忠雄)는 조선으로의 일본인 식민의 결과로 파악하였다. 이러한 다양한 견해에 대해 이훈구는 <표 4-1>에 나타난 바와 같이 재만 한인 이주자 201호의 농가 호주를 대상으로 설문조사를 실시하였는데, 201명 가운데 30명(14.9%)은 본국에서의 경제적 압박이 이주의 원인이었다. 그리고 33명(16.4%)은 빈곤을, 가장 많은 숫자인

---

12 김경일·윤휘탁·이동진·임성모, 앞의 책, 34쪽.
13 拓務大臣官房文書課 編, 앞의 책, 106쪽.

72명(35.8%)은 생활 곤란을 꼽았다. 이들 내용을 종합해 보면 경제적 곤란이 67.1%로 압도적으로 많은 부분을 차지하고 있었으며, 정치적 이유는 7명으로 3.4%에 지나지 않았다.[14] 그러나 이 같은 결과에서 주의할 점은 정치 운동가의 경우 이동이 잦았을 뿐만 아니라 직접 농업에 종사하는 비율이 낮았을 것이라는 점이다.[15] 또한 일본의 조선 병합 이후 일본인이 조선으로 이주해 오고 일본의 경제적 압박까지 더해져 한인 농민의 경제적 곤란은 가중되었고 이는 정치적인 것과 무관하지 않았다. 경제적 압박이라는 원인 속에는 정치적인 요소가 상당히 작용하였다고 하겠다. 실질적으로 정치적인 이유는 표의 비율을 훨씬 상회하는 것으로 이해해야 할 것이다. 이와 같이 1910년 일본의 조선 병합 이후 만주지역에 대한 한인 이주는 일본의 경제적 압박 때문이었는데 여기에는 정치적 압박 등 복합적인 요인이 작용하였다는 점을 간과해선 안 된다.

이렇게 이주한 한인은 만주지역 가운데 길림성(吉林省)과 봉천성(奉天省)에 가장 많이 분포되어 있었으며 일부를 제외하고는 대다수가 농업에 종사하였다. 조선총독부의 1925~1926년 조사에 의하면 길림성에 402,631명, 봉천성에 148,852명, 흑룡강성(黑龍江省)에 734명이 거주하고 있는 것으로 파악되었다.[16] 중국 측 조사에 의하면 길림성의 42개 현 가운데 화룡(和龍)과 훈춘(琿春)지역의 한인 수는 중국인보다는 많았으며, 왕청(汪淸)의 경우 한인과 중국인 수는 각각 절반씩을 차지하였다. 연길(延吉)의 한인 수는 중국인의 3배에 가까웠다. 또한 일본 측 조사에 의하면 길림성에 거주하는 한인 총인구는 556,320명으로 그중 93%인 517,465명이 농업에 종사하고 있었다.[17]

---

14 拓務大臣官房文書課 編, 앞의 책, 105~107쪽.
15 玄圭煥, 앞의 책, 159쪽.
16 朴宣泠, 앞의 책, 170쪽.
17 拓務大臣官房文書課 編, 앞의 책, 125쪽.

〈표 4-2〉 만주의 각 도시별 한인 인구수(1925년)[18]

도시명	인구수	도시명	인구수	도시명	인구수
旅順	121	長春	563	琿春	900
金州	15	龍井村	11,236	大石橋	31
貔子窩	71	頭道溝	2,509	鞍山	83
營口	108	百草溝	804	本溪湖	49
遼陽	34	大連	708	撫順	649
奉天	236	普蘭店	58	公主嶺	101
安東	6,418	瓦房店	20	局子街	1,468
開原	361	鐵嶺	63	哈爾濱	1,200
四平街	217	吉林	233	합계	27,806*

* 玄圭煥의 책에는 합계가 28,256명으로 되어 있으나 실제 합산한 결과 27,806명이다.

 농촌지역에 비해 도시에 거주하는 한인 수는 극히 적었다. 〈표 4-2〉에 보이는 바와 같이 1925년 6월 조선총독부 조사에 의하면 도시에서 생활하는 한인 수는 약 28,265명으로 나타났다. 여기에는 하얼빈을 제외하고 북만지역의 다른 도시에 거주하는 한인 수는 포함되지 않았다. 이를 감안하더라도 재만 한인의 도시 총인구는 약 4만 명으로 추산되며 이 수치는 1925년 만주지역 내 한인 총 인구수 53만여 명과[19] 비교해 7.5% 정도에 불과한 것이다.[20] 대다수의 재만 한인들은 농촌에 거주하였으며 일부 소수만이 도시에 거주하였음을 알 수 있다.
 그렇다면 도시생활을 하는 약 7.5%의 한인은 어떤 일에 종사하면서 생활을 영위해나갔을까? 앞서 언급했듯이 1910년 이후 중국은 재만 한인에 대해 제한과 탄압을 거듭해 나갔다. 이러한 여건 하에서 도시에서의 생활 역시 순탄치 않았을 것이다. 도시에 거주하는 한인의 직업을 살펴보면 일본과 관련하여 금제품 취급업자 내지 '부정업

---

18 玄圭煥, 앞의 책, 203쪽.
19 김경일·윤휘탁·이동진·임성모, 앞의 책, 34쪽.
20 拓務大臣官房文書課 編, 앞의 책, 126~127쪽.

자(不正業者)' 등의 내용이 각종 사료와 연구문헌에 다수 보인다. 이러한 내용의 실상을 파악하기 위해 다음 절에서는 만주국 성립 이전 재만 한인의 아편마약 밀매활동에 관해 살펴보도록 하겠다.

2. 아편마약과 재만 한인의 활동

1910년대 남만주 일대에서 이루어졌던 아편 밀거래에는 일본인뿐만 아니라 재만 한인도 개입되어 있었다. 1919년 4월 21일부터 25일까지 5일간 봉천총영사관에서 개최된 아편·모르핀·코카인 단속에 관한 경찰회의에서 만주 각지의 아편마약 상황이 보고되었는데, 그 가운데 재만 한인과 관련된 내용을 보면 다음과 같다.

> 장춘(長春)은 종전 아편의 집산지로 주목되어 러시아인·중국인·일본인·조선인이 이것을 취급하는 자가 적지 않았다. 2, 3년 전부터 점차 아편에 대한 단속을 엄중히 하고, 특히 작년 이후는 누누이 가택 수색을 하는 등 삼엄한 단속을 한 결과 부속지 내외 모두 종전보다 아편취급자가 크게 감소하였다.……현재 장춘에서 아편을 취급하는 사람은 러시아인이 7할, 중국인이 2할, 일본인(조선인을 포함)이 1할의 비율로서 일본인은 거의 중국인·조선인의 의탁을 받아 아편 밀수의 앞잡이가 되고 있는 자가 많았고, 스스로 독립하여 밀수 밀매하는 자는 드물었다.
> 장춘서장보고(長春署長報告)[21]

> 안동(安東, 지금의 단동* 필자주)에 온 아편은 조선 원산방면 및 압록강 상류로부터 온 것 외에 일정정도는 철로를 통해 북만으로부터 밀수된 것이다. 장춘방면으로부터 온 것은 러시아인·조선인에 의한 것이 많았고, 기타 방면은 중국인·조선인에 의한 것으로 일본인은 드물

---

21 外務省通商局, 『華盛頓會議參考資料 阿片問題』, 1921, 379~380쪽.

었다······.

　조선인 가운데는 아편을 취급하는 자는 있어도 모르핀을 밀매하는 자는 극히 소수로서······.

안동서장보고(安東署長報告)[22]

　봉천(奉天, 지금의 심양* 필자주)에 수송되어 온 아편은 전부 북방 장춘방면으로부터 들어온 것으로 그 물량의 약 6할은 경봉선(京奉線)을 통해 천진·상해방면으로 보내지고, 3할은 대련으로 나가고, 나머지 1할은 봉천지방에서 밀매되고 있었다. 이들 취급자를 나라별로 보면 중국인 5.5할, 러시아인 2.0할, 조선인 1.5할, 일본인 1.0할의 비율로서······.

봉천서장보고(奉天署長報告)[23]

위의 내용들이 재만 일본 경찰보고였다는 것을 감안해 일본인의 아편밀매를 축소보고하려는 경향이 있었다고 하더라도 재만 한인은 1910년대 남만주 일대에서 중국인, 러시아인, 일본인과 함께 아편 밀거래에 일익을 담당하였음을 알 수 있다.

그러던 것이 1920년대 말기에 이르면 남만주지역에서의 아편밀수입은 중국인과 러시아인에 의해 주도되었고, 일본인과 한인은 마약 밀수입에 주로 관여하고 있었다. 이러한 상황은 1920년대 말기에 만주에 주재하는 일본 각 총영관의 내부 보고를 통해서도 확인할 수 있다. 이 보고서에 의하면,

　원래 당 지방(봉천성)에서 소비된 아편은 열하 및 하얼빈방면, 즉 흑룡강 변경 노령방면으로부터 이입된 것으로, 후자(하얼빈방면)는 주로 러시아와 중국인을 통해, 전자(열하방면)는 주로 중국 군인을 통해 이입되었다. 또한 마취제는 주로 모르핀, 코카인으로 그것의 밀수입자는 러시아 상인이 수위를 차지하였고 일본인과 조선인이 그 다음을 잇고 있다. 천진,

22 外務省通商局, 위의 책, 380쪽.
23 外務省通商局, 위의 책, 383쪽.

영구(營口)에서 운반된 것은 독일제품과 영국제품도 적지 않았다.[24]

당지(길림성)에서의 아편밀수입 관계자는 중국인에 한정되었고 마취제는 일본인과 조선인이 많았으며,······마취제는 전부 일본산으로 대련, 봉천, 장춘 등 일본인 약종상(藥種商) 혹은 금제품 브로커의 손을 거쳐 밀수입되었다.[25]

라고 한 것과 같이 남만주지역에서 재만 한인은 일본인과 함께 외국산 또는 일본산 마약을 대련 등 일본이 조차한 관동주 지역과 봉천, 장춘 등 일본 조계가 있는 지역을 통해 밀수입하였다. 이와 같이 1920년대에 들어와서 일본인과 함께 재만 한인이 마약을 주로 밀거래한 것은 1차 대전 이후 일본이 구미에서 과잉 생산된 마약을 다량 수입한 사실과 일본 국내 제약회사가 자체적으로 마약을 생산해내기 시작한 점과 관련이 깊다고 하겠다.

재만 한인은 일본 세력범위인 남만주 일대에서 아편마약의 밀거래 뿐만 아니라 아편 연관(煙館, 아편 흡연소)업에도 많이 종사하였다. 그 한 예로 장춘의 경우, 이 지역에 거주하고 있는 한인들은 전부 남만주철도 부속지 내에 있었으며 모두 직간접적으로 아편관련업에 종사하면서 생활하고 있었다. 이들 지역에 거주하고 있는 한인 대다수는 숙박요리점으로 생활을 영위하였는데 이들은 아편밀수와 밀접한 관련이 있었다. 이 지역이 남북만주의 아편밀수입 중개지 위치에 있어 밀수 및 수익창출에 유리하였기 때문에 아편관련업의 유혹에 무방비로 노출되어 있었던 것이다. 또한 상당한 지위와 자산을 소유한 한인 무역상 및 잡화상도 역시 아편밀수를 통해 부를 축적한 경우가

---

24 「奉天省ニ於ケル阿片取締ノ現狀ニ關スル調査報告」(1929年 7月 10日 在奉天 林總領事報告), 外務省條約局, 『各國ニ於ケル阿片取締狀況』, 1929, 32쪽.
25 「吉林地方ニ於ケル阿片取締ノ現狀ニ關スル調査報告」(1928年 10月 17日 在吉林 川越總領事報告), 外務省條約局, 위의 책, 44~45쪽.

많았다.[26]

　이와 같이 중국 당국이 금지하고 있는 아편마약의 밀거래는 물론 연관업 등에 일본인뿐만 아니라 한인들이 종사하면서 재만 한인들은 중국 관헌의 증오를 받았다. 이훈구는 책에서 재만 한인에 대한 중국의 정책이 1927년 이후 엄중한 압박으로 전환되었는데, 중국인에게 한인들이 일본인의 주구(走狗)로 보여졌던 것이 정책전환의 한 요인으로 작용하였다는 점을 지적하였다. 실제로 만철부속지 및 관동주 조차지에서 불량 한인들이 일본 관헌의 묵인하에 아편을 밀거래하였으며 이들 한인들 역시 일본인과 마찬가지로 치외법권을 누릴 수 있었다. 따라서 중국 관헌들은 제재가 불가능한 이들 한인들을 일본의 주구로 생각하였던 것이다.[27]

　김삼민(金三民) 역시 재만 한인의 금제품 취급에 대해 그 심각성을 지적하였다. 그는 재만 한인 가운데 지식인 1,000명에 대한 직업현황을 조사했는데, 그중 만철연선(滿鐵沿線) 및 일본영사관 소재지의 경우 3할 내외가 금제품(아편, 마약) 취급자로 파악되었다. 이들이 만철연선에서 일본 관헌의 묵인하에 부정업과 매춘업을 운영하였다는 것이다.[28] 이러한 상황은 한인에 대한 중국인의 반감을 불러일으켰을 뿐만 아니라 앞서 언급했듯이 중국관헌의 압박을 야기시키는 한 원인이 되었다.

　이에 비해 북만주에서는 러시아인과 일본인이 아편 및 마약판매를 둘러싸고 치열하게 경쟁을 벌이고 있었다. 1917년 전후 러시아인과 일본인은 하얼빈에서 아편과 마약 판매이익을 놓고 세력을 다투었는데, 이들 나라의 대상인들은 마약판매를 본업으로 삼아 중동철도(中東鐵道)에 있는 수분(綏芬), 동녕(東寧), 부금(富錦), 요하(饒河) 등 연

26　朝鮮總督府內務局社會課 編, 앞의 책, 43~44쪽.
27　拓務大臣官房文書課 編, 앞의 책, 244쪽.
28　金三民, 앞의 책, 52쪽.

변의 5개 역 일대에서 생산된 아편을 수매하거나 러시아 변경으로부터 아편을 수입하였다.29 1922년에 작성된 한 일본영사관 보고에 의하면, 하얼빈에서 가장 아편거래가 활발히 이루어진 한 달 동안 약 18,000kg이 거래되었는데, 그중 일본인이 4,200kg, 중국인이 9,000kg을 취급한 데 비해 한인은 러시아인과 같은 양인 2,400kg을 취급하였다고 한다.30 마약의 경우 1924년 일본 외무대신의 훈령에 대해 재하얼빈 총영사관에서 보고한 것에 의하면, 1921년까지 북만주 각지에서 일본제품 7할, 영국제품 2할, 독일제품 1할의 비율이었으나 1922년부터 독일제품이 급격히 증가하였다고 한다.31 재하얼빈 일본 총영사의 1928년 보고에도, 마약은 독일제품이 여전히 가장 많았으며 밀수입 관련자는 유태인, 중국인, 러시아인, 한인, 구미 각국인, 일본인이었다고 기록되어 있다.32 이를 종합해 보면 북만주에서의 아편 및 마약 관련자로 한인 역시 무시 못할 한 축을 담당하고 있었음을 알 수 있다.

---

29 李恩涵, 「九一八事變前後日本對東北(僞滿洲國)的毒化政策」, 286쪽.
30 John M. Jennings, *The Opium Empire: Japanese Imperialism and Drug Trafficking in Asia, 1895~1945*, Praeger, 1997, p.58.
31 1922년부터 독일제품이 급격히 증가한 원인은 다른 제품에 비해 가격이 저렴하고 수입이 용이하였을 뿐 아니라 품질에 있어서도 다른 제품을 능가하였으며, 특히 일본제품과 비교하여 중국인 중독자들이 애용한 것은 소량으로도 효과가 컸기 때문이다(「哈爾濱總領事館管內ニ於ケル阿片及魔藥品」, 外務省通商局, 『支那ニ於ケル阿片及魔藥品』, 1925, 178쪽).
32 「哈爾濱地方ニ於ケル阿片取締ノ現狀ニ關スル調査報告」(1928年 12月 22日 在哈爾濱 八木總領事報告), 外務省條約局, 『各國ニ於ケル阿片取締狀況』, 1929, 57쪽.

〈표 4-3〉 하얼빈 거주 한인 직업별 호구수(1921년 12월 말)[33]

직업별	호수	남	여	계
농업	2	3	4	7
무역상	2	3	4	7
곡물상	1	2	4	6
양복상	2	4	1	5
잡화상	1	2	2	4
賣藥商	1	2	1	3
여관	2	3	4	9
食道業	2	4	2	6
요리업	3	12	31	43
의원(치과의포함)	5	14	8	22
이발업	-	3	-	3
노동자	17	33	20	53
잡업	45	181	116	297
무직	49	199	28	227
합계	132	465*	225*	692*

* 玄圭煥의 책에는 하얼빈 거주 한인 직업별 호구수에서 남자 합계 468명, 여자 합계 223명, 계 691명으로 되어 있으나 실제 합산한 결과 남자 465명, 여자 225명, 계 692명이다.

특히 북만주 도시 가운데 한인이 많이 거주하는 곳은 하얼빈으로 이곳의 아편영업 역시 한인과 관련이 깊다. 이곳에 거주하는 한인 가운데 약 10% 이상은 무역상, 여관주인, 의사이거나 학교, 민회(民會) 직원 등으로 사무원 및 노동자이며, 기타 약 90% 가까이는 아편밀매 및 연관업(煙館業) 종사자였다. 이들 가운데 드물지만 부를 축적하여 여유있는 생활을 영위하는 자도 있었다.[34] 또한 1924년 일본 외무성 대신의 훈령에 대해 재중국 각 공관이 제출한 보고에 의하면, 하얼빈 시의 아편연관 총 650개소 가운데 약 100개소가 한인이 운영하는 것이라고 하였다.[35] 〈표 4-3〉에 나타난 하얼빈 거주 한인 직업별 호구표

---

33 玄圭煥, 앞의 책, 218쪽.
34 金三民, 앞의 책, 62쪽.

를 통해 볼 때도 이 지역에 거주하는 많은 한인들이 '부정업자'로 지목되고 있었음을 알 수 있다. 1921년의 하얼빈 거주 한인 호수는 132호였는데, 그 가운데 무역상은 불과 2호 7인이었고, 무직과 잡업이 각각 49호, 45호로서 대다수를 차지하였다. 이들 대다수는 아편, 모르핀, 코카인 등의 밀매매에 종사하는 '부정업자'로 지목되고 있었다.[36] 하지만 아편에 관한 업무는 중개업자를 필요로 하였고, 연관업의 경우 중국인을 고객으로 하고 있었기 때문에 중국관헌에게 뇌물을 제공해야 하는 등 이면적으로 지출을 필요로 하는 항목이 많았다. 따라서 이와 관련된 실제 이익은 그다지 크지 않았다는 특징도 있었다.[37]

1921년 10월 이후에는 연관에 대한 중국경찰의 단속이 엄격해졌다. 한인이 운영하는 연관의 입구에는 주야로 경관이 배치되어 이곳을 출입하는 중국인을 감시하였다. 그 결과 고객이 감소되고 수입도 격감되었으므로 이에 종사하는 한인의 생활이 어려워졌다. 여기에 더해 심각한 문제는 이들 가운데 아편 중독자가 된 자가 적지 않았다는 점이었다.[38] 특히 안동현, 장춘, 하얼빈 등지에서 아편 관련 업종에 종사하는 사람 가운데 60% 이상이 중독환자라는 사실은 이들의 장래를 더욱 어렵게 만들었다.[39]

이와 같이 일본은 한인과 함께 영국을 대신해서 중국에 아편은 물론 마약을 밀수입하는 일에 관여해 왔다. 아편마약의 밀수 및 영업에 일부이지만 재만 한인들이 종사하였다는 사실은 중국 당국의 재만 한인 인식에 부정적인 영향을 미쳤다. 이는 중국 당국이 한인에 대한

---

35 「哈爾濱總領事館管內ニ於ケル阿片及魔藥品」, 外務省通商局, 『支那ニ於ケル阿片及魔藥品』, 1925, 171쪽.
36 玄圭煥, 앞의 책, 218쪽.
37 金三民, 앞의 책, 62쪽.
38 朝鮮總督府內務局社會課 編, 앞의 책, 48~49쪽.
39 金三民, 앞의 책, 62쪽.

이주 제한과 탄압정책을 하는 데 작용하였고 국제사회로부터 신뢰를 잃게 하는 계기가 되었다고 할 수 있다. 재만 한인들은 어떠한 상황에서 중국과 국제사회에서 단속하고 있는 이들 아편마약의 밀거래와 아편연관업 등에 종사하게 되었을까? 그와 관련하여 몇 가지 배경과 그것이 갖는 의미에 대해 생각해 보자.

1910년 일본에 의해 조선이 식민지로 전락한 이후 많은 한인들이 일본의 경제적, 정치적 핍박을 피해 만주로 이주해 왔지만 이들에게 있어 이 지역 역시 신천지만은 아니었다. 만주로 이주한 사람들 가운데 다수가 조국에서 일본의 강압과 강탈행위에 의해 경제적으로 몰락하고 파산한 후 생활수단을 잃고 전전하다가 만주로 이주한 경우였다. 이들 가운데 만주의 새 생활에서 농업 이외의 업을 목표로 한 부류의 경우 〈표 4-4〉에 보이는 바와 같이 당시 이주자금의 운용을 놓고 본다면 농업을 목표로 한 부류보다 여유가 있었다고 할 수 있겠다. 그러나 1920년대 이후에 이르면 중국 관민에 의한 배척으로 일정한 지역에 정착한 층에게도 많은 위협이 가해졌다. 결국 시국의 긴박함과 혼란 속에서 농민과 농민 이외의 이주민도 생활이 안정적이지 못하게 되었던 것이다.[40]

〈표 4-4〉 1920년 이주자금 운용상황[41]

운처별	호수(호)	금액(圓)	1호당금액(圓)	1919년도 1호당금액(圓)
농업자금	2,893	331,143	114	207
상업자금	80	40,510	506	559
기타	35	8,694	248	284

더구나 일본은 한인의 중국귀화를 허가하지 않았으므로 만주에서

---
40 玄圭煥, 앞의 책, 224~226쪽.
41 玄圭煥, 앞의 책, 224쪽.

의 한인의 지위는 더욱 불안정하였다. 일본은 1909년 간도에 관한 청일협약(淸日協約)을 통해 중국의 간도영유권을 승인하는 대신 간도에서 한인의 토지소유권을 보장받았다. 더욱이 1915년에 중국과 소위 '21개조 조약'을 체결하면서 한인을 '일본국 신민'으로 적용하여 재만 한인의 토지상조권(土地商租權) 및 치외법권을 주장하였다. 이러한 치외법권을 통해 독립운동과 관련된 재만 한인을 단속하는 한편 토지 상조권을 주장하면서 친일 한인을 육성하여 만주침략의 주구로 전락시켰다. 이에 대해 중국 측은 '21개조 조약'의 무효를 주장하고, 동시에 재만 한인을 중국에 귀화시켜 자신들의 주권하에 두고자 하였다. 토지 상조권 역시 귀화한 사람에 한정하는 방침을 취하였다. 그러나 일본은 한인이 중국으로 귀화하더라도 끝까지 한인의 국적이탈을 인정하지 않음으로써 이중국적자(二重國籍者)가 증가하게 되었다. 이중국적 문제와 관련하여 재만 한인들은 법적으로 일본인 취급을 받게 되어 만주에서 문제가 발생할 경우 중국관헌의 심문을 받지 않고 일본 영사관에 의해 처리되었다.42 이중국적 문제 등을 둘러싸고 중일 양국은 서로 첨예하게 대립하였고, 이로 인해 재만 한인의 지위는 더욱 불안할 수밖에 없었다.

이러한 상황에서 일부 한인이 만주지역 내 일본의 세력범위와 치외법권을 이용하여 쉽게 이득을 취할 수 있는 아편마약의 밀수입과 연관업에 종사하기 시작했다. 1942년에 미국의 메릴(F.T. Merril)에 의해 집필된 『일본과 아편의 위협(Japan and the Opium Menace)』에서도 재만 한인이 아편마약업에 종사하게 된 배경에 대한 언급이 있다. 즉,

> 이 시기 동북정부가 정책적으로 한인의 토지 소유와 임차를 방해하고 있었기 때문에 많은 한인들은 농업으로 생계를 꾸려 나가기가 어려

---

42 鶴嶋雪嶺, 『中國朝鮮族の研究』, 關西大學出版部, 1997, 120~123쪽 ; 歷史學研究會 編, 『太平洋戰爭史(1) 滿洲事變』, 靑木書店, 1974, 240~241쪽.

왔다. 이들 빈곤한 이민자들에게는 다른 기회가 부족하여 도시와, 남만
주 및 중동철도(中東鐵道) 주변지역에서 모르핀과 헤로인의 불법 판매
에 종사하게 되었다.43

라고 하였듯이 재만 한인의 아편마약업 종사는 기본적으로 당시에 처한 어렵고도 불안정한 여건과 관련이 깊다고 하겠다. 일본의 세력범위인 관동주 조차지는 물론이고 만철부속지 및 조계지 등에서 일본인뿐만 아니라 한인의 아편마약 밀수업 및 연관업에 대해 일본 측은 암묵적인 허가 내지 지지를 보냈다. 일본의 이러한 태도는 이들 지역에서 아편마약의 밀수 내지 불법 연관업에 종사하다가 일본 측에 적발되었을 경우에 재중 일본영사관령에 의해 지극히 가벼운 처벌만 받았다는 사실을 통해서도 확인할 수 있다. 중국관헌의 입장에서는 이들 일본인과 한인이 치외법권을 누리고 있었기 때문에 제대로 단속할 수 없었다. 이상과 같은 상황으로 도시에 거주하는 한인들이 중국이 금지하고 있는 이들 물품의 밀매에 쉽게 종사할 수 있었던 것이다.

결과적으로 재만 한인의 이들 업종에 대한 종사는 중국인과 중국 당국의 비난을 초래하였다. 재만 한인이 일본 세력범위 내에서 일본인과 동일하게 치외법권을 이용하여 불법적인 아편마약의 밀수와 연관업에 종사한다는 사실로 인해 중국인들에게 한인들은 일본의 주구로 보여졌다. 따라서 일본의 식민지로 전락한 한인에 대해 동정을 보냈던 중국인들과 중국 당국의 시각이 부정적으로 전환되었고 이는 재만 한인에 대한 정책을 탄압으로 선회하도록 하는 데도 일정한 작용을 하였다.

재만 한인의 아편마약의 밀수 및 판매는 일본의 묵인하에 이루어

---

43 Frederic T. Merril, *Japan and the Opium Menace*, International Secretariat Institute of Pacific Relations and the Foreign Policy Association, 1942, p.94.

진 것이기 때문에 일본과 함께 국제사회의 비난 대상이 될 수 있었다. 이는 중국에 의해 조사 작성된 관련 자료에 한인의 국적을 일본과 구별하고 있었던 것으로도 확인해 볼 수 있다. 1924년에 성립된 전국적인 민간금연단체인 중화국민거독회(中華國民拒毒會)가 1929년 국제아편회의에 대응하여 조사한 통계자료를 살펴보면, 1924~1928년간 상해 해관 등에서의 각국별 마약밀수자 체포 수 표는 일본인과 한인를 구별할 수 있도록 한인 수를 일본인 수 옆 괄호 속에 표시하였다.44 만주사변 이후 국제연맹 조사단에 참여한 중국대표가 29종의 자료를 제출했는데, 그 가운데「중국에서 마취독품의 판매와 운반을 행하는 일본 인민의 상행위에 관한 의견서(關於日本人民商行在華販運麻醉毒品之說帖)」내에 작성되어 있는 만주 등 중국 각지에서 아편마약 밀수로 체포된 사람들의 일람표에도 일본인과 한인의 국적이 다르게 구별되었다.45 이와 같이 국제기구 등에 제출되는 아편 밀매 등에 관한 자료에 한인과 일본인의 국적이 구별되어 표기되었다는 사실에 주목하여야 한다. 이 같은 한인의 불법 활동에 대한 인지도는 해외에서 활동하는 조선의 지식인들이 조국의 독립과 관련하여 국제사회의 동정과 지지를 얻어내는 데 부정적으로 작용할 수 있는 것이었다.46

3. 만주국의 아편전매 시행과 밀매문제

일본 관동군은 1931년 만주사변을 일으켜 만주지역을 점령한 후 다음 해 이 지역에 만주국을 수립하였다. 만주국을 수립한 일본은 이

---

44 中華民國拒毒會 編,『中華民國拒毒會第一年度報告』, 1925, 48쪽 ;「外人與中國煙禍」,『拒毒月刊』36期, 1929, 24쪽.
45 國民政府外交部 編, 앞의 책, 603~637쪽.
46 John M. Jennings, op.cit., p.59.

지역에서도 대만, 관동주와 마찬가지로 점금주의에 근거한 아편정책을 추진하였다.47 이 지역의 아편정책 추진 배경을 만주국 아편법 공포에 임해 1932년 11월 30일에 발표된 국무총리의 포고내용과 일만실업협회(日滿實業協會)에서 쓴 『만주국 아편제도와 아편의 개념(滿洲國阿片制度と阿片の槪念)』을 통해 살펴보면 다음과 같다.

> 아편의 흡연은 그 유래한 바가 오래되고 일상습관에 침투한 바가 깊으며 안으로는 생명과 재산을 탕진시키고 밖으로는 열강의 모욕을 입고 있다.……이 오래된 폐단을 교정하기 위해서는 반드시 점금주의(漸禁主義)에 근거한 점감방책(漸減方策)을 채택하여, 일반에는 흡연을 엄금하고 오직 이미 중독에 빠진 자에 한해 치료상 흡연을 인정함과 함께 치료기관을 특설하여 중독자의 치료에 노력해야 한다……48

> 만주국은 광대한 지역을 소유하였고 민중 역시 뿌리가 깊은 흡연의 습관을 갖고 있으며, 아편 해독에 대한 인식정도가 낮고 더욱이 행정력도 완전한 것이라고 할 수 없는 상태이다. 그러므로 헛되이 이상만을 쫓아 현존하는 중독자의 구제치료를 고려하지 않고 간단히 단금(斷禁)으로만 나아가는 것은 효과가 의심스러울 뿐만 아니라 오히려 폐해를 불러일으킬 것이다.49

즉, 만주국은 지역이 광대하고 아편의 흡연이 오래도록 만연되어 있었기 때문에 행정력이 완전하지 못한 상황에서 일시에 아편의 흡연을 금지하는 단금정책을 쓰는 것은 실효를 거둘 수 없다고 보았다. 따라서 이미 대만과 관동주에서 시행했던 것과 같이 일반에게는 아편의 흡연을 엄금하고 오직 중독자에게만 치료상 흡연을 인정하는 점금주의에 근거한 아편정책의 시행이 적합하다고 강조하였다.

---

47 朴橿, 『中日戰爭과 阿片: 내몽고지역을 중심으로』, 지식산업사, 1995, 64쪽.
48 禁煙總局, 『阿片及麻藥關係法令集』, 1941, 1~2쪽.
49 日滿實業協會, 『滿洲國阿片制度と阿片の槪念』, 1936, 2~3쪽.

제4장 재만 한인의 아편마약 밀매 ▪ 155

그러나 실제로 엄금정책을 시행하지 않고 점금주의에 근거한 아편정책을 선택한 데는 또 다른 이유가 있었다. 일본은 청일전쟁 직후 식민지화한 대만에서 엄금정책을 시행하기 위해 필요한 인력에 대해 언급한 바 있었다. 당시 대만에서 엄금정책을 실시할 경우 연간 2개 사단 이상의 군대가 수년에 걸쳐 정책수행을 해야 한다고 하였다. 만주지역은 대만과 비교하여 훨씬 넓은 면적과 많은 인구를 갖고 있으며 삼면이 육지로 둘러싸여 있어 관리가 어려운 환경을 가지고 있다. 만주지역에서 엄금정책을 실시할 경우 경비와 동원 인원의 규모가 대만에 비해 훨씬 클 수밖에 없었다.[50] 만주국 건국 직후 일본은 공장설비와 관영화 사업의 추진으로 정부자금의 여유가 없는 상황이었다.[51] 따라서 엄금정책의 시행은 정부의 경비 부담을 가중시킬 우려가 컸고 반면 점금정책의 경우 아편전매에 따른 이익을 동반하는 것이었기 때문에 자금이 부족한 일본에게 매력적일 수밖에 없었다. 이는 만주국 건국 초기 전체 세입(歲入) 예산 6,400만 엔 가운데 아편전매 수입 예산이 1,000만 엔을 차지하였다는 사실이 증명해 주고 있다고 하겠다.[52]

1932년 11월 30일에 만주국에서는 아편정책 시행에 필요한 '아편법'과 '아편법시행령'을 공포하였다. 그 주된 내용을 보면 아래와 같다.

〈아편법〉
제1조 본법에서 아편이라는 것은 생아편, 아편연고 및 약용아편을 말한다.
제2조 아편은 흡연할 수 없다. 단 미성년자가 아닌 아편 중독자로서 치료상 필요한 경우는 예외를 인정한다.
제3조 아편의 판매 및 아편연고, 약용아편의 제조는 정부에서 행한

---
50 日滿實業協會, 위의 책, 4쪽.
51 專賣總局, 『滿洲國阿片專賣制度槪要』, 1938, 2쪽.
52 『極東國際軍事裁判速記錄(1)』, 雄松堂書店, 1968, 435쪽 ; 南滿洲鐵道株式會社經濟調査會, 『滿洲國專賣制度の現狀』, 1935, 8쪽.

다. 단 제5조 제2호 및 제3호의 규정에 의해 아편연고를 제조하는 경우는 예외로 한다.

(……)

제5조

(……)

  2. 아편소매인이 아편연고를 제조하고 또는 생아편, 아편연고 혹은 아편 흡연기구를 매매, 수수, 소유 또는 소지할 때
  3. 제2조 단서의 규정에 의해 아편흡연자가 아편연고를 제조하고 또는 생아편, 아편연고 혹은 아편흡연기구를 양수 또는 그것을 소유하고 혹은 소지할 때

제10조 정부의 허가를 받은 앵속 재배자는 생산된 생아편을 정부에 납부해야 한다. 단 당분간 지정한 아편수매인에게 판매할 수 있다. 아편수매인은 수매된 생아편을 정부에 납부해야 한다.[53]

〈아편법 시행령〉

(……)

제3조 아편흡연자는 아편소매인 이외자로부터 아편 또는 아편흡연기구를 양수받을 수 없다.
제4조 생아편, 아편연고 또는 아편흡연기구는 아편도매인에 의해 아편소매인에게, 아편소매인에 의해 아편흡연자에게 양도해야 한다.
제5조 아편도매인은 전매공서장, 아편소매인은 관할 성장이 지정한다.

(……)

제12조 앵속 재배구역 및 면적은 매년 전매공서장이 정한다.

(……)

제26조 아편수매인, 아편도매인 및 아편소매인이 지정을 받을 때는 성장 또는 전매공서장이 정한 바에 따라 보증금을 납부해야 한다.[54]

---

53 隱岐猛男, 「滿洲に於ける阿片類」, 『滿鐵調査月報』 12卷 12號, 1932, 17~20쪽.
54 隱岐猛男, 「滿洲に於ける阿片類」, 위의 책, 20~22쪽.

즉, 아편법 및 그 시행령에 의하면 일반에게는 아편의 흡연을 금지하며 미성년자가 아닌 중독자만 치료를 목적으로 흡연할 수 있도록 하고 있다. 앵속의 재배는 허가제로 하고 생산된 아편은 직접 혹은 수매인을 통해 정부에 납부하도록 하였다. 정부에 납부된 아편은 아편도매인을 통해 소매인에게, 아편소매인을 통해 다시 아편흡연자에게 양도되었다. 이들 아편도매인은 전매공서장이, 아편소매인은 관할 성장(省長)이 지정하도록 하였다.

특히 아편소매인 지정과 관련해서는 민정부 밀령 제4호(1932년 12월 22일)가 각 성장 앞으로 전달되었는데 그 훈령은 다음과 같다. 첫째, 상당한 자산 신용이 있는 자, 둘째, 공공사업에 공로가 있는 자, 셋째, 조합 혹은 합자조직 단체로서 기초가 상당히 튼튼하다고 인정된 자, 넷째, 이와 같은 물품을 취급한 경험이 있고 이후 부정을 행하지 않을 것으로 인정되는 자의 네 개 조항을 참작하여 고려할 것이 시달되었다.[55]

또한 아편의 수납과 판매 배급을 위해 만주국은 각지에 관련기구를 배치하였다. 신경(新京, 지금의 장춘)에는 아편에 관한 사무 일체를 처리하는 전매공서(專賣公署)를, 지방 대도시 6개소에는 전매서(專賣署)를 설치하였고, 분서(分署) 주재소를 각 지역에 배치하였다. 아울러 만주 전체 10곳에 10인의 도매인과 600인의 소매인을 지정하였다.[56] 이로써 만주국은 건국 초기에 앵속 재배자 → (수매인→)전매서 → 아편도매인 → 아편소매인 → 아편흡연자로 이어지는 '준(準) 아편전매제도'의 형식을 갖추었다.

만주국 '아편법'과 그 '시행령'에 나타난 내용은 초기단계의 아편제도로서 직접 전매보다는 간접 전매의 성격이 강하였다. 즉, 〈표 4-5〉

---

55 南滿洲鐵道株式會社經濟調查會, 앞의 책, 56쪽.
56 專賣總局, 『滿洲國阿片專賣制度槪要』, 6쪽.

에 나타난 바와 같이 1932년에 공포된 '아편법'과 '아편법 시행령'은 아편제도 완성을 위한 목표의 제1단계에 해당되는 것이었다. 이 단계에서는 아편전매제도가 정부에 의한 완전 관영(官營)의 형식으로 시행되는 것이 아니라 기존 상인들을 전매제도 속에 흡수시켜 아편 도매인, 소매인으로 활용한 준 아편전매제도의 형식을 띤 전매제도였던 것이다.

〈표 4-5〉 아편제도 완성을 위한 시행목표[57]

아편제도 완성을 위한 시행목표	아편제도 실시순서		
	제1기	제2기	제3기
1. 아편전매관서의 설치	분서, 지서, 분서의 설치	정비충실	동좌
2. 원료아편의 획득	지역을 지정하고 생산량을 한정한다	재배, 수납의 정비	동좌
3. 아편연고의 제도	시험적 연고판매	정비충실	동좌
4. 아편흡연자의 단속	단순등록	인허가등록	정비충실
5. 아편의 공급	도매인, 소매인의 지정	관영을 위해 도매인 폐지	관영을 위해 소매인 폐지
6. 밀거래의 단속	일반에게 장려제도 설치, 지방관헌협력, 재배지박멸	정비충실	동좌
7. 아편흡연기구의 관리	수입, 수출, 제조, 판매를 특허제한한다	정비충실	동좌
8. 아편연회의 사용금지			정부회수

이로써 1932년의 준비기간을 거쳐 1933년 1월 11일부터 만주국의 아편전매제도가 시행되었다.[58] 전매공서(專賣公署)는 이해의 수납예상량을 약 660여만 냥(1냥은 50g)으로 보고 열하성(熱河省) 및 흥안서성(興安西省)에서 그 주요부분을 공급받고 나머지는 길림성에서 구할 계획을 세웠다.[59] 따라서 이들 세 지역에 9,140경(頃, 1頃=100畝,

---

57 專賣總局, 『阿片事業槪況』, 2~3쪽.
58 滿洲帝國政府 編, 『滿洲建國十年史』(復刻本), 原書房, 1969, 267쪽.

1畝=6.1아르)의 재배면적을 지정하였다. 그러나 수매량은 절반 정도에 그치고 말았다. 이러한 결과에는 아직 법령이 철저하지 못했던 원인이 있었고 지배력이 완전치 않다는 문제가 작용하였다. 당시 만주국에는 재배 지정지역 이외에 많은 밀재배지역이 있었다. 반면 만주국 수립 직후 3천 만의 인구 가운데 확실히 통제하에 둔 것은 약 30%인 9백만 명에 지나지 않았으므로[60] 전매공서는 이러한 현실을 감안해 곧 편법으로 밀재배된 아편까지 유상 수납하기로 결정하고 현공서(縣公署)로 하여금 최선을 다해 수매하도록 하였다. 이러한 노력에도 불구하고 수매량은 겨우 342만여 냥으로 수납예상량의 절반 정도를 확보하는 데 그치고 말았다.[61]

전매공서에 수납된 아편은 도매인과 소매인을 거쳐 아편흡연자에게 판매되었다. 전매제도 창설 당초 아편흡연자에게 판매된 아편은 수납 또는 몰수된 생아편으로 아무런 가공을 거치지 않은 채 공급되었다. 따라서 품질이 동일하지 않았고 함유 수분량도 일정하지 않았다. 이는 전매품의 가격을 떨어뜨렸을 뿐만 아니라 밀매아편과의 판별을 곤란하게 하여 판매정책상 또는 단속상 문제를 야기시켰다. 이에 따라 만주국은 정부에서 판매하는 생아편에 대한 규격통일에 착수하였다. 1933년 8월에 봉천전매서 한쪽에 시험실 및 작업장을 설치하고 규격 100냥 포(兩包, 1냥은 36g)의 아편을 시험 제조하였다. 1934년부터는 1냥 포의 제조에도 착수하여 제조능력을 확대시켰다.[62] 1936년부터는 도량형의 개정(1냥을 36g에서 50g으로)과 함께 규격품도 50냥 포, 반냥 포의 두 종류를 제조하였다. 이와 같이 제조된 전매아편은 1936년 3월 말일까지 당초 '아편법' 및 '시행령'에 명시된 바와 같이

---

59 南滿洲鐵道株式會社社會經濟調查會, 앞의 책, 70쪽.
60 專賣總局, 『滿洲國阿片專賣制度槪要』, 1·9쪽.
61 專賣總局, 『阿片事業槪況』, 21쪽 ; 專賣總局, 『滿洲國阿片專賣制度槪要』, 9~10쪽.
62 專賣總局, 『滿洲國阿片專賣制度槪要』, 10~11쪽 ; 專賣總局, 『阿片事業槪況』, 26~27쪽.

전매서로부터 도매인, 소매인을 거쳐 흡연증을 소지한 아편흡연자에게 판매되었다.[63]

〈표 4-6〉 연도별 추정소비량에 대한 판매실적 및 비율[64]
(단위는 兩, 1냥은 50g)

연 도	추정소비량	판매실적	동비율(%)
1932	13,500,000	241,978	1.8
1933	27,000,000	2,657,606	9.8
1934	27,000,000	5,915,149	21.9
1935	13,500,000	3,994,779	29.6
1936	27,000,000	10,096,125	37.4
1937	22,500,000	14,025,883	62.3

* 1932년도와 1935년도는 그 해의 반년분에 해당하는 수치임.

만주국 건국 직후인 1932년(1933년 6월까지)과 1933년(1933년 7월부터 1934년 6월까지)에 전매계통을 거쳐 아편흡연자에게 판매된 아편수량은 참담한 것이었다. 만주국 건국 당초 추정 아편 중독자 수는 대략 전인구의 약 3%인 90만 명 정도로 파악되었다. 1인당 1년분의 생아편 소비량을 평균 28량으로 계산한다면 전국의 중독자 90만 명에 의해 1년 동안 소비되는 생아편의 수량은 2,500만 냥 정도로 추산할 수 있다.[65] 그런데 1932년의 경우 〈표 4-6〉에 나타난 바와 같이 판매실적은 241,978냥에 불과하였다. 이것은 만주국의 6개월분 추정 아편소비량 1,350만 냥의 1.8%에 불과한 것이었다. 이러한 저조한 수치는 만주국정부가 당초 만주지역에서 아편확보가 어려울 것을 예상하고 이란산 아편을 수입함으로써 전매아편의 판매업무가 그 해 3월 17일을 기해 시작되었다는[66] 점과도 관계가 있었다. 1933년의 경우 추

---

63 專賣總局, 『滿洲國專賣槪要』, 23쪽.
64 專賣總局, 『阿片事業槪況』, 38쪽.
65 專賣總局, 『滿洲國阿片專賣制度槪要』, 2쪽.

정 아편소비량 2,700만 냥 가운데 전매를 통해 판매된 비율이 9.8%로 대폭 상승하였으나 여전히 전매를 통한 판매비율은 저조함을 벗어나지 못한 것이 사실이었다.

전매아편의 수납 및 판매 부진을 만회하기 위한 방법으로 만주국에서는 밀재배와 밀거래에 대한 강력한 탄압을 실시하는 한편 가격정책을 활용하였다. 만주국에서 아편전매를 시행하는 데 있어서 최초 2, 3년간은 제도가 확립되기 어렵다고 보았다. 시행 초기 이 지역에는 밀매세력이 널리 퍼져있는 상태였고, 일본의 지배력과 교통상황 역시 안정되지 않은 상황이었기 때문이다.[67] 그리고 그 해결 방안으로 밀재배 밀거래에 대한 강력한 탄압은 물론 보상, 판매가격에 대한 신축적인 운용을 통해 밀매세력에게 경제적 압박을 가함으로써 성과를 기대할 수 있다고 예상하였다.[68] 즉, 정부의 수납보상가격을 부정아편의 출하가격보다 높이 책정하고, 판매가격을 부정거래의 가격보다 낮게 책정하게 되면 아편생산자나 소비자들은 단속의 위험을 무릅쓰고 밀거래를 하지 않을 것으로 판단하였던 것이다.[69]

여기서 만주국정부는 전매제도가 확립되지 못한 상황에서 과도기적이지만 기존에 아편거래에 종사한 인력과 조직을 최대한 활용하고자 하였다. 1932년 말에 공포된 '아편법' 제10조에 명시된 바에 의하면 정부의 허가를 받은 양귀비 재배자는 생산된 생아편을 정부에 납부해야 하며, 단 당분간은 정부가 지정된 아편수매인에게 판매할 수 있다고 하였다. 이에 따라 시행 초기인 1933년에는 쟝위쉔(張玉軒) 등 종래의 유력한 아편상인을 수매인으로 지정하여 수매를 담당시켰다. 또한 1933년도 열하지역에서 종전 아편상인과 농민과의 결합관

---

66 滿洲帝國政府 編, 앞의 책, 267쪽.
67 專賣總局, 『滿洲國阿片專賣制度槪要』, 6쪽.
68 專賣總局, 『阿片事業槪況』, 38쪽.
69 專賣總局, 『滿洲國阿片專賣制度槪要』, 6~7쪽.

계가 깊어 일반농민들이 정부에 매각하기를 꺼려하자 1934년 4월 20일에 다시 열하지역의 유력한 아편상인 17명을 선발, 쟝위쉬엔을 총경리(總經理)로 대만공사(大滿公司, 1936년에 大滿號로 개칭)를 설립케 하여 이 지역 아편수매에 종사하게 하였다.[70]

아편전매제도 시행 초기인 1932년과 1933년도의 저조한 판매실적을 볼 때 전매아편을 판매하는 아편소매인 문제 역시 순조롭지 않았음을 알 수 있다. 만주국 수립 이전부터 아편밀매와 관련이 깊으며 만주국 수립 이후에도 일본인과 같이 계속해서 치외법권이 주어진[71] 한인 아편밀매업자는 만주국 아편전매제도의 조속한 확립을 둘러싸고 일본과 만주국 당국의 주요 관심의 대상이었다. 따라서 만주국 수립 이후 한인 아편밀매자에 대한 일본과 만주국 당국의 대책과, 그리고 한인의 대응을 좀 더 구체적으로 살펴볼 필요가 있겠다.

4. 한인의 아편마약 밀매와 만주국의 대책

만주국 건국 이후 1937년 치외법권이 철폐되기까지 재만 한인들에게는 이전과 같이 치외법권이라는 특권이 유지되었다. 1932년 9월 15일 일본이 만주국을 승인하면서 양국은 「일만의정서(日滿議定書)」를 체결하여 재만 한인에 대한 치외법권 문제를 명확히 하였다. 그것은 일본이 만주국 수립 이전부터 재만 한인을 일본제국의 신민으로서 보호한다는 명분을 내세워 재만 한인을 직접 통치하려는 목적을 위한 것이다.[72]

---

70 專賣總局, 『阿片事業槪況』, 26쪽 ; 南滿洲鐵道株式會社經濟調査會, 앞의 책, 74~77쪽.
71 申奎燮, 『帝國日本の民族政策と在滿朝鮮人』, 東京都立大學博士學位論文, 2002, 90・115쪽.
72 위와 같음.

만주국 건국 이후에도 유지된 치외법권의 존재는 재만 한인 입장에서도 악용될 소지가 있었다. 만주사변 발발 직후 재만 한인들은 만주 각지에서 중국 패잔병과 마적들로부터 막대한 피해를 입었다. 이들 패잔병과 마적들은 한인을 일본의 주구로 인식하고 패전에 대한 보복으로 한인부락을 다니며 심각한 피해를 입혔다. 피해 한인들은 농촌을 떠나 만주지역의 각 도시로 피난하였지만 앞으로의 생계가 더 큰 문제였다. 빈궁한 한인들은 도시로 모여들거나 귀국하는 등 룸펜화 현상이 심각하게 나타났다.[73] 만주국이 성립된 1932년 한인은 97%가 농업에 종사하고 있었다. 1935년에 이르러서는 전체 호수 15만 2,553호 가운데 농업호수는 76.7%에 해당되는 11만 7,000호로 감소되었다.[74] 이를 통해서도 만주국 건국 초기 한인의 도시 유입현상을 어느 정도 이해할 수 있다. 도시지역으로의 한인의 유입증가는 궁핍과 연계되어 제대로 정착하지 못한 다수 한인들을 도시의 '부정업자'로 전락시키기도 하였다. 일정한 생계수단이 없이 도시로 흘러들어온 한인의 경우 치외법권을 이용하여 쉽게 아편마약 등 '부정업'에 빠져들 수 있었던 것이다.

이 같은 상황에서 만주국은 아편전매제도의 실시와 함께 도시에 거주하는 한인 아편밀매자 가운데 귀화 한인을 아편소매인으로 지정하였다. 만주국 건국 직후 관동군의 조사에 의하면 재만 한인 중 2만 명 이상이 생계유지를 위해 아편밀매에 종사하고 있었다.[75] 재만 한인들은 아편밀매 종사뿐만 아니라 아편소매 자격을 얻기 위해 만주 각 지역에서 움직임을 보였다.[76] 만주국 아편전매제도의 조속한 확립을 위

---

73 孫春日, 『滿洲國』의 在滿韓人에 대한 土地政策研究』, 백산자료원, 1999, 148~154쪽.
74 김경일·윤휘탁·이동진·임성모, 앞의 책, 87쪽.
75 「昭和8年1月10日 在新京武藤大使로부터 內田外務大臣앞 電報」, 『自昭和7年1月 至同17年9月 阿片其他毒劇藥取締關係雜件 滿洲國の部(이하 『滿洲國の部』로 약칭함)』(대한민국국회도서관소장 마이크로필름자료), S42501-60.

해서도 재만 한인들에 대한 아편소매인 지정이 필요하였다. 이와 관련하여 1933년 1월 21일 신경(新京)에 주재하던 무토(武藤) 일본대사가 우치다(內田) 일본 외무대신에게 보낸 전보와 남만주철도주식회사 경제조사회에서 편찬한 『만주국 전매제도의 현상(滿洲國專賣制度の現狀)』을 보면,

> 만주국정부에서는 금번 아편전매제도 실시에 당해 귀화 조선인(歸化朝鮮人)을 아편도매인 또는 소매인으로 지정한 것은 누차 각지 영사로부터의 보고에 의해 받아들인 것이다. 우리 측은, 조선인의 귀화는 그것을 인정할 수 없는 것으로 당연히 이들 선인(鮮人)에 대해서도 법권을 행사한 결과 형법 및 1927년 외무성령 제8호에 의해 단속하지 않을 수 없다. 이러한 것은 다수 조선인의 생계를 빼앗는 일이 되고 또한 종래 선인의 아편밀매 등에 관해 상당수 가감해 온 사정도 있어, 본건 지정을 묵인함(단 다른 관계도 있기 때문에 선인의 귀화를 묵인하는 것과 같은 결과가 되지 않도록 각지 영사에게 주의를 요한다)과 함께 가능한 한 다수 조선인이 이익을 균등하게 얻을 수 있도록 조합을 조직하도록 내부에서 지도하는 것이 적당하다.[77]

> 이에 귀화 선인(歸化 鮮人)이라는 것은 종래 선인(鮮人)의 아편류 밀매에 종사하는 자가 다수 있었으나 전매제도 실시로 철저히 단속된 결과 생업을 잃어버리는 이유가 되었기 때문에 이들 가운데 적당한 자를 선발하여 구제의 의미로 소매인 자격을 부여한 것을 말하는 것이다. 단 선인 명의로는 허가될 수 없기에 만주국에 귀화하는 형식을 채택한 것이다. 물론 그것으로 인해 밀매 선인이 전부 단속된 것은 아니다.[78]

---

76 「昭和8年1月10日 在吉林森岡總領事代理로부터 內田外務大臣앞 電報」, 『滿洲國の部』, S42501-57.
77 「昭和8年1月21日 在新京武藤大使로부터 內田外務大臣앞 電報」, 『滿洲國の部』, S42501-73.
78 南滿洲鐵道株式會社社會經濟調查會, 앞의 책, 65쪽.

라고 하였듯이 일본은 재만 한인들의 생계와 아편밀매에 종사하고 있는 현실을 감안하여 만주국정부와의 협의를 통해 재만 한인을 전매아편의 지정인으로 지정할 수 있도록 하였다. 만주지역 아편전매제도의 조속한 확립을 위해서도 재만 한인 밀매자를 제도권 속으로 편입시켜야 할 필요성이 있었던 것이다. 또한 과거 일본이 한인의 아편밀매를 묵과하거나 조장한 면이 있었으므로 한인의 아편밀매 사정이 다소 감안되었다고 볼 수 있다.

여기에서 재만 한인의 귀화를 인정하지 않은 일본이 아편전매제도를 위해 만주국정부와 협의하여 귀화 한인을 인정한 것은 매우 예외적인 경우였다. 그것은 일본과 만주국 사이에 법적인 문제와 관련이 있다고 생각된다. 앞의 첫 번째 인용문에도 언급되어 있듯이 한인 아편업자는 만주국의 아편도매인 또는 소매인으로 지정된다고 하더라도 '일본국 신민'의 신분을 갖고 있기에 만주국의 아편법이 아닌 일본형법 및 1927년 외무성령 제8호에 의해 단속의 대상이 될 수밖에 없었다. 따라서 앞의 두 번째 인용문에 언급된 바와 같이 재만 한인의 명의로는 아편소매인으로 허가받을 수 없으므로 일본과 만주국이 합의하여 만주국으로 귀화시키는 형식을 채택한 것이다. 일본과 만주국 사이의 이와 같은 엄격한 법적용에는 만주국이 자주독립국임을 보이기 위한 의도가 포함되어 있었다고 생각된다.

만주국정부에 의해 아편밀매에 다수 종사하던 재만 한인들이 아편소매인으로 지정됨으로써 기대했던 밀매의 감소 현상은 나타나지 않았다. 이에 대해 신경에 있던 구리하라(栗原) 일본 대리대사가 1933년 8월 1일 일본 외무성 우치다 외무대신에게 보낸 전보에 의하면,

> 본년 3월 만주국 아편법 시행 당시 조선인 밀매자가 점차 감소되는 징후가 있었다. 그러나 최근 단속이 충분하지 않기 때문에 만주 각지, 특히 도회지에서는 오히려 증가하는 징후가 나타났다. 현재 치치하얼(齊

齊哈爾) 100호, 하얼빈(哈爾賓) 625호, 신경(新京) 120호, 봉천(奉天) 350호, 길림(吉林) 70호, 안동(安東) 44호 합계 1,300호 이상으로 증가하였다. 이는 만주국 전매실시에 커다란 영향을 줄뿐 아니라 조선인 자체를 타락하게 만들고 다른 선량한 조선인에게도 악영향을 미칠 수 있으며 나아가서는 재만 조선인 지도상 좋지 않은 결과를 초래할 수 있으므로……[79]

라고 하였듯이 만주국의 아편전매제도 실시와 함께 재만 한인들이 소매인으로 지정되었음에도 불구하고 주요 도시에서 아편밀매에 종사한 한인 호수는 줄어들지 않았다. 이는 만주국의 아편전매제도 확립에 악영향을 미칠 수 있는 것이었다.

재만 한인의 아편밀매가 감소되지 않은 주된 원인에 대해 일본 측은 소매인 지정이 아편밀매자에 비해 너무 적었기 때문이라고 분석하였다. 따라서 한인을 포함하여 소매인 수를 증가시키는 방법이 선택되었다.[80]

실제로 만주 각지에서 한인 아편밀매 종사자 수에 비해 아편소매인 지정이 너무 적다는 불만이 많이 제기되었다. 1933년 초 하얼빈의 연관 수는 한인 경영이 약 400호, 만주인 경영이 100호로서 한인이 경영하는 연관이 만주인에 비해 훨씬 많았다.[81] 그럼에도 불구하고 만주국의 아편전매 실시과정에서 이 지역 한인 아편밀매자 수에 비해 아편소매인 지정이 턱없이 부족하여 밀매가 방지되기 어려웠던 것이다. 즉, 만주국은 하얼빈의 아편소매인으로 만주국인 24명을 지정하

---

79 「昭和8年8月1日 在新京栗原代理大使로부터 內田外務大臣앞 電報」, 『滿洲國の部』, S42501-111.
80 「昭和8年8月1日 在新京栗原代理大使로부터 內田外務大臣앞 電報」, 『滿洲國の部』, S42501-113.
81 「昭和8年1月11日 在哈爾賓森島總領事로부터 內田外務大臣앞 電報」, 『滿洲國の部』, S42501-61.

였는데, 한인은 겨우 6명을 허가했을 뿐이었다. 그리고 6명의 소매인 영업권을 이용하여 종래의 한인 밀매자 140여 호로 하여금 조합조직을 구성하고 이익을 나누도록 하였다. 원래 이 지역의 아편밀매자가 거의 한인이었던 상황을 감안한다면 만주국인과 한인에 대한 소매인수의 할당은 실정에 맞지 않는 것이었다. 따라서 위 조합에 참가하지 않은 다수의 한인들은 다른 업종으로 전업하지 않고 계속 아편밀매에 종사하였다. 그 결과 전매국 측의 아편매상은 부진을 면치 못하였던 것이다.[82]

그 밖의 다른 주요 도시지역 한인의 아편소매인 지정 역시 유사하였다. 치치하얼(齊齊哈爾) 한인의 경우도 만주사변 직후 경제적 어려움이 가중되면서 대다수가 아편 등 부정업에 종사하게 되었다. 일본군이 이 지역에 입성한 후 한인의 궁핍한 상황을 감안하여 단속을 관대히 하는 경향이 있자 한인 '부정업자'들이 속속 이 지역에 모여들어 공공연히 연관을 개설하였으며 그에 따라 그 수가 종전에 비해 두드러지게 증가하였다. 이로써 만주사변 직후 이 지역 거주 한인 451명, 120호 가운데 자택 내 연관 개설자는 무려 100호에 달해 거의 대다수를 차지하였다. 게다가 남은 12호는 아편밀매에 종사하고 있었다.[83] 아편전매제도가 실시되면서 이 지역에서도 한인을 포함한 아편소매인이 지정되었는데, 이 지역의 소매인으로 지정된 10명 가운데 귀화한인은 불과 3명에 불과하였다. 이들이 120명으로 조직된 조합을 운영해 한인의 생활을 지탱하기는 어려운 상황이었다.[84] 봉천지역의 경

---

82 「昭和8年7月17日 在哈爾賓森島總領事로부터 內田外務大臣앞 電報」,『滿洲國の部』, S42501-82.
83 「昭和7年1月3日 在哈爾賓大橋總領事로부터 犬養外務大臣앞 電報」,『滿洲國の部』, S42501-107.
84 「昭和8年2月2日 在齊齊哈爾內田領事로부터 內田外務大臣앞 電報」,『滿洲國の部』, S42501-78.

우도 만주사변으로 인해 오지로부터 피난 온 한인이 원지에 귀환하지 않고 도시에 머물면서 '부정업'에 종사하는 사람이 다수 있었고 이들 역시 아편소매소의 권리를 취득하였다.[85]

사실 소매인 지정에 있어서 당시 현실에도 불구하고 만주인에게 많은 혜택이 돌아간 것은 당연한 것이었다. 치외법권이 철폐되기 전까지 한인은 일본의 신민으로 분류되어 만주국인에 속하지 못하였다. 그러므로 스스로 독립국이라고 자처하는 만주국정부의 입장에서는 이곳의 민족인 만주국인을 우선 고려해야 함은 자명한 것이었다.[86] 이러한 것은 아편전매제도의 소매인 지정에서도 반영되어 한인보다는 만주국인에게 더 많은 혜택이 돌아갔던 것이다.

그러나 아편이 성행한 주요 도시 대부분에서 아편소매인 수가 적다는 불만이 계속적으로 제기되고 있었다. 이에 만주국은 전 만주에 걸쳐 귀화 한인을 비롯한 일반 소매인 수를 증가시킬 것을 결정하였다.[87] 아편밀매를 방지하고 전매제도를 조속히 확립하기 위해 만주 전체를 대상으로 620명의 아편소매인을 증가시켰다. 봉천성에 300명, 길림성 150명, 흑룡강성 120명, 하얼빈 경찰청 30명, 수도 경찰청 20명으로 각각 할당되었다.[88]

소매인 증가와 관련하여 민정부로부터 지방당국에 한인에 관한 몇 가지 지령이 하달되었다. 즉, 귀화 한인의 지정할당은 위 인원 중에 포함할 것, 귀화 한인의 예정인원 수는 민정부의 내락을 받아 결정해야 하며, 귀화 한인의 지정 선정은 영사관, 경찰서, 거류민회 각 당국

---

85 「昭和9年3月1日 在奉天蜂谷總領事로부터 內田外務大臣앞 電報」, 『滿洲國의 部』, S42501-158.
86 한석정, 앞의 책, 174쪽.
87 「昭和8年8月16日 在吉林森岡總領事代理로부터 內田外務大臣앞 電報」, 『滿洲國의 部』, S42501-92.
88 「昭和8年8月14日 在新京栗原代理大使로부터 內田外務大臣앞 電報」, 『滿洲國의 部』, S42501-89.

과 신중히 회의를 거쳐 처리할 것 등의 지령이었다. 또한 지정을 인정하는 것은 일본과 만주국과의 합의에 의해 일회로 한정된 것임을 밝혔고 차후 다시 그것을 인정하지 않을 것임을 분명히 하였다.[89]

실제로 재만 한인의 아편밀매 등이 감안되어 각 주요 도시의 한인 아편소매인 수 역시 증가되었지만 이는 잠정적인 조치일 뿐이었다. 하얼빈주재 일본영사관은 이 지역 한인들의 오랜 경험과 습관 및 현재의 상황 등을 감안해 볼 때 현 시점에서 전업한다는 것은 사실상 어렵다고 보았다. 따라서 생계해결을 통해 점차 전업을 유도하고 밀매단속을 엄중히 하는 순서로 해결해야 한다는 입장을 세웠다. 이에 한인 소매인을 10명 증가시키고 그것에 따라 조합원도 550명 내외로 증가 혹은 새로운 조합을 조직하도록 하였다. 이러한 조장을 통해 밀매가 단절되도록 하고 동시에 합법적으로 생계문제를 해결해 가면서 전업하도록 한다는 것이고 나머지 밀매자에 대해서는 엄중한 단속을 적용하는 방법밖에 없다는 입장이었다.[90] 치치하얼의 경우 역시 아편소매인 7명을 증가시켜 이미 지정된 3명과 함께 10명으로 운영하도록 계획을 세웠다.[91] 이 지역의 경우 만주국인 20명, 귀화 한인 10명으로[92] 되어 만인과 한인의 지정비율은 과거 7대 3에서 2대 1로 상승하였다. 신경의 경우는 기존보다 10명을 증가시켰다.[93] 봉천시의 경우 만인은 62명, 한인은 10명으로, 길림시의 경우 만인은 33명, 한인

---

89 「昭和8年8月14日 在新京栗原代理大使로부터 內田外務大臣앞 電報」, 『滿洲國の部』, S42501-89.
90 「昭和8年7月17日 在哈爾賓森島總領事로부터 內田外務大臣앞 電報」, 『滿洲國の部』, S42501-84.
91 「昭和8年8月4日 在齊齊哈爾內田領事로부터 內田外務大臣앞 電報」, 『滿洲國の部』, S42501-122.
92 南滿洲鐵道株式會社經濟調査會, 앞의 책, 63쪽.
93 「昭和8年1月11日 在新京菱刈大使로부터 內田外務大臣앞 電報」, 『滿洲國の部』, S42501-96.

은 6명으로 증가되었다.94

일본영사관은 만주국의 아편소매인 증가 지정과 관련하여 이 같은 조치들은 잠정적인 것일 뿐 서둘러 '정업'으로 전환시켜야 한다고 보았다. 즉, 한인으로 하여금 아편소매에 종사케 하는 것은 일반 한인 지도상 좋지 않기 때문에 소매인 지정을 통한 영업은 단기간의 잠정적인 방법일 뿐이라는 것이다.95 이로써 하얼빈의 경우 1934년 3월 말까지, 치치하얼의 경우는 1934년 5월을 기해 정업을 갖지 않은 한인에 대해 농장을 알선하여 이주시킬 방침을 계획하기도 하였다.96

그러나 1934년 이후에도 한인 아편소매인들은 위임경영을 통해 아편소매업을 계속하였다. 당초 1934년 봄까지로 되어 있던 각지 한인의 아편소매인 자격은 기한이 되자 원칙적으로는 아편소매인 영업이 취소되었다. 하지만 재만 한인들의 경우 아편업에서 다른 업종으로의 전업이 쉽지 않다는 점과 만인(滿人)이 경영하는 아편소매업의 채산성이 좋지 않다는 점이 작용하여 위임경영 방식으로 한인들이 계속 아편소매업을 지속하도록 하였다.97

결과적으로 만주국의 한인 아편소매인 지정을 통한 전매아편의 판매증대 계획은 그 성과가 크지 않았다. 과도기적으로 한인 아편소매

---

94 南滿洲鐵道株式會社經濟調查會, 앞의 책, 60~62쪽.
95 「昭和8年1月11日 在哈爾賓森島總領事로부터 內田外務大臣앞 電報」,『滿洲國の部』, S43501-61 ; 「昭和8年1月21日 在新京武藤大使로부터 內田外務大臣앞 電報」,『滿洲國の部』, S43501-73 ; 「昭和8年8月4日 在哈爾賓森島總領事로부터 內田外務大臣앞 電報」,『滿洲國の部』, S43501-119 ; 「昭和8年8月4日 在齊齊哈爾內田領事로부터 內田外務大臣앞 電報」,『滿洲國の部』, S43501-122.
96 「昭和8年8月4日 在哈爾賓森島總領事로부터 內田外務大臣앞 電報」,『滿洲國の部』, S43501-119 ; 「昭和8年8月4日 在齊齊哈爾內田領事로부터 內田外務大臣앞 電報」,『滿洲國の部』, S43501-122.
97 「昭和9年4月24日 在齊齊哈爾內田領事로부터 廣田外務大臣앞 電報」,『滿洲國の部』, S43501-47 ; 「昭和9年4月28日 在新京菱刈大使로부터 廣田外務大臣앞 電報」,『滿洲國の部』, S43501-49.

인 지정을 통해 전매아편의 판매를 증대시키고 아편소매인에 지정되지 않은 아편밀매 한인의 경우 정업으로의 전업과 철저한 밀매단속을 계획하였지만 별다른 성과를 거두지 못하였다. 〈표 4-6〉이 보여주듯이 아편소매인이 지정된 첫해인 1932년은 물론 소매인 지정이 대폭 증가된 1933년의 경우도 역시 전매아편의 판매실적은 추정소비량의 10%를 밑도는 결과를 낳았다. 1934년의 경우 그 전해에 비해 두 배 이상으로 판매비율이 늘었지만 여전히 추정소비량의 1/5에 불과한 정도였다.

중일전쟁 발발 이후 '일본국 신민'에 대한 치외법권 철폐를 앞둔 1937년 10월 만주국은 갑자기 '아편마약단금방책요강(阿片麻藥斷禁方策要綱)'을 발표하여 아편마약에 대한 근절의지를 표방하였다. 일본은 만주지역에서 제1차에 이어 1937년 11월 5일 제2차로 치외법권을 철폐하고 만철부속지(滿鐵附屬地)의 행정권을 만주국에 반환하였다. '일본국 신민' 역시 앞으로 만주국의 법령에 복종해야 했다.[98] 치외법권의 철폐는 만주국이 일본인과 한인의 아편마약 밀거래에 대해 사법권과 경찰권을 행사할 수 있게 된 것을 의미하였다. 치외법권의 철폐를 몇 개월 앞둔 1937년 10월에 만주국은 '아편마약단금방책요강'을 발표하여 1938년부터 10년 이내에 아편 중독자를 근절시키겠다는 의지를 밝혔다. 그 주요 내용을 보면, 금연교육과 사상을 강화·보급하고, 아편흡연 허가제도를 강화하며, 25세 이하의 청년에 대해서는 흡연허가증의 발급을 엄격히 금지하고, 중독자 등록제도를 확립하여 흡연자들을 완전히 파악한다는 것이었다. 이와 함께 현행 아편소매소를 폐지하여 공영의 관연소(管煙所)로 개편하고 강생원(康生院)을 설치하여 중독자를 치료함으로써 아편근절에 만전을 기하겠다고 하였다. 즉, 〈표 4-5〉에 나타난 아편제도 완성을 위한 시행목표

---

98 滿洲國史編纂刊行會, 『滿洲國史總論』, 滿蒙同胞援護會, 1970, 501~504쪽.

제3기와 같이 '준 아편전매제도'에서 실질적인 아편전매제로의 이행을 선언한 것이었다. 마약의 밀제조, 밀수, 밀매 역시 성행하고 있었는데 치외법권의 존재 등을 이유로 1937년 7월 22일에 이르러서야 마약법을 공포하고 같은 해 9월 15일부터 마약법 시행에 들어갔다.[99]

만주국에서는 마약법 시행과 함께 1938년부터 시행되는 아편마약에 대한 금지정책을 위해 아편과 마약 '부정업자'에 대한 일제 검거가 이루어졌다. 즉, 1937년 9월경에 전 만주에 걸쳐 아편 및 마약 '부정업자' 약 1만 명에 대한 검거방침이 세워졌다.[100] 이와 관련하여 1937년 10월 8일 우에다(植田) 일본대사가 히로타 고키(廣田弘毅) 일본 외무대신에게 보낸 전보와 같은 해 10월 23일 마쓰자와(松澤) 조선외무부장이 히로타 고키(廣田弘毅) 외무대신에게 보낸 전보를 통해 '부정업자' 검거에 관한 구체적인 상황을 알 수 있다.

  일만(日滿) 관헌의 검거 수는 대사관(영사관 관내) 내지인(內地人) 412, 선인(鮮人) 2428, 계 2840, 관동국(關東局 부속지주내) 내지인(內地人) 187, 선인(鮮人) 400, 만인(滿人) 699, 계 1286, 만측(滿側 현재까지 판명분) 만인(滿人) 1483, 러인(露人) 10, 계 1493, 총수 5619명, 단 위 가운데 약 1할은 아편마약류 부정업자 이외의 중독자, 불량자 등이다.[101]

10월 21일 현재 만주 각지의 부정업자 중 선인(鮮人) 검거 수는 아래 기록과 같다.

---

99 滿洲國史編纂刊行會, 『滿洲國史各論』, 滿蒙同胞援護會, 1971, 1221쪽 ; 滿洲帝國政府 編, 앞의 책, 268~270쪽. 만주국의 아편단금정책에 대해서는 필자의 논문(「滿洲國阿片斷禁政策의 再檢討」, 『釜大史學』 23집)을 참조할 것.
100 「昭和12年8月18日 在新京植田大使로부터 廣田外務大臣앞 電報」, 『滿洲國の部』, S43501-191.
101 「昭和12年10月8日 在新京植田大使로부터 廣田外務大臣앞 電報」, 『滿洲國の部』, S42501-199.

(1) 하얼빈(哈爾賓) 605, 길림(吉林) 232, 간도(間島) 653, 하이라얼(海拉爾) 7, 치치하얼(齊齊哈爾) 117, 수분하(綏芬河) 117, 적봉(赤峰) 7, 승덕(承德) 52, 신경(新京) 33, 봉천(奉天) 22, 안동(安東) 2, 금주(錦州) 89, 계 2,636

(2) 밖으로 관동주 및 부속지에서의 관동국의 검거 수 400, 총계 3,036[102]

위의 첫 번째 전보를 보면 '부정업자' 검거 수가 당초 1만 명의 절반 정도를 상회하였으며 검거 총수 가운데 한인이 절반을 차지하였음을 알 수 있다. 만주국에서 적지 않은 한인들이 '부정업'에 종사해 왔음을 확인할 수 있으며 아울러 이러한 대규모 검거는 앞으로 한인의 '부정업' 종사가 쉽지 않음을 시사한 것이라고 하겠다. 또한 10월 8일의 보고전문과 23일의 보고전문의 한인 '부정업자' 검거 수는 약 208명 정도 차이를 보이는데 이것은 아마도 15일 동안 증가된 검거인 수가 아닌가 생각된다.

아편마약 '부정업자'에 대한 검거는 1938년과 1939년에도 대대적으로 이어졌다. 2년에 걸쳐 밀매 연관(煙館)과 마약밀매자에 대한 일제 검거가 지속적으로 시행되어 3,842명이 마약관계로, 11,668명이 아편관계로는 체포되어 사법처리되었다.[103] 사법 처리된 사람 가운데 한인이 어느 정도를 차지했는지는 알 수 없지만 1937년의 검거 비율 등을 감안해 볼 때 적지 않았을 것으로 추정된다.

이와 함께 '아편마약단금방책요강'에 근거하여 1938년 5월 1일부터 아편소매소가 폐지되고 점차 공영으로 이행되면서 한인의 아편 등 '부정업' 종사는 더욱 어렵게 되었다. 당초 아편소매인 폐지와 공영으로의 전환은 1940년 말까지 완료할 계획이었으나 예정보다 1년 이른

---

102 「昭和12年10月23日 在京城松澤朝鮮外務部長으로부터 廣田外務大臣앞 電報」, 『滿洲國の部』, S42501-200.

103 山田豪一, 앞의 책, 890~891쪽.

1939년에 완료되었다. 따라서 1937년 이후 아편마약 '부정업'에 대한 대대적인 검거와 아편소매인 폐지로 아편 관련업에 종사하던 한인들은 위험을 무릅쓰고 이 업종을 지속해 나가거나 새로운 길을 모색해야 했다. 이러한 조치에 따라 〈표 4-2〉와 같이 1937년도 추정소비량에 대한 전매아편의 판매실적이 60% 이상 넘었으며, 그 전해인 1936년과 비교해 보아도 25% 급증하게 되었다.

한편 1937년 중일전쟁 발발 이후 만주국의 아편마약정책이 변화하고 '일본국 신민'에 대한 치외법권이 철폐되자 더 이상 '부정업'에 종사하기 힘든 한인 가운데 일부는 일본의 침략전쟁의 확대와 함께 화북으로 이동하기도 하였다. 1937년의 대대적인 아편마약 '부정업자'에 대한 검거가 만주국 당국에 의해 대대적으로 선전됨에 따라 위협을 느낀 대규모 밀조업자들은 일찍 화북지역으로 이전하게 되었다.[104] 니콜슨(M.R. Nicholson)의 정보에 의하면, 당국이 봉천, 하얼빈, 대련 근교에 있는 일본인과 한인 업자의 공장을 폐쇄하고 화북과 차하얼(察哈爾)로의 이전을 권유함으로써 규모가 큰 밀조업자들은 마약법 시행 이전에 이미 내몽고의 장가구(張家口), 천진(天津)으로 이전을 완료하였다.[105] 또한 북경주재 일본대사관 촉탁 와타나베(渡邊寅三郎)의 조사에 따르면, 중일전쟁을 계기로 대륙으로 진출한 한인 가운데 많은 경우는 처음부터 마약의 밀조, 밀매를 지향하고 밀매업의 중심지인 북경과 천진을 중심으로 일본군이 진격하는 화북 전 지역으로 위험을 무릅쓰고 마약을 운반하였다.[106] 이와 같이 만주에 있

---

[104] 山田豪一, 앞의 책, 891쪽.
[105] 1937년 10월 27일 니콜슨 (前)상해주재미국대사관부속 재무관리,「滿洲國阿片獨占的管理, 其ノ組織, 活動並ニ1937年ニ於ケル滿洲國阿片狀況」,『極東國際軍事裁判 檢察側證據書類』81卷, 文書番號9532.
[106] 在北京日本大使館囑託 渡邊寅三郎,「華北に於ける麻藥秘密社會の實體」, 岡田芳政 外 編,『續現代史資料(12) 阿片問題』, みすず書房, 1986, 416쪽.

었던 큰 규모의 한인 마약밀조업자들 중 일부는 일본인 마약 밀조업자들과 함께 만주국의 아편마약정책의 변화와 일본의 침략전쟁의 확대로 새로운 점령지인 화북으로 옮겨갔던 것이다.

5. 소결

만주국 수립 이전부터 만주지역의 주요 도시에는 아편마약의 밀거래와 아편 연관업에 종사하는 한인이 있었다. 이들 한인들은 외국인으로서 일본, 러시아인과 함께 아편마약 밀매로 주목을 받았다. 재만 한인의 아편마약업 종사는 이중국적에 따른 불안정한 법적지위와 생계유지 문제, 그리고 일본 영사관의 암묵적인 묵시 내지 지지와 관련이 깊었다. 전체 만주거주 한인의 수와 비교해 보면 수적으로는 소수이지만 그들의 활동이 일본의 주구로 비쳐져 만주지역의 중국인과 중국 당국의 비난을 감수해야 했다.

만주국 수립 이후 일본은 아편근절을 명목으로 아편전매제를 시행하였는데 최대의 장애 요소는 아편의 밀재배와 밀매문제였다. 이를 해결하기 위해 잠정적으로 이 지역에서 아편업에 종사해왔던 인력과 조직을 활용하였다. 과도기적으로 수매는 종래의 아편상인을 수매인으로 지정하고 더 나아가서는 이들로 하여금 수매회사를 만들도록 하였다. 전매아편의 판매의 경우 이들 인력을 도매인과 소매인으로 지정하였다.

만주국은 아편전매제도 시행을 위한 아편소매인 지정과정에서 한인 역시 각 주요 도시의 소매인으로 지정하였다. 그것은 주요 도시의 한인들이 아편밀매에 많이 종사하고 있다는 점과 아편밀매가 한인의 생계유지와 밀접하다는 점, 그리고 과거 한인의 아편밀매를 일본이 암묵적으로 묵인 내지 지지해온 점 등이 감안되었기 때문이었다. 게다가 밀매단속을 통한 조속한 아편전매제도의 확립을 위해서도 한인들을 적당히 제도권 안에 포함시킬 필요가 있었다. 이때 한인은 '귀화 한인'을 의미하였다. 한인이 '일본국 신민'의 신분을 갖고 있어 그대로 만주국의 아편소매인으로 지정할 경우 법적으로 문제의 소지가 있었다. 한인의 귀화를 인정하지 않던 일본은 아편문제에 한해 예외적으로 '귀화 한인'을 인정하였다. 당시 한인들은 일본의 만주점령으로 침략의 도구로서 이용가치가 상실되었고 스스로 독립국임을 자처하는 만주국정부로서도 만주국인을 우선 고려해야 했기에 아편소매인 지정과정에서 제대로 대우를 받지 못하였다.

아편소매인 지정에도 불구하고 만주국 전매아편의 판매는 별다른 성과를 거두지 못하였다. 그 주요 원인으로 아편소매인 지정 수가 너무 적었다는 지적이 나오자 다시 대대적으로 그 수를 증가시켰다. 지역별로 한인을 포함하여 한시적으로 아편소매인 수가 증가되었고 그 외 아편종사자에 대해서는 대대적인 단속이 진행되어 전업이 유도되었다. 전업하지 않은 자에 대해서는 농장을 알선하여 이주시킬 방침까지 세웠다. 그럼에도 불구하고 중일전쟁 발발 이전까지 전매아편의 판매상황은 절반을 상회하지 못하였다. 한인에 대한 대책 역시 성과가 크지 않았음을 알 수 있다.

치외법권의 철폐를 앞둔 1937년 10월 만주국은 돌연 '아편마약단금방책요강'을 발표하여 아편근절의 의지를 강조하였다. 아편소매인제도의 폐지와 공영제로의 전환을 포함한 요강의 발표와, 마약법의 공포와 실시, 치외법권의 철폐 등이 진행되었다. 더욱이 1937년부터 1938년과 1939년에 걸쳐 대대적으로 아편마약 부정업자에 대한 검거가 이루어졌다. 검거대상에 한인이 대거 포함되면서 더 이상 이곳에서의 아편마약업 종사는 힘들게 되었다. 그 결과 1937년의 전매아편의 판매성과는 예상치의 60%를 넘어섰으며 그 전해에 비해서는 25%나 증가되었다. 이러한 가운데 일부 한인 마약 밀조업자들은 일본의 화북침략과 더불어 일본군을 따라 다시 화북으로 이동하기도 하였다.

 요컨대 만주국 수립 전후 만주의 도시지역을 중심으로 일본의 암묵적인 비호를 받으며 아편마약업에 종사했던 한인들은 만주국 아편전매제도의 확립과정에서 일시적으로 이용되었다가 배제되는 운명을 겪었다. 일본의 만주침략 과정에서 만주침략의 도구로 이용되었던 아편마약 밀매업 종사 한인들은 만주국 수립 이후 전매아편의 조속한 확립과 밀매의 단속과정에서 일시적으로 필요에 의해 다시 이용되었다. 그러나 중일전쟁 발발 이후 완전한 전매제 시행에 따라 아편업에 종사한 한인들은 다시 배제될 수밖에 없었다. 결국 일본의 만주침략 과정에서 한인들이 침략의 도구로 이용되었듯이 만주국의 아편전매 과정에서도 역시 비슷한 전철을 겪었다고 하겠다.

제5장
화북 이주 한인의 아편마약 밀매

1. 중일전쟁기 일본의 화북 아편정책

1937년 중일전쟁을 통해 중국지역을 점령한 일본은 주요 아편소비 지역인 화북지역에서도 기존 식민지에서 실시해왔던 아편정책을 추진하였다. 특히 화북의 아편정책에는 여러 가지 조건의 유사성으로 만주사변기 만주국의 아편정책이 많이 차용되었다. 두 지역의 유사성으로는 우선 광대한 영역과 수많은 아편흡연자가 존재한다는 점을 들 수 있다.[1] 또한 삼면이 육지로 연결되어 있어 밀매를 단속하기 위해서는 엄청난 인력과 경비가 든다는 점이 유사하였다.[2]

그러나 만주사변기 만주국 아편정책의 경험을 바탕으로 중일전쟁 발발 후 1940년부터 시행된 화북의 아편정책은 거의 실패로 돌아갔다고 해도 과언이 아니다. 화북지역에서는 만주국과 유사한 아편제도가 공포되어 실시되었으나 별다른 성과를 거두지 못하였다. 외형적으로 두 지역이 비슷한 조건을 갖추었음에도 불구하고 화북지역의 아편정책이 실패로 돌아간 이유는 무엇이었을까?

본 절에서는 중일전쟁기 일본의 화북 아편정책을 살펴보고자 한다. 일본의 화북 점령지 아편정책에 대한 고찰은 화북 이주 한인의

---

1 만주국 전매총국에서는 만주국의 아편 중독자 수를 만주국 총인구의 3%인 약 90만 명으로 추정하였다(專賣總局, 『滿洲國專賣槪要』, 日滿實業協會, 1936, 36쪽). 亞院華北連絡部에서는 화북정무위원회 관할하에 있는 화북지역의 아편 중독자 추정 수를 170여만 명으로 보았다(興亞院華北連絡部, 「支那阿片對策に關する 打合會議提出書類」(1942. 8. 19), 岡田芳政 外 編, 『續 現代史資料(12) 阿片問題』, みすず書房, 1986, 326쪽).
2 일본은 청일전쟁 직후 식민지화한 대만에서 엄금정책을 시행하려면 연간 2개 사단 이상의 군대가 수년에 걸쳐 정책수행에 필요하다고 하였다. 대만과 비교하여 훨씬 넓은 면적과 많은 인구를 갖고 있으며 삼면이 육지로 둘러싸여 있는 만주국에서 엄금정책을 실시할 경우 경비와 동원인원이 훨씬 많을 수밖에 없다고 보았다(日滿實業協會, 「滿洲國阿片制度と阿片の槪念」(1936), 岡田芳政 外 編, 앞의 책, 224쪽).

아편마약 밀매문제의 실상을 파악할 수 있는 기반을 제공할 것이다.

1) 화북 아편정책의 성격

화북지역의 아편정책은 본 지역의 재원확보를 위해서 뿐만 아니라 인근 지역(조선, 만주, 몽강, 화북)의 아편정책 전개에도 커다란 영향을 미치고 있었기 때문에 빠른 정책의 성립이 요구되었고 본 지역의 사정만을 고려할 수는 없는 부분이 있었다.3 중일전쟁 발발과 함께 중국 화북을 점령한 일본은 이 지역에서도 역시 점금주의를 명목으로 한 수입위주의 아편정책을 전개시켜 나갔다. 이 지역은 아편의 주요 소비지였고 일본에게 있어 전략적으로 중요한 만주국 및 몽강정권과 인접해 있었다. 따라서 화북지역의 아편정책은 본 지역의 재원확보를 위해서 뿐만 아니라 그들 세력권에 대한 아편정책 전개와 밀접한 관련성이 있었기 때문에 더욱 중요시되었다. 그 결과 일본의 화북 아편정책은 아편의 근절보다는 영토적 팽창과 함께 일본의 점령지 유지 및 침략전쟁의 재창출과 맞물려 시행될 수밖에 없었다.

일본은 중국지역에서 아편정책을 수행하면서 대외적으로 늘상 아편근절을 목적으로 아편정책을 실행하는 것이라고 강조해 왔지만, 화북지역에서도 실상은 역시 재정수입과 관련이 깊었다. 1938년 10월에 일본대사관 측에서 작성한「북지에서의 아편, 마약대책지도근본방침안」에서 화북에서의 아편정책은 일본 측에서 실상에 알맞게 지도하는 것으로 하고 그러한 방침에 근거하여 지도한 결과는 재정수입에 기여해야 한다고 하였다. 또한「同요령안」에서는 본 제도가 재정수입을 목적으로 하는 것과 같은 의혹을 주지 않도록 적당한 조치를 강구하도록 규정하였다.4 대사관 측의 이러한 아편정책안이 1940

---

3 外務省條約局外務省書記官西村熊雄,「滿洲國及北支ニ於ケル阿片麻藥問題ニ關スル視察報告」, 1939, 46~47쪽.

년에 거의 그대로 시행되었다. 이와 같이 화북 아편정책에서 이 지역의 아편근절은 처음부터 고려되지 않았다. 단지 아편근절을 명목으로 한 재정수입 확보에 목적이 있었던 것이다.

일본 측과 괴뢰정권인 중화민국 임시정부와의 회담 및 중화민국 임시정부가 작성한 금연법 및 동시행법 초안과의 충돌이라는 사실을 통해서도 일본 측의 재정적 목적을 엿볼 수 있다. 1939년 4월 일본 측 흥아원과 화북의 중화민국 임시정부와의 회담에서 왕쓰환(汪時環) 임시정부 재정부장은 계연특별감정(戒煙特別勘定)과 관련하여 일본 측에 대해 특별회계를 설정하는 것인가를 질문하였다. 이에 대해 흥아원 측 아이치 기이치(愛知揆一) 서기관은 아편에 의한 수입을 계연비 및 사회시설에 충당하는 것을 원칙으로 한다고 하였다. 그리고 다른 한편 아편에 의한 수입이 예산상 혹은 결산상 외부로 분명히 나타나는 것은 제3국과의 관계를 고려하여 계연비 및 사회시설에 충당하는 한도에서 외부로 발표하고, 그 이상의 수입에 대해서는 재정부에서 내부적으로 엄중히 그 수지(收支)를 분명히 해 둘 것을 요한다고 하였다.[5]

또한 동년 5월에 임시정부 측이 작성한 금연법 및 동(同)시행법초안 가운데에서 일본 측은 중국 측이 규정한 아편흡연자의 연령제한, 아편흡연량의 결정 및 계연연한의 지정을 실시곤란 내지 부적당하다고 간주하였다.[6] 이와 같이 괴뢰정권인 중국 측 임시정부에 대한 지도과정에서도 일본은 명확한 특별회계를 설정하지 않고 아편수입의 용도를 숨기고자 하였다. 이는 아편수입을 아편금지를 위한 용도 외

---

4 「在中華民國日本大使館書類抄」, 岡田芳政 外 編, 앞의 책, 261~262쪽.
5 「興亞院, 北支臨時政府との會談要領」(1949. 4. 28), 岡田芳政 外 編, 앞의 책, 265쪽.
6 日本大使館松井囑託,「禁煙法及其の施行法草案訂正に關する件」(1939. 5. 10), 岡田芳政 外 編, 앞의 책, 273쪽.

로도 사용하려는 것이었다. 또한 중국 측이 입안한 실질적인 금연관련 법규를 부적당하다고 한 것도 금연이라는 방침에 의거해 아편정책을 추진하기보다는 재원확보에 무게를 두고 있었음을 보여준다.

한편 화북지역의 아편정책은 단순히 이 지역의 재원확보 차원에서만 추진된 것이 아니라 화중지역과 함께 중일전쟁기 일본에게 있어 전략적으로 중요한 몽강정권의 유지 차원과도 관련이 깊었다. 일본은 화북지역의 아편정책을 시행함에 있어 외화지불의 절약과 대외선전적 효과를 위해 해외로부터의 아편수입을 엄금하였다. 그리고 일본 세력권 내에서 아편을 자급시키려는 계획을 세웠는데[7] 그것은 주로 몽강으로부터의 수입과 일부 지역 내 생산을 통해서였다. 화북은 대량의 아편소비지였고 몽강정권의 재정은 아편판매에 대한 의존도가 높았던 것이다. 1938년 7월에 흥아원 문서에 의하면, 몽강에서 최대생산량의 확보에 노력하고 동시에 화북 및 화중의 일부지역을 생산 보조지역으로서 지정하여 아편을 증산할 계획이었다. 이러한 방침은 계속 유지되어 1940년 8월에 아편제도가 공포된 이후에도 화북의 아편공급에 대해 몽강 및 기타지역에서 공급하고 그 밖의 부족량에 대해서는 밀작지 및 밀거래의 관리확보와 함께 지역 내 생산으로 조달하였다.[8]

일본대사관의 마쓰이(松井) 촉탁이 예상한 1940년의 화북 아편수급상황을 살펴보면, 수요량 2,500만 냥을 지역생산을 통해 1,500만 냥을 공급하고, 몽강수입 500만 냥, 만주국수입 500만 냥을 통해 수급할 계획이었다.[9] 반면 1942년도 8월에 작성된 화북의 아편공급계획에서

---

7 「在中華民國日本大使館書類抄」, 岡田芳政 外 編, 앞의 책, 261쪽.
8 興亞院連絡委員會, 「支那に於ける阿片及麻藥政策指導腹案」(1940. 12. 27), 岡田芳政 外 編, 앞의 책, 360쪽.
9 松井囑託, 「今後五個年間に於ける臨時政府管內鴉片の需給數量調」(1939. 9), 岡田芳政 外 編, 앞의 책, 300쪽.

는 전년도 이월량 외에 몽강수입량 150만 냥, 지역 내 아편수납량 140만 냥뿐이었다. 그리고 몽강아편의 수출계획에서는 몽강의 수납 예상량 700만 냥 가운데 화북향은 150만 냥, 화중향은 376만 냥으로 계획되었다.[10] 1940년의 경우 몽강 수납아편에 근거한 수출수량에서 수납예상량 700만 냥 가운데 화북향은 500만 냥, 화중향은 200만 냥으로 예정되어 있었다. 그러나 실제로는 1940년부터 1942년까지 몽강수납 아편의 약 24.3%가 화북에 수출되었고 약 55%가 화중에 수출되었다.[11] 이와 같이 몽강산 아편의 화북판매 비중이 낮아진 것은 판매와 소비에 문제가 있었기 때문이었다. 반면 몽강산 아편의 화중에 대한 수출비중이 높아진 것은 제2차 세계대전의 영향으로 이란산 아편의 화중수입이 어려워짐에 따라 그 수요량의 대부분을 몽강산에 의존하였기 때문이다.[12] 이 또한 화북지역에서 전매아편의 판매가 부진하여 예상된 수량이 제대로 소비가 되지 않았기 때문에 야기된 결과라고 하겠다.

앞서 언급한 바와 같이 몽강산 아편의 점령지 중국에 대한 수출, 즉, 화중과 함께 화북으로의 수출은 '방공정책지구(防共政策地區)'로서 전략적으로 중요한 몽강정권의 재정유지 차원에서 중요한 것이었다. 일본은 장래 소련과의 관계를 고려하여 만주국·화북·몽강을 연결하는 일련의 지리적 연합지대를 형성함으로써 경제·군사·정치상 확고한 '방공정책지구'를 건설하려고 하였다. 따라서 일·소(日蘇) 세력이 가장 첨예하게 대립하는 지역이 중일전쟁 발발 이후 감숙·영

---

10 興亞院連絡委員會, 「昭和17年度支那阿片需給計劃數量に關する件」(1942. 8), 岡田芳政 外 編, 앞의 책, 397쪽.
11 朴橿, 『中日戰爭과 阿片: 내몽고지역을 중심으로, 지식산업사, 1995, 195쪽.
12 興亞院, 「支那に於ける阿片麻藥政策の確立に關する件」(1940. 7), 岡田芳政 外 編, 앞의 책, 357쪽; 興亞院連絡委員會, 「支那に於ける阿片及麻藥政策指導腹案」(1940. 12), 岡田芳政 外 編, 앞의 책, 360쪽.

하 등 중국 공산당이 활동하던 중국 서북지역과 몽강지역의 접촉선 상으로 이행되자 대소(對蘇)정책상 이 지역이 중시되었다.[13] 이에 몽강정권 측은 중일전쟁 발발 직후 수립된 3자치정부를 1939년에 새로이 연합하여 몽고연합자치정부(蒙古聯合自治政府)를 수립하였고, 신정권의 수립과 정부조직의 새로운 정비는 정부예산액의 증대를 가져왔다. 그 결과 정부당국으로서는 재원확보 차원에서도, 또한 일본 점령지의 아편부족 문제를 해결하기 위해서도 몽강아편의 증산정책을 통한 아편의 증산 및 통제가 불가피하게 되었다.[14]

흥아원 화중연락부와 전후 도쿄재판에 검찰 측 서류로 제출된 「아편흡연금지처리경과사정(阿片吸煙禁止處理經過事情)」에서도 이러한 면과 관련하여 각각 언급되어 있는데, 전자의 기록에 의하면 1942년 8월에 1943년도 중국의 아편수급계획을 언급하면서 원칙적으로 몽강품(蒙疆品)의 증수(增收)에 주안점을 두고 화북지역의 재배는 엄금하며 각 지역 모두 몽강품에 의존해야 하는 것은 몽강의 정치적 견지에서도 가장 필요하다고 하였다.[15] 후자의 경우 중국에서의 아편거래는 두 가지 필요에 의해 시행된 일본의 체계적인 정책이었는데 그 필요성의 하나는 앵속재배의 풍속이 있는 내몽고에서 아편을 구입하게 함으로써 몽강정권의 재정적 부족을 해결하려고 한 것이었다고 하였다.[16] 이와 같은 내용들을 볼 때 전략적으로 중시된 몽강정권의 유지

---

13 平竹傳三, 「蒙疆建設論」, 『蒙古』, 1940年 6月, 12쪽 ; 「蒙疆の經濟建設」, 『東亞』, 1943年 7月, 54쪽 ; 鈴木武雄, 「蒙疆の政治と經濟」, 京城帝國大學大陸文化研究會 編, 『蒙疆の自然と文化』, 古今書院, 1939, 228쪽.

14 滿鐵·北支經濟調査所, 「蒙疆ニ於ケル阿片」(1941), 江口圭一 編著, 앞의 책, 263쪽.

15 興亞院華中連絡部, 「昭和17年度支那阿片對策打合會議資料」(1942. 8), 岡田芳政 外 編, 앞의 책, 386쪽.

16 南京高等法院 1946年 5月 25日 聯合軍最高司令部總本部國際檢察局, 「阿片吸煙禁止處理經過事情」, 『極東國際軍事裁判記錄 檢察側證據書類』 82卷, 檢察側文書 9560-7號.

를 위해 일본은 몽강지역에서 적극적으로 아편을 증산하고 이를 점령지 중국에 수출함으로써 몽강정권의 재정을 확보하려고 하였음을 알 수 있다. 일본의 점령지 화중지역과 함께 화북지역의 아편정책은 전략적으로 중요한 몽강정권의 유지와 밀접한 관련을 가지고 운영되었던 것이다.

끝으로 화북지역의 아편정책은 단지 이 지역뿐만 아니라 중일전쟁기에 있어 조선, 몽강, 만주지역의 아편정책 확립 차원과도 깊은 관련이 있다. 만주국은 조선으로부터의 수입과 지역산 아편의 수납을 통해 자급책을 마련하고자 하였다. 중일전쟁 발발 직후 화북의 아편정책이 공포되지 않은 상황에서 열하산 아편의 화북으로의 밀수 횡행은 만주국 아편정책 유지에 차질을 발생시켰다. 또한 중일전쟁 발발 직후 수립된 몽강정권은 재정적으로 어려움을 겪고 있었기 때문에 일본은 아편의 증산 및 수출을 통해 이를 타개해 보려고 하였다. 이를 위해 몽강에서 생산된 아편의 최대 수출지로서 일본은 인접 지역인 화북을 상정하였던 것이다.

이와 같이 만주국의 아편공급과 관련된 조선, 아편의 수출을 통해 정권을 유지하고자 하는 몽강, 지역산 아편의 화북으로의 밀수로 크게 위협을 받고 있는 만주국의 아편정책 확립을 위해 화북의 아편정책을 시급히 제도화할 필요성이 대두되었다. 이로써 1940년에 들어와 화북의 아편정책이 공포되고 시행에 들어가게 되었다. 결과적으로 일본은 인접한 이들 네 지역의 수요 공급을 종합적으로 고찰하여 일본의 아편정책을 추진하고자 하였던 것이다.

요컨대 일본의 화북 아편정책은 단순히 이 지역의 아편수입뿐만 아니라 인접한 일본세력권 내 아편수급의 종합적 대책 수립 및 그 유지와 밀접한 관련하에 추진되었다. 화북의 아편정책은 일본의 의도와는 달리 커다란 성과를 거두지는 못하였지만 이 지역 아편제도의 공포로 인접한 일본 아편세력권의 안정화를 도모함으로써 후진 제국주의 일본이 어떻게 급속히 세력권을 확대시켜 나갈 수 있었고 또한 침략전쟁을 재창출할 수 있었던가하는 해답의 일면을 이해할 수 있을 것이다.

2) 화북과 만주국 아편정책의 비교

일본은 화북 점령기간 동안 만주국의 경험을 바탕으로 이 지역에서도 재정적인 목적으로 아편정책을 추진하였으나 만주지역과는 달리 성과를 거두지 못하고 패망하였다. 화북지역은 광대한 영역과 수많은 아편흡연자가 존재한다는 점과 삼면이 육지로 연결됨으로써 밀매의 단속이 용이하지 않다는 점 등의 여건이 만주국의 상황과 유사하였다. 이러한 유사성으로 만주사변기 만주국의 아편정책이 기반이 되어 차용되었지만 화북지역의 아편정책은 만주국과의 여러 가지 내적인 차이로 인해 제대로 성과를 거둘 수 없었다. 화북 아편정책이 실패한 요인을 살펴보면 다음과 같다.

우선적으로 일본의 화북지역에 대한 지배력 불안을 들 수 있다. 정부가 통제하는 아편정책의 추진에 있어 그 성공여부는 지배력의 안정이라는 문제에 직결되는 것이었다. 만주국의 경우 건국 이후 관동군을 중심으로 지속적인 '치안 토벌전'을 전개함으로써 지배력은 일정 정도 성공적인 단계에 이르렀다.[17] 이에 비해 화북지역의 경우는 중일전쟁기 동안 1941년부터 1942년에 걸쳐 지배가 강화된 시기도 있었으나 그 지배는 기본적으로 '점과 선'의 상태를 극복하지 못하고 있었다.[18] 이와 같이 취약한 지배 상황에서 일본의 의도대로 아편정책의 성과를 기대하기란 어려웠다.

---

17 石島紀之,「中國占領地の軍事支配」,『岩波講座 近代日本と植民地 2 帝國統治の構造』, 岩波書店, 1992, 216쪽.
18 石島紀之, 앞의 논문, 235쪽.

다음으로 중화민국 임시정부가 판매하는 아편의 가격정책 실패를 들 수 있다. 화북지역의 아편정책이 성과를 거두기 위해서는 아편소비자들이 밀매아편이 아닌 임시정부가 판매하는 아편을 소비해야 했다. 이를 위해서는 밀매를 단속하기 위한 지배력 확보는 물론이고 가격정책을 통해서도 밀매를 압도할 수 있어야 했다. 즉, 임시정부가 판매하는 아편가격과 밀매가격과의 차이가 너무 크게 되면 소비자들이 위험을 무릅쓰고라도 밀매아편을 소비하게 되는 것은 당연한 귀결이었다. 그러나 가격차이가 크지 않을 경우 위험을 무릅쓰면서까지 밀매아편을 구입하려고는 하지 않는다. 따라서 밀매아편가격과 비교해 적정한 가격형성이 요구되었다. 그런데 화북지역 임시정부의 아편 판매가격은 아편관련 제세(諸稅)의 불통일과 몽강산 수입 아편가격의 고가(高價) 등으로 밀매가격의 2배에 이르렀다.[19] 지배력이 불안정한 지역에서 높게 형성된 정부의 아편 판매가는 당연히 정부판매 아편의 소비를 기대하기 어렵게 만들었던 것이다.

화북지역 소비아편의 공급과 관련하여 채용한 '준 외부공급방식'의 진행차질도 또한 화북 아편정책 추진에 부정적인 영향을 미쳤다. 밀재배·밀매의 원활한 단속을 위해서는 완전한 외부 공급방식을 취하는 것이 최상의 방법이었으나 소비량이 클 경우 완전한 외부공급은 당시 여건상 불가능하였다. 따라서 만주국과 화북에서는 '준 외부공급방식'이 채택된 것이다. 처음 일본은 외부 공급방식을 만주국에도 적용시키려 하였으나 만주국의 아편 수요량이 막대하였기 때문에 일본으로서는 그 전량을 외부로부터 공급할 수 없었다. 이에 지역 내 일정지역에 한하여 생산을 허가하는 방식으로 생산지와 소비지 분리방식의 틀을 유지하였다. 만주국과 유사하게 아편 흡연자가 막대한

19「現地狀況報告並意見開陳」(1942. 8. 10), 江口圭一 編著,『資料 日中戰爭期阿片政策』, 岩波書店, 1985, 564쪽.

화북지역에서도 일본은 생산지와 소비지를 분리시키는 외부 공급방식의 기본 틀을 원용하여 몽강 및 기타지역에서 아편을 공급하고 그 부족분에 대해서는 지역 내 일정지역에 제한하여 생산을 허가하였다. 그러나 앞서 언급한 바와 같이 화북의 지배 상황이 좋지 않은 여건 하에서 일정지역에 대한 아편의 재배허가는 오히려 밀매 및 밀재배를 촉진시키고 나아가 임시정부 판매 아편의 소비를 떨어뜨리는 결과를 초래하고 말았다.

이와 같이 부진한 화북의 아편정책 상황은 시행 초기 아편 흡연자의 등록비율을 통해서도 그 일면을 살펴볼 수 있다. 화북지역의 경우 1940년 10월 1일 아편제도가 실시되어 1년 반이 지난 상황에서 등록자 수는 추정 중독자 수 170여 만 명 가운데 7천 명 정도로 등록비율 0.4%에 불과하였다. 2년이 지난 1942년 10월 1일의 경우 등록자 수는 6만 3천여 명으로 추정 중독자 수의 3.7%에 지나지 않았다. 이와 같이 화북지역의 아편등록자 수가 부진했던 원인은 흥아원 문서에 보이는 바와 같이[20] 화북지역 지배력의 불안과 밀매 아편의 성행에 있었다. 이에 비해 만주국의 경우 1933년 1월 1일부터 아편법의 시행에 들어가 건국 당초 추정 중독자 수 90만 명 가운데 2년이 지난 1935년의 등록자 수는 21만 7천여 명으로 전체 중독자 수의 24%를 차지하였다.[21] 추정소비량에 대한 판매실적 비율을 보더라도 1933년의 9.8%에서 2년이 지난 1935년의 경우 약 30%로 전매아편 판매의 호조를 보이고 있었다.[22] 이러한 수치의 비교를 통해 화북의 아편정책은 만주국과 비교하여 그 성과가 극히 부진하였음을 알 수 있다.

그 외에 일본과 화북의 중화민국 임시정부 측과의 아편정책에 대

---

20 興亞院華北連絡部, 「支那阿片對策に關する打合會議提出書類」(1942. 8), 岡田芳政 外 編, 앞의 책, 376쪽.
21 滿洲國史編纂刊行會 編, 『滿洲國史各論』, 滿蒙同胞援護會, 1971, 1225쪽.
22 專賣總局, 『阿片事業槪況』, 1938, 38쪽.

한 의견 대립이 또한 이 지역 아편정책 수행에 걸림돌로 작용하였다. 만주에서 관동군은 '오족협화(五族協和)'라는 허구를 만들어 일본인도 만주국의 구성민족으로서 만주국정부의 요직에 일본인 관리를 배치하여 정부를 운영하였다. 반면 화북에서는 괴뢰정부에 대해 일본인 고문(顧問)에 의한 지도라는 형식을 취하였다.23 이 같은 통치방식으로 일본은 화북 임시정부의 장악에 있어 일정한 한계를 갖게 되었다.24 따라서 아편정책 추진에 있어서도 임시정부와 자주 불협화음을 발생시켰다. 즉, 1938년 10월에 임시정부 위원장 왕커민(王克民)의 실질적인 금연의견에 대해 일본 측은 소극적 태도로 거절하였고 이후 특허상주의 채택을 설명하였다. 그럼에도 불구하고 1939년 5월에 임시정부 측이 작성한 금연법 및 그 시행법초안은 아편근절을 내용으로 한 전매제의 즉시 시행을 담고 있었다. 또한 왕징웨이정권(汪精衛政權) 성립 후 최고국방회의의 결의에 의해 아편마약 문제에 관해 3개년을 목표로 한 단금정책을 결정하였고, 화북정무위원회(華北政務委員會) 왕커민 위원장도 여기에 동의하였다. 이에 대해 일본 측은 조급한 대책은 오히려 종래의 성과를 수포로 돌아가게 할 수 있다는 구실을 들어 거절하였다.25 이와 같이 거듭된 의견대립은 아편정책 추진에 있어 적극적인 협력관계를 이끌어내지 못하게 된 한 요인으로 작용하였던 것이다.

요컨대 일본의 침략전쟁 수행과 밀접한 연계하에 추진된 일본의 화북 아편정책은 만주국과의 유사한 외적 조건에도 불구하고 내적인 조건의 차이로 그 성과를 거두지 못하였다. 즉, 화북지역의 아편정책

---

23 石島紀之, 앞의 논문, 236쪽 ; 安井三吉, 「日本帝國主義とカイライ政權」, 『講座 中國近現代史 6 抗日戰爭』, 東京大學出版會, 1978, 174~175쪽.
24 石島紀之, 앞의 논문, 236쪽.
25 支那派遣軍總司令部, 「阿片等麻藥政策に關する件」, 岡田芳政 外 編, 앞의 책, 358~359쪽.

은 일본의 지배력이 확립되지 않은 불안정한 상황에서 인접지역의 아편제도 수립 요구에 응해 무리하게 만주국의 경험을 수용하였던 것이다. 이로써 정책시행의 성과를 기대할 수 없다. 따라서 이러한 화북 아편정책의 부진은 결국 내적인 상황 차이를 도외시하고 만주국에서의 정치·군사 지배의 경험을 화북지배에 그대로 수용함으로써 점령지 지배에 실패한 일본의 화북에 대한 정치·군사지배의 일면을 이해하는 데도 도움이 될 것이다.

2. 화북 이주 한인과 아편마약 밀매

중일전쟁 전후 화북지역으로 이주한 한인 가운데는 많은 사람들이 아편마약업과 관련을 맺고 있었다. 한인의 화북 이주는 일본의 조선강점에 따른 정치, 경제적 어려움에서 연유된 경우가 대부분이었다. 만주로 이주했던 한인들이 대개 농촌에 정착했던 것과 달리, 화북의 경우 도시로 이주하였고 이들 대다수의 화북 이주 한인들은 '정업(正業)'을 구하기가 매우 어려웠다. 따라서 화북 이주 한인들의 생계 수단은 매우 불안정하였으며 이로 인해 아편마약 등 '부정업(不正業)'의 유혹을 벗어나기 힘들었다.

일본이 만주침략에 이어 중국 화북으로 침략해 들어가자 일본인은 물론 한인 아편마약 밀매상인 역시 증가해 갔다. 일본의 침략전쟁과 아편마약 문제가 밀접한 관계에 있었다는 사실은 일본의 만주침략뿐만 아니라 중일전쟁기 화북 침략 과정을 통해서도 알 수 있다. 따라서 중국인과 국제사회로부터 부정적인 시선을 받아왔던 화북 이주 한인의 아편마약 밀매문제를 보다 객관적으로 이해하기 위해서는 중일전쟁 전후 일본의 중국 침략정책 및 아편마약정책과 관련하여 재조명해 볼 필요가 있을 것이다.

지금까지 화북지역 한인의 아편마약 문제에 대한 연구는 매우 부족한 실정이다.26 앞서 서론에서 밝혔듯이 해외 이주 한인의 아편마약 문제 연구가 드러내고 싶지 않은 부분이라고 할지라도 전체 해외 이주 한인사회의 모습을 제대로 그려내기 위해서는 당시의 시대상황 속에서 객관적으로 연구되고 살펴볼 필요가 있다.

한인의 화북지역 아편마약 밀매문제를 살펴보는 데 있어 본 절에서는 특히 마약문제에 초점을 두고자 한다. 청말의 아편 금지운동 과정에서 아편이 감소하여 가격 등귀현상이 일어나자 돈이 없는 하층사회를 중심으로 모르핀의 수요가 증가하게 되었다. 이 과정에서는 물론 그 이후에도 일본에 의해 중국사회에 마약이 크게 확산되었다.27 또한 화북지역은 중국 남쪽과 비교하여 아편의 공급이 넉넉하지 못한 편이어서 공급이 부족하게 되거나 가격이 등귀할 때 그 대용품으로 마약의 수요가 증가하였다. 이러한 여건으로 인해 이 지역에서는 마약류의 밀수입과 밀매가 성행하였다.28 일본의 화북 점령지 정책도 마약밀매를 용이하게 한 점이 있었다. 즉, 중일전쟁 발발 이후 일본은 화북 점령지에서 재원확보와 관련하여 아편을 전매 등의 방식으로 관리하였으나 마약은 포함시키지 않았다. 따라서 마약의 밀매가 훨씬 용이할 수밖에 없었던 환경이 조성되었다. 이러한 여러 가지 여건으로 인해 화북지역의 한인들은 주로 마약밀매에 많이 종사하였으며 특히 중일전쟁 발발 이후 그러한 경향이 더욱 두드러졌다.

---

26 손염홍, 「일제의 중국 화북침략과 한인의 마약문제: 북경지역 한인의 활동을 중심으로」, 『한국독립운동사연구소 제231회 월례연구발표회 발표문(2007. 2. 27)』; 김광재, 「중일전쟁기 중국 화북지방의 한인 이주와 '蘆臺農場'」, 『한국근현대사연구』 11집, 1999 ; 김광재, 「중일전쟁 이후 북경지역의 한인단체 연구」, 『한국민족운동사연구』 23집, 2004 ; 玄圭煥, 『韓國流移民史』, 語文閣, 1967.
27 朴橿, 「中日戰爭 以前 中國의 麻藥擴散과 日本政府의 態度」, 『中國史硏究』 32집, 2004, 278쪽.
28 藤原鐵太郎, 「阿片制度調査報告」(1923), 岡田芳政 外 編, 앞의 책, 189쪽.

본 절에서는 중일전쟁 발발 전후 재화북 한인의 아편마약 밀매문제를 이해하기 위해 먼저 이 시기 한인의 화북 이주 배경과 그 실태에 관해 살펴보고자 한다. 이어서 중일전쟁 발발 이전과 이후시기 화북 이주 한인의 아편마약 밀매상황에 대해 고찰해 보고자 한다. 끝으로 중일전쟁을 전후한 시기 한인 마약 밀매자에 대한 일본정부의 대응태도를 통해 화북 이주 한인과 아편마약 문제와의 관련성을 재조명하고자 한다. 이러한 연구는 화북 이주 한인의 아편마약 밀매문제의 실체는 물론 한인사회의 특징을 이해하는 데도 기여할 것이다.

1) 중일전쟁 전후 한인의 화북 이주

조선 말기 이전까지 조정은 국경을 넘는 자의 경우 '월경죄(越境罪)'로 처벌하여 국경 이탈을 엄격히 금지시켜 왔다. 그러나 1869년과 1870년 조선 북부 일대에 대흉년이 발생하여 가난한 백성이 급격히 늘어나면서 국경을 넘는 일들이 증가하자 조정에서는 이를 묵인할 수밖에 없었다. 이후 국경 이탈이 자유롭게 되었고 조선 북부지역의 주민들은 물론 전국 각지의 빈농과 노동자들 중에서도 만주방면으로 이주하는 자가 늘어나기 시작하였다.[29]

중국 관내(山海關 이남)로 이주하는 경우는 일본이 조선을 강점한 1910년 이후 증가되었다. 만주지역으로 이주한 자 중에는 만리장성을 넘어 화북으로 이주한 경우도 있었지만 그 수는 그리 많지 않았다. 조선이 일본에 의해 강점되자 이에 비분강개한 사람들 가운데 항일투쟁을 위해 만주지역은 물론 화북과 화중, 화남으로도 이주하였다. 또한 국가보다는 개인의 안위만을 생각하면서 일확천금을 노리고 이주한 자들도 있었는데, 그 수가 점차 증가해 가고 있었다.[30]

---

29 朝鮮總督府官房外務部, 『中華民國在留朝鮮人槪況』, 1939, 1쪽.
30 위와 같음.

1920년대 후반에 전개된 세계적인 경제 불황은 식민지 조선에도 영향을 미쳐 많은 사람들을 중국으로 이주하게 하였다. 특히 이 시기의 경제 불황은 중하층 농민들에게 크게 타격을 주었고 이들 가운데 생활상의 어려움을 해결하고자 중국으로 이주하는 경우가 늘어났다. 천진에 거주하는 한인 수만 보더라도 1929년에서 1930년에 걸쳐 거의 배로 증가하여 639명에 이르렀다.[31]

만주사변 발발 이후 중국 관내로 이주한 한인의 수가 급격히 증가하기 시작하였다. 특히 화북에 기찰정권(冀察政權)(기찰정무위원회 冀察政務委員會)이 수립된 이후에는 지리적 인접성에 따라 만주지역으로부터의 이주가 더욱 증가되었다. 중일전쟁 발발 직전인 1937년 6월 말의 일본 측 통계자료에 따르면 중국 관내 거주 한인 수 9,605명(실제로는 3만 명으로 추정) 가운데 화북 거주 한인 수는 7,854명(실제는 이보다 많을 것으로 추정)으로 약 82%가 화북으로 이주하였음을 알 수 있다.[32]

또한 중국 화북지역 한인들의 성향에도 변화가 있었다. 일반적으로 중국 관내 거주 한인들은 민족주의자와 '부정업자'가 대부분을 차지하였던 것으로 보고 있지만[33] 화북지역의 경우는 좀 달랐다. 1910년 일본의 조선 강점에 따라 항일세력과 1919년 3·1운동 관련세력들은 대거 해외로 활동범위를 넓혔다. 이들은 북경·천진지방 혹은 멀리 내몽고지방으로부터 만주방면은 물론 화중·화남·구미 등 지역에서까지 활동하며 국내와 밀접한 연락을 유지한 채 비밀리에 항일활동을 전개해 나갔다. 그러나 만주사변 이래 일본이 화북으로 그 영향력을 확대시켜 나가면서 많은 항일운동 세력들이 상해·남경방면으로 도피하였고 일부세력만이 남아 천진 또는 북경에서 활동을 유

---

31 天津地域史硏究會, 『天津史』, 東方書店, 1999, 198~199쪽.
32 朝鮮總督府官房外務部, 『中華民國在留朝鮮人槪況』, 2쪽.
33 위와 같음.

지해 나가고 있었다.34 따라서 1930년대 화북지역 한인들 가운데 민족주의자들의 비중은 매우 낮은 상황이었다.

중일전쟁 발발 직전 약 8천 명에 달했던 화북의 한인 인구는 전쟁의 혼란 속에서 일시 감소되었다가 다시 급증하기 시작하였다. 1937년 7월 7일 중일전쟁이 발발하자 화북에 거주하던 한인 가운데 많은 사람들이 조선 혹은 만주방면으로 귀환하여 일시적으로 화북의 한인 인구수는 절반 이하로 감소되었다. 그러나 일본군의 전쟁성과가 확대되고 여러 건설 사업이 진전되자 이에 고무된 일부 한인들이 이주하게 되면서 다시 증가하기 시작하였다. 중일전쟁 발발 직전 8천 명 정도에 불과했던 인구는 1938년 7월에는 1만 8천여 명, 1939년 6월에는 3만 3천여 명, 1940년 6월 말에 이르러서는 6만 8천여 명에 달하였다. 이러한 수치는 중일전쟁 직전과 비교하여 약 8배 이상의 증가를 보인 것이었다.35

중일전쟁 발발 이후 화북으로 이주한 한인들이 급격하게 늘어난 것은 무엇 때문이었을까? 중일전쟁 발발을 계기로 화북에서 활동하던 항일독립운동 세력들은 위축되어 자취를 감추었고, 일반 한인들의 경우도 일본에 협력하는 경향을 보였으므로36 당시 이주에 있어서 항일독립운동과 같은 정치적 동기가 작용하기는 어려웠다. 그렇다면 당시 화북지역으로 이주한 한인들의 동기는 어떤 것이었을까? 1937년 9월부터 1938년 8월까지 1년간 조선으로부터 화북으로 이주하기 위해 신분증명서를 발급받은 사람은 16,328명이었다. 그 가운데 상업(요리·음식점 포함) 이주가 34%로 가장 많았으며, 그 외 무직과 기타를 합할 경우 전체 한인 이주자 가운데 70%가 상업이나 무직, 기타에 해당되었다.37 중일전쟁 발발 이후 화북 이주 한인의 특징을 살

---

34 朝鮮總督府北京出張所, 『在北支朝鮮人槪況』, 1940, 2~3쪽.
35 朝鮮總督府北京出張所, 『在北支朝鮮人槪況』, 1·4쪽.
36 朝鮮總督府北京出張所, 『在北支朝鮮人槪況』, 3쪽.

펴보면 농촌으로 이주해 농업에 종사했던 만주와는 달리 상업을 목적으로 하거나 특별히 이주 후의 생계 수단이 없는 경우가 많았다.

이 시기 화북지역 한인들의 이주 목적 가운데 대다수를 차지하는 상업, 무직, 기타 이주 목적의 구체적인 모습을 당시 조선총독부에서 작성한 자료를 통해 살펴볼 수 있다. 1939년 조선총독부 관방외무부(官房外務部)에서 작성된 『중화민국재류조선인개황(中華民國在留朝鮮人槪況)』을 통해 보면,

> 이번 성전(聖戰, 중일전쟁* 필자주)의 진행과 더불어 반도 동포(半島同胞)의 이주자가 갑자기 증가하여 제국의 부동의 국책선을 따라 正業을 목적으로 도래하는 자 역시 점차 늘어나고 있으므로 기뻐할 현상이다. 그러나 그 대부분은 일확천금(一攫千金)을 의도하고 도래하는 자로써 제일선 방면에서 오로지 금제품(禁制品) 취급을 하는 경우가 많은 것은 심히 유감스럽지만⋯⋯화북거주 반도인(半島人)의 대부분은 앞서 서술한 바와 같이 일확천금을 꿈꾸며 도래한 자로써 안정된 직업을 갖는 자 적고, 간혹 영사관 경찰(領事館 警察)에 신고서를 제출할 경우 잡화상(雜貨商) 등의 명의를 사용하여도 그 대부분은 금제품 밀매매에 대한 당국의 단속을 피할 방편으로 정업자로 위장하는 경우가 많은 실정이다. 재화북 전반에 걸친 반도 동포의 대부분은 금제품 밀매매에 종사하고 있는 실정이나⋯⋯.38

라고 하였듯이 화북지역 이주 한인의 경우 중일전쟁을 계기로 전선에 주둔하고 있던 일본군을 따라 일확천금을 목적으로 이주한 자가 대부분이었고 그중 잡화상으로 등록하기도 하였지만 기실 금제품 밀매매를 위한 위장이었다고 보았다.

1940년 조선총독부의 북경 출장소에서 작성한 『재북지조선인개황

---

37 朝鮮總督府警務局 編, 『最近に於ける朝鮮治安狀況: 昭和13年』, 巖南堂, 1978, 151~155쪽.
38 朝鮮總督府官房外務部, 『中華民國在留朝鮮人槪況』, 2·17쪽.

(在北支朝鮮人槪況)』에는 화북 이주 한인의 실상이 보다 구체적으로 언급되어 있다.

> 이들 조선인의 직업을 통계상으로 보면, 관공리(官公吏), 회사 은행원, 점원 등 봉급생활자가 가장 많고, 노대 모범농촌(蘆臺模範農村, 蘆臺農場* 필자주)의 농민이 그 다음이며, 군위안소(軍慰安所), 사진점, 여관, 양복점, 잡화상, 곡물 판매업, 토목건축 청부업 등이 주된 것으로, 기타 각 방면에도 널리 진출하여 내지인에 비해 월등히 적은 자본으로 상당한 실적을 올렸다. 특히 뛰어난 어학 실력과 강인한 생활력으로 군의 진격과 함께 군을 따라 혹은 군이 진격한 직후 서둘러 진출하여 군대가 필요로 하는 잡화를 소지·운반, 혹은 특수 부녀자의 무리를 거느리고 군 위안소를 개업하거나 혹은 시계점, 사진점으로 군의 수요를 만족시키는 등 치안이 아직 확립되지 않은 지방에서 커다란 이윤을 챙기면서 전선으로 전선으로 진출하였다. 일시적으로 소위 전쟁경기를 구가하였으나 치안의 안정, 일본인의 증가에 수반하여 점차 내상(內商, 일본상인* 필자주), 화상(華商)에 압박되는 경향이 있다.……그래도 직간접적으로 부정업에 의해 생활하는 자 역시 극히 다수로 "조선인의 대다수는 금제품의 밀매에 의해 밥을 먹고 산다"라고 말하는 상황이다. 모르핀과 헤로인의 밀매는 상당한 수익을 거둘 수 있기 때문에 이들 부정업자는 뜻밖에도 부유한 생활을 영위하고 있다…….39

위의 글에서는 봉급생활자나 노대 모범농촌(노대농장)에서 일하는 자가 한인 직업현황에서 1, 2위를 차지할 정도로 많다고 하였다. 그러나 실제 화북지역 한인 직업별 호구표를 살펴보면,40 15,559호 가운데 회사 은행원, 관공리, 봉급생활자는 약 3천2백여 호이며, 농업은 1천여 호 정도이고, 무직과 기타 직업으로 분류된 것이 5천여 호에 해당되었다. 마약 등 '부정업' 종사자로 구분할 수 있는 직접적인 기

---

39 朝鮮總督府北京出張所,『在北支朝鮮人槪況』, 1~2·9~10쪽.
40 朝鮮總督府北京出張所,『在北支朝鮮人槪況』, 10~17쪽.

준은 없지만 위의 인용문으로 볼 때 무직과 기타 직업을 '부정업'과 관련된 직간접 관련 종사자로 추정할 수 있으므로 여기에 잡화상 관련자까지 포함시킨다면 그 수는 더욱 많다고 하겠다.

요컨대 중일전쟁 발발 이전 화북 이주 한인들의 이주 동기는 정치적 동기와 함께 경제적 원인이 가장 큰 것이었다. 그런데 정치적 동기는 점차 사라지고 중일전쟁 발발 이후에는 경제적 동기가 주된 이주의 배경으로 작용하였다. 여기에서 특히 주목되는 것은 한인의 이주 배경과 직업 현황 등에서 일확천금을 목적으로 마약의 밀매라는 '부정업'에 종사하는 한인문제가 있었다는 사실이다. 이에 다음에서는 중일전쟁 전후시기에 화북 이주 한인과 아편마약의 밀매라는 '부정업'과의 관련성을 보다 구체적으로 살펴보고자 한다.

2) 중일전쟁 이전 재화북 한인의 아편마약 밀매

1910년 이후 조선을 이탈한 사람들은 일본의 조선침탈에 비분강개한 사람들을 제외하고는 대다수 궁핍한 사람 또는 일확천금을 노리고 고국을 떠난 사람들이 대부분이었다. 일확천금을 꿈꾸는 사람들은 물론 궁핍하거나 일정한 직업 없이 타국의 도시로 들어온 경우 안정된 직업을 갖기 힘들었다. 이러한 상황에서 비록 1914년 이후 중국정부가 마약에 대해서도 아편법 위반과 같이 강력한 처벌을 천명하였지만,[41] 1910년 일본의 조선강점 이후 한인들은 '일본국 신민'이 되어 중국에서 치외법권이라는 특권을 누릴 수 있었다. 이 지역에서 어떠한 불법적인 일을 행하더라도 일본 국적을 갖고 있는 이상 중국 관헌의 처벌을 면할 수 있었던 것이다. 게다가 중국거주 일본 국적인에 대한 일본 영사관의 아편 기타 마약류에 대한 단속이 지나치게 가벼웠다. 당시 일본 영사관은 일본 국적인의 아편 및 마약 위반자에 대

---

41 朱慶葆 外 著, 『鴉片與近代中國』, 江蘇敎育出版社, 1995, 341~342쪽.

해 구류 30일 또는 벌금・과료 50원(元) 이하라는 지극히 가벼운 처벌을 내렸다.[42] 따라서 이 시기 화북으로 이주한 한인 역시 일본인과 더불어 '부정업'의 유혹에 빠지는 것은 쉬운 일이었다.

실제 중일전쟁 이전부터 화북지역의 한인들은 일본인과 더불어 아편마약 밀거래와 관련이 깊었다. 화북지역에 거주하는 한인들의 활동지역은 주로 중국의 행정력이 제대로 미치지 못하면서 일본의 영향력이 강한 지역들이었다. 대표적으로 조계지역을 들 수 있는데, 1920년대 초반 천진의 일본조계와 프랑스조계에는 아편의 매매는 물론 연관(煙館)이 많이 개설되었다. 그 가운데 일본 조계지에는 연관이 70곳, 연토(煙土)를 판매하는 가게가 100곳이나 되었다.[43] 또한 이 시기 중국 북부에 밀수입된 마약은 주로 천진을 통해 들어오고 있었고 이 지역에 거주한 일본인 5천 명 가운데 70%가 마약거래에 관계하고 있었다.[44]

천진에 거주하는 일본인 아편마약 거래자에 대한 현지 영사관의 대응정책은 한인의 아편마약업 종사에도 영향을 미쳤다. 당시 천진에 거주한 일본인 아편마약 거래업자로는 크게 도매업, 소매업, 마약흡음소(吸飮所) 경영자가 있었다. 1929년 10월에 영사관 경찰은 이들 아편마약 거래자에 대한 일제 검거를 단행하면서 부유한 도매업자를 주된 단속 대상으로 삼았다. 반면 불황으로 인해 생활이 어려워진 소매업자에 대해서는 관대한 정책을 취하였다. 당시 일본에서는 1차 대전 이후 1920년의 전후 공황이 있었고 1923년 관동대지진이 발생

---

42 원래 재중국 일본인에 대한 아편・마약범죄 처벌에 있어 아편범죄는 형법을, 마약류범죄는 영사관령을 적용하도록 되어 있었다. 그러나 실제로는 아편에 대한 범죄 역시 거의 영사관령을 적용하였다(外務省條約局第三課, 『第五回阿片及麻藥類ニ關スル委員會議事錄』, 1928, 7・12~13쪽).
43 藤原鐵太郞, 「阿片制度調査報告」(1923, 2), 岡田芳政 外 編, 앞의 책, 186~188쪽.
44 藤原鐵太郞, 「阿片制度調査報告」, 岡田芳政 外 編, 앞의 책, 190쪽.

했던 데다 1927년의 금융공황은 물론 1929년의 세계 대공황으로 인해 경제 불황이 지속되고 있었다. 영사관의 관대한 정책은 이러한 경제상황 속에서 나온 것이었다. 그리고 이 같은 정책은 천진으로 한인 이주민들을 불러들이는 결과를 초래하였다. 천진으로 이주한 한인들 가운데 관리나 점원, 학생 등 정업을 가진 사람은 소수에 불과하였고 나머지 90%는 아편마약 거래에 종사하였다. 이들 한인이 일본인과 함께 천진 조계지역에 개설한 마약류 흡음소는 120여 곳에 달하였다.[45]

화북에서 한인의 아편마약 거래는 일본 조계지역이 존재했던 천진뿐만 아니라 여타지역에서도 나타나고 있었다. 그것은 1933년에 체결된 당고협정(塘沽協定)과 관련이 있다. 만주사변에 이어 1933년 일본군과 남경 국민정부 사이에 체결된 당고협정으로 기동(冀東, 하북성 동부)의 22개 현(縣)이 비무장지대가 되었다. 이에 따라 화북지역에서 일본군의 영향력이 더욱 확대되었고 중국정부는 아편마약 문제를 단속하기가 더욱 어려워졌다. 이후 화북에는 일본인 및 한인과 연계되어 수입된 마약이나 마약제조가 두드러졌다. 종래 화북에서 매매된 마약은 대부분 수원(綏遠) 및 차하얼성(察哈爾省)으로부터 수입되었으나 당고협정 체결 이후에는 일본의 관동주 조차지인 대련으로 수입루트가 변화되었다. 아울러 일본인들은 신역(新域), 동록(東鹿), 탁현(涿縣), 석가장(石家莊)에 대련산 마약의 판매회사를 다수 설립하였다. 또한 북평(北平, 현재의 북경, 이후 혼란을 염려하여 북경으로 용어를 통일) 도처에 한인 마약 제조업자들이 있었는데 특별한 문제가 있지 않는 한 중국 관헌의 수사를 받지 않았다.[46]

한편 일본인과 한인 마약 거래자들은 마약 밀수입기관을 만들어 일본군의 비호를 요청하기도 하였다. 1936년 9월 북경에 동아동락분

---

45 天津地域史研究會, 앞의 책, 198쪽.
46 「北支二於ケル日本麻醉政策」(1936. 7), 『極東國際軍事裁判記錄 檢察側證據書類 81』, 東京大學社會科學硏究所 所藏, 文書9518號.

사(東亞同樂分社), 통현에 동아동락사(東亞同樂社)가 각각 설립되었다. 북경에 설립된 동아동락분사는 동교민항(東交民巷)에 있는 일본군 병영 건물 안에 사무소를 두고 있었으며, 이 기관의 회원은 전부 일본인과 한인 마약 밀수입자들이었다. 이들 마약 밀수입자들은 마약 밀수입 과정에서 북경정부의 관헌에게 적발되는 일이 자주 발생하자 마약 밀수입기관인 동아동약분사를 만들어 화북 주둔 일본군의 비호를 요청하였던 것이다. 이로써 군대를 이용하여 중국경찰의 단속을 피하면서 통현에서 북경으로 다량의 마약을 운반할 수 있었다. 북경으로 운반된 이후 마약 거래자들은 비호해준 군대에게 순이익의 35%를 보상으로 제공하였다.[47]

화북지역에서의 한인과 일본인의 아편마약 거래활동은 중국정부와 언론으로부터 비난을 받았다. 중국의 외교관으로, 국제연맹의 아편자문위원회에서 중국대표로 활동했던 후쓰쩌(胡世澤)는 1936년 6월 3일 밀거래 검거 위원회에서 다음과 같이 당시의 상황을 언급하였다.

> 천진방면의 많은 아편은 열하에서 운반되어 오는데 '북구아편(北口鴉片)'이라고 칭하였다. 중국에서 몰래 아편을 판매하고 있는 여관(旅館)은 모두 일본 조계지역에 있으며, 화북은 밀운반의 중추로서 이윤이 극히 큰 지역이다.……일본(日本)과 고려(高麗) 밀수업자들은 일본군의 보호를 받으며, 아편을 열하로부터 장성(長城)과 천진 사이의 전구(戰區)에 운반하고, 다시 당산(唐山)으로 운반하였는데 현재 이곳은 아편마약을 분배하는 중심지가 되었다. 뿐만 아니라 전구(戰區)에서 일본인(日本人) 혹은 고려인(高麗人)이 경영하는 상점에서는 아편과 마약을 팔지 않는 곳이 없으며, 만약 중국관청의 조사라도 받게 되면 일본군이 즉시 출동하여 관여하였다…….[48]

---

47 「通縣及北平二於ケル日本人ノ藥種密輸入機關」(1937. 1), 『極東國際軍事裁判記錄 檢察側證據書類 81』, 文書9519號.
48 「胡世澤報告日韓在華北販毒情形」(1935. 6. 3), 鄧一民 主編, 『日本鴉片侵華資料集(1895~1945)』, 中共河北省委黨史研究室, 2002, 278쪽.

또한 1934년 9월 5일 『대만보(大晩報)』에 '열하(熱河) 아편의 관내 유입과 하북(河北)의 금연(禁煙)'이라는 제목으로 실린 내용을 보면 다음과 같다.

> 우(右)와 같이 다량의 아편이 관내로 유입된 까닭은 평진지방(平津地方, 북평과 천진* 필자주)의 수요가 크기 때문에……이와 같이 아편의 단속이 가장 엄격해야할 하북성 정부 소재지는 위조직산(僞組織은 만주국* 필자주) 독물(아편과 마약* 필자주)의 배설지가 되어 간접적으로 위정부(僞政府, 滿洲國)의 세수(稅收)를 보충하는 결과가 되었다. 신생활운동 이래 아편의 단속이 엄격하게 실시되어 강소성(江蘇省)에서는 아편흡식자로서 증명서를 갖고 있지 않은 자는 총살에 처할 정도였다. 이에 반해 하북의 금연은 일선 낭인(日鮮浪人)들이 전구(戰區) 및 천진에서 조계를 이용하여 이익에 기생하는 자가 군집하고 있다…….[49]

위의 두 글에서 언급된 바와 같이 중일전쟁 발발 이전 화북에서는 한인과 일본인들이 천진의 일본 조계지 및 전구(戰區, 즉 塘沽停戰區域, 기동의 비무장지구)를 중심으로 일본군의 비호를 받으며 활발히 아편마약의 밀수와 판매에 종사하고 있었다. 이러한 활동들로 인해 일본인과 한인은 중국정부나 언론의 비난 대상이 되곤 하였던 것이다.

한편 화북지역 한인 아편마약 밀매의 심각성은 중국관헌에 적발되거나 중국당국에 의해 공개된 마약상점 수를 통해서도 알 수 있다. 1929년부터 1930년까지 일본 국적인으로서 북경 공안국에 아편마약 판매사건으로 체포된 사건 주범의 성명과 주소지가 공개되었는데, 전체 177건 가운데 한인과 관련된 사건이 98건이었고, 이들은 체포된 전체 일본 국적인의 55%를 넘었다.[50] 또한 북경당국이 1934년 1월 1일부터 1935년 2월 16일 사이에 체포한 외국인 아편마약 밀거래 사건

---

49 「外務省關係電報および文書」, 岡田芳政 外 編, 앞의 책, 524쪽.
50 「平津販賣毒物之日僑」, 『拒毒月刊』 55期, 1932, 16~21쪽.

206건 가운데 205건이 일본인과 한인이 연루된 것이었다.[51] 천진 공안국 역시 1931년 6월부터 1932년 1월까지 반년간 체포한 일본 국적인 아편마약 판매사건 11건을 발표하였는데 그 가운데 7건이 한인 관련 사건이었다.[52]

청도(靑島) 역시 천진 못지않게 아편과 마약이 성행한 지역이었다. 이 지역에서 아편은 시당국의 엄격한 단속으로 예년에 비해 점차 감소되고 있었다. 그러나 모르핀, 헤로인 등 마약의 경우 영사재판권의 보호를 받는 일본인 혹은 한인이 판매하였으므로 중국정부 입장에서는 단속하여 처벌할 방도가 없었다. 따라서 청도시(靑島市) 공안국은 1930년 초에 근간 조사한 일본인과 한인이 경영하는 마약상점을 공개하여 여론의 협조를 구하고자 하였다. 이 시기에 공개된 청도 내 마약점(麻藥店) 75곳 가운데 한인이 운영하는 마약점은 51곳으로 일본인이 운영하는 마약점보다도 많았다.[53] 이와 같이 청도는 물론 화북 각지에서 적발된 아편마약 사건 가운데 한인 비율이 일본인에 비해 높았던 것은 직접 중국인 소비자를 상대하는 소매업 종사자의 경우 한인이 많았기 때문이었다.

3) 중일전쟁 이후 재화북 한인의 마약밀매

중일전쟁 발발 이후 화북 이주 한인의 인구수는 급격히 증가하는 추세였고, 한인과 마약밀매와의 관련은 물론 한인 마약 중독자문제 역시 심각하였다. 중일전쟁 발발 이후 일본의 침략확대에 따라 화북 방면으로 이주한 한인 가운데는 일확천금을 꿈꾸며 밀매업에 종사하는 자가 늘어났다. 특히 이 시기 북경과 천진의 경우 한인 마약업자

---

51 黃嘉惠, 「中國今日之鴉片問題」, 『拒毒月刊』 88期, 1935, 6쪽.
52 「平津販賣毒物之日僑」, 『拒毒月刊』 55期, 1932, 16쪽.
53 「靑島日人毒害華人調査」, 『拒毒月刊』 52期, 1932, 11~15쪽.

뿐만 아니라 한인 마약 중독자문제까지 심각하였다. 1939년 5월 일본 외무성 조약국의 외무서기관 니시무라 구마오(西村熊雄)가 작성한 『만주국 및 북지의 아편마약 문제에 관한 시찰보고』에 의하면,

> 북경에는 약 7천 명의 조선인이 있으며 그 가운데 2천 명은 마약 중독자였다. 그들은 마약을 판매하는 사이에 무의식적으로(분말흡수, 모근으로의 침투 등에 의한) 중독자가 되었다.……천진에는 9천 명의 조선인이 있으며 9할은 마약 부정업자이다…….54

라고 하였듯이 북경 거주 한인의 마약 중독문제는 심각한 상태에 이르렀으며 천진 거주 한인 가운데는 대다수가 마약업에 종사할 정도였다. 이에 대한 대책으로 위의 시찰보고에서는 경찰의 단속과 직업알선(蘆臺農場의 개설과 같은), 치료기관의 설비라는 세 가지 방책에 의해 현상의 악화를 방지하자는 논의가 있었다.55

화북 이주 한인의 마약 등 '부정업' 종사에 대한 일본의 우려와 그에 대한 대책에도 불구하고 중일전쟁 발발 3년째인 1940년에도 이 문제는 여전히 지속되었다. 일본은 재화북 한인 '부정업' 종사자에 대한 대책으로 외무성, 조선총독부 기타 각 기관과 협의한 결과 경산선 노대진(京山線 蘆臺鎭) 부근에 노대농장(蘆臺農場)을 건설하여 '부정업자'를 수용하기로 결정하였다. 농장은 1938년부터 건설이 시작되어 1940년 6월에 완성되었고 농민 1천여 호, 4천여 명을 수용하였다.56 이와 같이 재화북 한인 '부정업자' 등을 수용하기 위한 노대농장까지 건립되었지만 일확천금을 꿈꾸며 이 지역으로 이주하는 사람이 줄어

---

54 外務省條約局外務省書記官西村熊雄,「滿洲國及北支ニ於ケル阿片麻藥問題ニ關スル視察報告」, 앞의 자료, 51쪽.
55 外務省條約局外務省書記官西村熊雄,「滿洲國及北支ニ於ケル阿片麻藥問題ニ關スル視察報告」, 앞의 자료, 56쪽.
56 朝鮮總督府北京出張所, 앞의 자료, 2쪽.

들지 않고 있었다. 이들 가운데는 여전히 수익이 높은 마약밀매 등 '부정업'에 종사한 자가 다수 있었다.57

중일전쟁 발발 이후 화북에 한인 마약 밀매업자가 늘어난 것은 종래 이 지역에서 활동하던 한인 마약 밀매업자와 조선에서 이주한 한인 때문만은 아니었고 만주에서부터 '부정업'에 종사하던 한인들의 이주가 또한 있었다. 이 문제와 관련하여 『재북지조선인개황(在北支朝鮮人槪況)』을 통해 보면,

> 종래 조선인(朝鮮人)의 대부분은 치외법권의 입장을 악용하여 금제품인 모르핀, 헤로인류를 밀매하였다. 특히 1937년 12월 만주국에서 치외법권의 철폐와 함께 그 땅에서 부정업에 종사하고 있던 자 가운데 많은 이가 비교적 단속이 완만한 화북으로 잠입하여 은괴밀수와 함께 금제품의 밀매에 종사하여 화북에 거주하는 우리나라 사람(일본 국적인* 필자주)의 체면을 더럽히는 무리들이 속출하기에 이르러……58

라고 하였듯이 중일전쟁 발발 이전부터 아편마약 등 '부정업'에 종사하던 한인들이 있었던 이 지역에서는 중일전쟁이 발발한 1937년 말부터 만주에서 이주해오는 한인들이 증가하였는데, 이들은 대개 아편마약 밀매업에 종사하는 사람들이었다. 만주국에서는 치외법권이 철폐되면서 아편마약 밀매업에 종사하던 한인 '부정업자' 가운데 많은 사람들이 단속이 비교적 느슨한 화북으로 이주하였다. 즉, 만주국에서는 치외법권의 철폐를 앞둔 1937년 10월에 갑자기 「아편마약단금방책요강」을 발표하여 아편마약 근절의 의지를 강조하였다. 게다가 1937년부터 1938년, 1939년에 걸쳐 대대적으로 아편마약 '부정업자'에 대한 검거가 이루어졌다. 당시 검거에 한인이 대거 포함되면서

---

57 朝鮮總督府北京出張所, 앞의 자료, 9~10쪽.
58 朝鮮總督府北京出張所, 앞의 자료, 2쪽.

만주국에서 더 이상 '부정업' 종사가 어렵게 된 많은 한인 마약업자들은 일본의 중국침략과 더불어 화북으로 이동하였던 것이다.[59]

특히 중일전쟁 발발 직후 한인들은 일본군의 최전선이나 주둔지를 따라 진출하여 소위 전쟁특수를 구가하였는데, 마약밀매 역시 이와 관련이 깊었다. 앞서도 언급했듯이 이 시기 한인들은 일본군의 진격과 함께 군을 따라 혹은 보다 일찍 진출하여 군대가 필요로 하는 물품들을 공급하였다. 이로써 아직 치안이 확보되지 않은 이들 지방에서 막대한 이윤을 올릴 수 있었다.[60] 이들의 활동으로 일반 군대가 필요로 하는 물품이 수월하게 공급되었을 뿐만 아니라 마약이 확산되는 데도 한몫을 하였다. 주(駐)북경 일본대사관 촉탁 와타나베(渡辺寅三郎)가 작성한 「화북의 마약 비밀사회의 실체」에 의하면,

> 일지사변(日支事變, 중일전쟁* 필자주)을 계기로 대륙에 진출한 조선인 다수는 당초부터 마약의 밀조(密造), 밀매를 목표로 밀업(密業)의 중심지인 경진(京津)을 중심으로 전선으로 전선으로 황군(皇軍)의 진격을 따라 화북 전체로 이동하였다. 이러한 것은 군 주둔지에 부수(附隨)한 상인 또는 통역, 군속으로 왕성히 위험지구에서 활약하면서 마약을 전선으로 전선으로 화북 전역에 운반한 것이다.
> 적어도 황군이 주둔한 곳이라면 어떠한 전선의 소도시에도 조선인 밀업자가 없는 경우가 없으며(그들의 90%는 마약과 관련이 있다) 마약의 밀조, 밀수입, 밀매에 관계하는 자의 수는 1만 2, 3천 호 약 6만 명 정도, 주로 부정업에 의해 생계를 유지하고 있다.[61]

라고 하였듯이 화북의 적지 않은 한인들은 일본군의 진격과 함께 군

---

59 朴橿, 「滿洲國의 阿片麻藥 密賣對策과 在滿韓人」, 『韓中人文學硏究』19집, 2006, 482~484쪽.
60 朝鮮總督府北京出張所, 앞의 책, 2쪽.
61 在北京日本大使館囑託 渡辺寅三郎, 「華北に於ける麻藥秘密社會の實体」, 岡田芳政 外 編, 앞의 책, 416쪽.

을 따라 상인으로, 통역으로, 군속으로 활동하면서 생계와 관련하여 화북 전역의 마약밀매에도 관계하였다.

　1943년에도 화북지역의 헤로인 밀소매(密小賣)는 주로 한인에 의해 이루어졌다. 앞서 와타나베(渡辺寅三郎)가 작성한「화북의 마약 비밀사회의 실체」에 언급된 이 시기 한인 관련 헤로인 밀소매업자 상황을 정리하면 다음과 같다. 천진의 헤로인 밀소매업자 1,800호 가운데 1,600호가 한인이며, 200호가 중국인이었다. 청도(靑島)·제남(濟南)·석문(石門)·신향(新鄕)·서주(徐州)·개봉(開封)의 6대 도시에서 밀소매업 추정 호수는 2,700호인데 그 가운데 한인이 2,500호를 차지한 것으로 추정하고 있다. 이들 도시에 거주하는 한인의 호수는 총 5,160호(1943년 4월 1일 현재, 대사관 조사)였으므로 절반정도가 관련이 되었다는 것이다. 또한 산서성 및 북경,[62] 천진을 비롯한 화북 치안지구에 해당되는 전선의 각 현에서 1943년 4월 1일을 기준으로 4,565호의 한인들이 거주하고 있었는데 이들 가운데 약 500호 정도만이 요리점, 잡곡상 등을 운영하고 있었다. 이들 지역의 전체 밀소매업 호수는 4,300호인데 이 중 4,000호가 한인이며 나머지 300호가 중국인이었다. 이와 같이 1943년도에도 화북에서 한인들의 마약밀매 활동은 여전히 심각했으며 또한 지속적인 것이었음을 알 수 있다.

　요컨대 중일전쟁 발발 이후 화북 이주 한인의 마약 등 '부정업' 종사에 대한 일본의 우려와 대책에도 불구하고 해결될 기미는 보이지 않았다. 오히려 한인 마약 중독자 문제까지 심각한 문제로 대두되었다. 중일전쟁 발발 전후 한인 이주와 아편마약 밀매 등 '부정업'과의

---

62 와타나베(渡辺寅三郎)가 작성한「華北의 마약 비밀사회의 실체」에 의하면, 북경의 헤로인 밀소매업자 수는 1,800호로 언급되어 있으나, 여타 도시와 같이 국적을 구분하지는 않았다. 그러나 천진의 상황을 언급한 주에, 북경에는 중국인 헤로인 소매업자는 없으나 천진에는 중국인거리의 골목에 중국인 밀매점이 있다고 한 점과 화북지역 마약밀매와 한인과의 깊은 관련성 등을 볼 때 북경의 헤로인 밀소매업자 수 역시 한인과의 관계가 높았을 것으로 예상된다.

관계 등 당시의 이와 같은 실상을 정확히 이해하기 위해서는 한인들이 처해 있던 여건, 특히 당시 일본정부의 태도와 역할을 파악하는 것이 무엇보다도 중요하다. 따라서 다음에서는 중일전쟁 전후 아편마약업과 마약 중독문제 등에 일본정부의 대응 태도가 적절하였는가를 살펴보는 것이 의미가 있을 것이다.

4) 한인의 아편마약 밀매와 일본정부의 태도

중일전쟁 발발 이전까지 화북지역에 거주하던 다수의 한인들은 아편마약 밀매 등에 대한 일본정부 및 군부의 소극적 대처 또는 비호하에 '부정업'에 종사하였다. 즉, 한인들은 일본에 의해 조선이 식민지가 된 이후 '일본국 신민'이 되어 어떠한 불법적인 일을 자행하더라도 중국 관헌의 처벌을 받지 않는 치외법권을 누릴 수 있었다. 여기에 아편마약 밀매 등에 대한 일본 영사의 관대한 처벌이 일본인은 물론 한인들로 하여금 '부정업'에 쉽게 빠져들게 하였다. 또한 일본 군부 역시 '일본국 신민'의 아편마약 밀매 등에 대해 단속보다는 비호하는 입장에 서 있었다.

실제로 이 시기 한인 등 일본 국적인의 아편마약 밀매에 대한 일본 정부의 태도는 국제사회에도 부정적인 인식을 갖게 했다. 국제연맹 기구의 자문기구로서 발족된 아편자문위원회 제21차(1936년 5월) 회의에서 미국대표인 푸러(Stuart J. Fuller)는, "중국에서 일본 당국은 아편마약을 판매하는 일본인과 한인에 대해 극히 가벼운 처벌을 가하였다. 가장 무거운 처벌은 감옥에서 몇 주 정도 지내면 되었고, 벌금은 소규모 판매자의 하루 영업소득 정도였다"라고 비난하면서, 미국 정부는 아편마약을 밀무역하고 불법 제조하는 일본인과 한인에 대해 효과 있는 처벌을 내릴 것을 건의한다고 하였다.[63] 또한 1937년 5월에 거행된 제22차 아편자문위원회에서도 미국대표인 푸러는, "일본인과 한인은 천진에서 공공연히 헤로인을 판매하고 있으며 이곳에서 철도를 이용하여 중국 각지에 마약을 판매하고 있다. 복건(福建)과 기동(冀東)에서도 일본인과 한인이 경영하는 마약 판매상이 있을 정도이다"[64]라고 하면서 한인과 일본인의 마약밀매에 대해 일본정부가 철저한 단속과 무거운 처벌을 해야 한다고 주장하였다.

이 같은 국제사회의 비난에 대해 일본 외교관이 본국에 보고한 내용은 일본정부의 재외 일본 국적인에 대한 태도를 살펴볼 수 있는 기록이다. 1934년 9월 8일 제네바 주재 국제회의 제국(帝國) 사무국장 대리 겸 총영사 요코야마 마사유키(橫山正幸)가 일본 외무대신 히로타 고키(廣田弘毅) 앞으로 보낸 전문을 보면 다음과 같다.

> 또한 종래 재중국 제국 영사재판 판결에 의한 마약밀수입 범죄인 처벌이 너무도 가벼웠습니다. 최근 2, 3범인에 대한 판결처벌과 같이 겨우 20엔의 벌금을 부과한데 지나지 않은 실례가 있습니다. 이러한 것은 종래 우리나라 관헌의 마약 단속규칙 위반자 처벌이 중국 및 구미 여러 나라 관헌이 실행하고 있는 엄중한 처벌에 비해 너무나 가벼워 하등 단속의 효과가 없다는 비난을 받게 하는 동시에 우리 측 관헌이 이 같은 효과 없는 처벌로 범인을 방치하여 오히려 밀수를 장려한다는 억측을 갖게 하고 있습니다. 따라서 이 같은 사태를 지속되게 하는 것은 우리 측 입장에서 볼 때 불리한 결과를 초래할 우려가 있다고 생각 됩니다……[65]

위에 언급되었듯이 일본의 외교관 역시 본국의 외무대신에게 마약 밀수입에 대한 영사의 처벌이 너무 가벼워 오히려 밀수를 방치한다는 오해를 불러일으킬 수 있다고 보고하였다. 이 같은 보고가 이루어질 정도로 중일전쟁 이전 화북지역 한인 아편마약 밀매에 대한 일본

---

63 張力, 『國際合作在中國: 國際聯盟角色的考察 1919~1946』, 中央研究院近代史研究所, 1999, 254~255쪽.
64 張力, 앞의 책, 255~256쪽.
65 「外務省關係電報および文書」, 岡田芳政 外 編, 앞의 책, 523쪽.

정부의 태도는 매우 온건한 것이었다.

한편 중일전쟁 발발 이후 화북을 점령한 일본은 이 지역에서 아편을 점차 근절시켜 나간다는 명목으로 수입위주(收入爲主)의 정책을 취하였으며 마약에 대해서는 엄격한 단속을 표방하였다. 중일전쟁 발발 다음 해인 1938년 10월 25일에 일본대사관은 화북지역에 대한 아편마약 대책안을 내놓았다. 그 대책안의 내용을 살펴보면, 이 시기 화북지역에 대한 아편정책은 점차 금지시켜 나간다는 명목으로 당국에서 간접전매를 실시해 수익을 창출하고자 하는 것이었다.66 아편과 달리 마약의 경우 일본은 엄격한 단속을 표방하였는데 그것은 아편정책을 수행하는 데 있어 아편 사용자들이 아편을 마약으로 대체할 경우 아편판매가 제대로 이루어질 수 없을 것을 우려했기 때문일 것이다. 일본정부는 현지 군과 협력하여 중국에 설립한 괴뢰정부를 지도하고 동시에 종래 문제를 야기했던 중국거주 일본 국적인의 부정거래업자에 대한 단속에 대해서도 현행 외무성령을 그대로 시행하여 '정업'으로의 전업을 지도·조장하고자 하였다.67 이에 따라 한인의 경우 노대농장을 설립하여 수용하였던 것이다.

마약문제에 대한 일본당국의 대책에도 불구하고 화북지역 한인의 마약밀매는 여전히 심각하였다. 그 원인의 하나로 우선 일본의 화북지역에 대한 지배력 확보와 관련이 있었다. 1938년도 화북지역 아편문제에 관한 일본 외무성 관련 보고들에 의하면, "아편에 관해서는 주의상(主義上) 종래의 단금주의(斷禁主義)를 유지하여도 아편흡연에 관한 중국인 일반의 누습 및 현재의 치안상황을 감안하여 현지의 실상에 맞게 단속을 행할 것",68 "화북임시정부(華北臨時政府)의 실체

---

66 「在中華民國日本大使館書類抄」(1938. 10. 25), 岡田芳政 外 編, 앞의 책, 261~262쪽.
67 外務省條約局, 「昭和13年度執務報告拔萃 194~203」, 『極東國際軍事裁判記錄 檢察側證據書類』 12卷, 1043-2·1043-3쪽.

및 화북에 대한 일본 측이 갖고 있던 행정력의 불완전함을 감안해 볼 때 당장 아편제도를 실시하는 것은 공론에 그칠 우려가 있다"[69]라고 한 것을 보면 이 시기 일본의 화북지역에 대한 지배력이 아직 부족하였음을 알 수 있다.

화북지역의 아편제도는 중일전쟁 발발 직후 일본에 의해 성립되었던 중화민국 임시정부(中華民國臨時政府)가 1940년 왕징웨이(汪精衛) 정권이 성립되면서 화북정무위원회(華北政務委員會)로 개편된 뒤에야 비로소 성립되었다. 당시 화북의 아편제도는 기구의 정비가 미비하고 지배력이 불안하다는 이유를 들어 간접 전매방식을 취하였다. 그리고 아편제도가 공포되어 시행에 들어간 지 1년 반이 지난 상황에서도 지역 내 아편의 밀재배 상황은 이전과 차이가 없었다. 지역 내 아편흡연자의 등록에 있어서도 추정 아편흡연자 170만 명 가운데 1940년 10월 1일 약 7천 명이 등록하는 데 그쳤다. 일본 측에서도 정부(政情)의 안정, 지배력의 확립, 밀매매 아편의 금지, 사연관(私煙館)의 구축에 성공하지 못하는 한 당국의 아편제도가 확립되기를 기대하기 어렵다고 보았다.[70] 1942년 11월에도 역시 화북의 아편 추정 중독자 170만 명 가운데 등록자는 겨우 6만 3,019명이었다.[71] 화북지역의 지배력 부족으로 아편에 대한 단속이 이러한 실정이었으므로 마약 단속문제는 이보다 더 어려울 수밖에 없었다.

이와 같이 일본의 지배력이 불안정한 상황에서 한인 등 일본 국적인에 대한 가벼운 처벌은 마약밀매의 단속을 더욱 힘들게 하였다. 앞

---

68 外務省條約局,「昭和13年度執務報告拔萃 194~203」, 1043-1쪽.
69 外務省條約局外務省書記官西村熊雄,「滿洲國及北支ニ於ケル阿片麻藥問題ニ關スル視察報告」, 46쪽.
70 興亞院華北連絡部,「支那阿片對策に關する打合會議提出書類」, 岡田芳政 外 編, 앞의 책, 375~376쪽.
71 大東亞省北京事務所經濟第1局,「華北禁煙並禁毒制度實施要綱案」(1942. 11. 28), 岡田芳政 外 編, 앞의 책, 403쪽.

서도 언급했듯이 1936년 5월에 거행된 국제연맹의 제21차 아편마약 금지위원회에서 미국대표 푸러는 중국에서 마약밀매에 종사하는 일본인과 한인에 대한 일본당국의 처벌이 너무 가볍다는 사실을 지적하여 실효성 있는 징벌을 시행할 것을 요구하였다. 또한 일본 외무성 조약국이 작성한 「1938년도 집무보고」에도 마약의 단금(斷禁) 필요성을 강조하며 현지 군측과 협력하여 신정권을 지도하고 중국거주 일본 국적인의 부정 거래업을 단속하는 데 있어서도 현행 외무성령을 관철시키고 전업(轉業) 지도에 노력하겠다고 하였다. 그럼에도 불구하고 앞에서 언급하였듯이 이 시기 재화북 한인의 마약 밀매문제가 개선되지 않고 있었던 것을 보면 처벌이 미흡했음을 알 수 있다. 이와 관련하여 외무성 조약국에서 작성한 「1941년도 집무보고(昭和16年度執務報告)」를 보면 다음과 같다.

> 종래 중화민국에 있는 우리나라 사람에 대한 아편 및 마약의 단속은 외무성령에 의해 실시되었으나 이들 단속에 관한 법령 위반의 범죄 중 마약의 밀제조 및 부정거래에 관한 범죄는 최근 격증일로를 달리고 있다. 지금부터 과거 5년간의 영사재판에서 취급한 이러한 범죄사건의 통계를 보면 다음과 같다.
> 1937년 212건/ 1938년 424건/ 1939년 1,111건/ 1940년 1,468건/ 1941년 1,635건[72]

위의 내용에 의하면 기존 외무성령에 의한 단속은 처벌이 너무 가벼워 마약 관련 범죄가 개선되기보다는 오히려 범죄 건수가 해마다 증가하여 악화되었음을 알 수 있다. 1941년 8월에 중국거주 일본 국적인의 마약밀거래 단속을 보다 강화하기 위해 1936년의 외무성령을 폐지하고 새롭게 외무성령을 공포하여 벌칙을 3년 이하의 징역 또는 3천 원(元) 이하의 벌금으로[73] 인상한 것을 보면 그 이전의 벌칙들이

---

[72] 外務省條約局,「昭和16年度執務報告」, 1941, 225쪽.

얼마나 가벼웠는지를 여실히 보여준 것이라고 하겠다.

  중일전쟁 이전은 물론 이후에도 일본의 외무성이나 현지 일본 영사관이 일본 국적인의 아편 및 마약밀매 단속에 소극적이었던 것은 일본의 경제상황 악화와도 무관하지 않았다. 1920년대 1차 대전 이후 전개된 전후 공황 이래 일본의 경제는 불황이 지속되었으며 이 같은 상황에서 일본 국적인들 가운데 아편 및 마약업에 종사하는 사람들이 증가하였다. 이에 대해 일본 내무성은 엄격한 아편마약 금지규정이 있었음에도 불구하고 아편 및 마약의 대외 수출에 대해서는 방임하는 태도를 취하였다. 일본 외무성과 현지 영사관 역시 아편과 마약무역에 의존하여 생계를 유지하는 사람이 너무 많다고 판단하여 처벌에 관대하였다.[74] 일본 외무성이나 영사관의 이 같은 태도는 중일전쟁 이후에도 크게 변화되지 않았다.

  게다가 지방에 주둔하는 일본군의 경우 군과의 협력적인 관계로 화북거주 한인 마약밀매자에 대해 단속을 묵인하는 경우까지 있었다. 지방 소도시의 경우 일본군이 주둔하는 곳이면 한인들이 진출하여 군을 상대로 일반 음식·잡화업(위안적 요리점, 식당, 시계점, 시계수리점, 식량잡화점, 사진점, 약국 등)을 하면서 동시에 지역 중국인을 상대로 마약을 밀매하였다. 이와 관련하여 주(駐)북경 일본대사관 촉탁 와타나베(渡辺寅三郎)가 작성한 「화북의 마약 비밀사회의 실체(華北に於ける麻藥秘密社會の實体)」에 언급된 내용을 보면,

    황군(皇軍)이 주둔하면 반드시 조선인(朝鮮人)이 와서 앞서 언급한 바와 같은 영업을 하였는데,……그러나 그들이 중국에 온 목적은 화북의 최전선에서 위와 같은 영업을 하는 것이 아니라 처음부터 (헤로인)의

---

73 外務省條約局, 위의 자료, 225쪽 ; 外務省條約局, 「昭和15年度執務報告」, 1940, 119~120쪽.
74 菊地酉治述·宋哲夫記, 「日本鴉片政策之解剖」, 『拒毒月刊』 25期, 1928, 34쪽.

밀매를 지향한 것으로 그들은 군 의존관계의 영업에 의해 거주의 안정을 도모하고 이면에서 폭리를 얻는 (헤로인)을 밀매하는 것이다. 또한 그들 가운데 자신이 속한 군의 이동에 따라 이동지로 전출하는 자를 보면, 군이 그들의 거주에 의해 편익을 얻은 관계가 많았기에 전출한 업자는 전출지에서도 계속해서 (헤로인)밀매에 종사하는 것이 보통이었다.……지방에서의 밀매업자는 위와 같이 (헤로인)의 소매를 부업(오히려 본업으로 볼 수 있다)으로 하고, 그중에는 군관계의 일, 황군에 협력하는 경우도 자주 있는 관계로 도시에서의 부정업자에 비해 그 성격도 좋고 도시에서 보이는 것과 같은 심각한 범죄 등에 의한 어두운 그림자를 수반하지도 않고 있다.[75]

라고 하였듯이 지방에 주둔한 일본군을 따라 이동한 한인들은 군과의 밀접한 유대관계 내지 협력관계를 유지하면서 일반 음식·잡화업 운영을 명목으로 마약을 밀매하였던 것이다.

군과의 밀접한 관계로 한인 밀매업자들이 이익만 보았던 것은 아니고 오히려 일본군 쪽에서 이들 한인 마약 밀매업자들을 이용하는 경우도 있었다. 1939년 5월 외무성조약국 서기관 니시무라 구마오(西村熊雄)가 작성한 「만주국 및 화북에서의 아편마약 문제에 관한 시찰 보고(滿洲國及北支ニ於ケル阿片麻藥問題ニ關スル視察報告)」에는 이와 관련된 보다 구체적인 내용이 언급되어 있다.

중국 군대에는 마약흡식의 습관이 있다. 패잔병은 마약의 궁핍으로 고통받고 있다. 그곳으로 위험을 무릅쓰고 마약을 소지한 선인(鮮人)은 중국병사로부터 크게 환영을 받고 있다. 이들 선인의 활동에 의해 패잔병의 동정(動靜)에 관한 정보를 얻을 수 있는 편리함이 있다. 자연히 전선에서 선인(鮮人)은 군략적(軍略的)으로 이용되는 경향이 있다.[76]

---

75 在北京日本大使館囑託 渡辺寅三郎, 「華北に於ける麻藥秘密社會の實体」, 岡田芳政 外 編, 앞의 책, 440~441쪽.
76 外務省條約局外務省書記官西村熊雄, 앞의 자료, 52쪽.

이와 같이 일본군에게 한인 마약 밀매업자들은 위험한 전선에서 중국군에 관한 정보를 얻어오는 역할을 하며 군략적으로 이용되기도 하였다. 이로써 이들은 단속의 대상이기보다는 협력자적 입장에 있었고 나아가 필요에 따라 이용되는 대상이기도 하였던 것이다.

그런데 일본은 1941년 이후 마약밀매에 대한 단속법규를 강화시켰다. 즉, 밀매자인 일본인과 한인의 마약 중독문제가 심각해진 상황이 반영된 것이었다. 1939년 북경에는 약 7천 명의 한인에 있었는데 그 가운데 2천 명이 마약에 중독되어 있었다.[77] 화북지역의 일본인에게도 마약문제가 심각한 문제로 인식되기 시작하였다. 당시「시찰보고서」에 의하면,

> 아편정책의 성공을 위해서는 마약단금이 필요한 외에 마약문제를 그대로 방치하는 것은 일지(日支)제휴를 불가능하게 하고, 더욱이 사변(중일전쟁* 필자주) 후 각지에서 일지인(日支人)이 잡거하는 추세를 볼 때 마약은 지나인(支那人)이 흡식하는 것이고 일본인은 흡식하지 않는다고 생각하는 것은 커다란 오류이다. 따라서 일본민족의 장래를 고려하여 마약문제에 대한 대책을 일각도 늦출 수 없다고…….[78]

라고 하였듯이 화북지역의 마약 중독문제는 한인에게 제한된 것이 아니라 일본인에게도 심각한 문제였다. 따라서 일본 국적인에 대한 단속과 치료에 대한 의견들이 외무대신에게 보고되곤 하였다. 이 가운데 1938년 8월 2일 호리우치(堀內) 참사관이 우가키(宇垣) 일본 외무대신에게 보낸 전보를 살펴보면 다음과 같다.

> 중국거주 우리나라 사람의 단속에 관해서는 단속법령의 개정이 긴급하다. 뿐만 아니라 이미 우리나라 사람들 중 상당수의 중독자가 있기 때

---

77 外務省條約局外務省書記官西村熊雄, 앞의 자료, 51쪽.
78 外務省條約局外務省書記官西村熊雄, 앞의 자료, 56쪽.

문에 북경, 천진 등에 정식으로 계연소(戒煙所)를 두는 것이 불필요하다면 지정병원 내에 계연시설(戒煙施設)을 설치하여 각지로부터 온 악성 중독자를 의약치료토록 해야 한다. 이와 함께 중국인 의사에 대해 환자 진단의 결과 중독자 신고의 의무를 지우는 것도…….79

이 전보에서도 일본 국적인에 대한 마약 단속법령의 개정은 물론 일본 국적인 중독자가 상당수 있으므로 치료가 시급하다는 것이 강조되었다. 이와 같이 일본 국적인의 마약 밀거래뿐만 아니라 마약 중독자 증가의 심각성에 의해 일본은 1941년 8월에 아편 및 마약단속과 관련한 외무성령을 강화시켰던 것이다.

그럼에도 불구하고 일본은 마약 등의 밀매로 화북지역의 아편제도가 별다른 성과를 거두지 못하자 마약제도를 성립시켜 당국이 마약문제를 직접 관리하는 한편 '부정업자'를 철저히 단속하고자 하였다. 지역적으로 화북에서는 마약 사용자들이 많았는데, 중일전쟁 이후 아편가격이 폭등하자 아편 대신 마약사용자로 전락하는 경우가 늘어 그 수는 더욱 증가하였다.80 홍아원 화중연락부(興亞院 華中連絡部)가 1942년 8월에 작성한 회의 자료에서도, 1941년의 경우 아편가격의 폭등으로 일반 소비자들이 싼 밀거래 아편을 이용하거나 값이 싸면서 효과가 큰 마약류로의 이행이 많아졌다고 하였다.81 이러한 여건으로 화북지역의 아편제도는 아편의 밀매 및 마약의 성행으로 순조롭지 못하게 되었다. 이에 일본은 밀제조 및 밀거래자를 엄벌하고 당국에서 마약을 직접 관리하고자 하였다. 이에 1943년 6월 10일「화북금연금독법규(華北禁煙禁毒法規)」가 공포되어 마약을 당국에서 관리

---

79 「外務省關係電報および文書」, 岡田芳政 外 編, 앞의 책, 547쪽.
80 松井囑託,「今後五ケ年間に於ける臨時政府管內鴉片の需給數量調」(1939. 9), 岡田芳政 外 編, 앞의 책, 301쪽.
81 興亞院華中連絡部,「昭和17年度支那阿片對策打合會議資料」, 岡田芳政 外 編, 앞의 책, 384쪽.

하고 위반자에 대한 처벌이 강화되었다. 위의 「법규」에 의하면, 당국의 허가를 받지 않고 마약을 사용한 자는 5년 이하의 유기징역 또는 5천 원 이하의 벌금령을 규정하였고, 당국의 허가를 받지 않고 마약을 운수, 매매, 수수, 소유 또는 소지한 경우 10년 이하의 유기징역 또는 1만 원 이하의 벌금에 처하며 또는 징역과 벌금을 병행하여 부과한다는 것이었다.[82] 1941년 8월에 공포된 마약위반에 대한 외무성령의 처벌이 3년 이하의 징역 또는 3천 원 이하의 벌금이었던 것과 비교하면 단속의지가 보다 강화되었음을 알 수 있다.

그러나 당시는 일본의 지배력이 더욱 불안정한 시기였고 중국내 일본 각 기관의 협조 역시 원활하지 못한 상황에서 화북지역 한인의 마약밀매자 수는 여전히 심각하였다. 따라서 마약단속에 대한 성과를 기대하기란 어려운 것이었다. 흥아원 화북연락부에서 1942년 8월에 작성한 「지나아편대책에 관한 협의회의 제출서류(支那阿片對策に關する打合會議提出書類)」와 1943년에 화북금연총국(華北禁煙總局)에서 작성된 것으로 추정되는 「화북금연 및 금독제도실시요강(華北禁煙並禁毒制度實施要領)」을 통해 재화북 한인 마약밀매의 심각성과 대책에 관해 알 수 있다.

> 화북의 마약제도 창시에 가장 우려하고 신중히 고려해야 할 것은 반도인(半島人[韓國人]), 이곳에 거주하는 전체 주민 약 7만 2천 명 가운데 약 7할로 칭해지는 이 같은 업자의 문제로서 이 문제에 대해 잘못 처리하면 화북의 치안을 어지럽히고 황국(皇國)의 위신에 관한 사건을 만들어낼까 두렵다. 따라서 그것의 선후책에 대해 대사관 측과도 신중히 연구 중이다. 외무성 당국에서도 이 문제에 대해 충분한 지도, 원조를 요망한다.[83]

---

82 華北禁煙總局, 「華北禁煙禁毒法規」(1943. 6. 10), 岡田芳政 外 編, 앞의 책, 479쪽.
83 興亞院華北連絡部, 「支那阿片對策に關する打合會議提出書類」(1942. 8. 19), 岡田芳政 外 編, 앞의 책, 377쪽.

제8관계기관의 협력
1. 방침
화북금연, 금독제도 및 사업의 육성 강화에 대해 관계기관의 협력을 요청한다.
2. 요청
(……)
(3) 아편·마약제도 및 사업의 확립은 일본 측의 협력, 지도 없이는 달성하기 곤란하다는 뜻의 인식을 도모한다.
(4) 협력의 기관은 대사관 및 그 현지기관, 각지 헌병대 및 신민회(新民會)를 중핵으로 한다…….
(5) 장래 일본 측의 지도 협력 대책을 결정하기 위해서는 군사령부, 헌병사령부, 대사관의 주무관(主務官), 금연총국 수석 연락원 및 신민회(新民會) 일계(日系) 주무자(主務者)로써 금연금약지도위원회(禁煙禁藥指導委員會)를 조직하여 사실상의 지도대책 결정 및 각 기관 연락의 중추기관으로 삼는다.[84]

즉, 일본의 마약단속 강화에도 불구하고 1942년 8월 전체 화북 거주 한인 가운데 많은 사람들이 여전히 마약업에 종사하고 있었고 그 심각성이 개선되지 않고 있었다. 또한 아편 및 마약제도의 확립을 위해서는 일본 측 관계기관의 협력이 절대적으로 필요하다고 언급되어 있듯이 지금까지 일본 측 관계기관들, 현지 일본군과 외무성·대사관 및 흥아원이 각기 이해관계에 따라 마약문제에 대응해 오면서 제대로 성과를 거둘 수 없었던 것이다. 1943년 이후에[85] 가서는 중국 점령지에 대한 일본의 지배력이 악화되기 시작했기 때문에 아무리 강력한 처벌법규가 공포되고 일본 측 관계기관이 협력한다고 하더라도 단속에 대한 실효성을 기대하기란 이미 요원한 상태였다.

---

84 「華北禁煙並禁毒制度實施要領」, 岡田芳政 外 編, 앞의 책, 490쪽.
85 歷史學研究會 編, 『太平洋戰爭史5 太平洋戰爭Ⅱ(1942~1945)』, 靑木書店, 1974, 68~69쪽.

요컨대 중일전쟁 발발 전후 화북의 도시로 이주한 많은 한인들은 낯선 이국이라는 환경 속에서 일본의 묵인 내지 느슨한 단속하에 아편마약 밀매업에 쉽게 종사하였다. 화북지역 한인들의 아편마약 밀매업 종사는 화북 이주 한인 사회의 불안정을 보여주는 상징적인 것이었다. 당시 한인들은 중국인을 대상으로 직접 밀소매를 담당하였고 이러한 행위는 한중 간의 갈등을 심화시켰으며 나아가 국제사회로부터 한인이 신뢰를 획득하는 데 있어서도 부정적인 영향을 미쳤다. 화북 한인들이 이러한 상황에 처하게 된 현실에는 해외거주 일본국적인의 아편마약 범죄에 대한 일본정부와 군부의 미온적인 대처, 현지에 파견된 일본 관계 각 기관 간의 비협조 그리고 한인 마약업자에 대한 일본군의 군략적 이용이라는 측면 등을 간과할 수 없다.

5) 소결

중일전쟁 발발 전후 화북 이주 한인의 모습은 수적으로나 이주 동기에서 약간의 차이를 보였다. 1910년 일본에 의해 조선이 강점된 이후 화북으로 이주한 한인들 가운데는 항일이라는 정치적인 동기와 생활상의 어려움이라는 경제적인 동기를 가지고 이주하였지만 그 수는 중일전쟁 발발 직전의 경우 8천 명 정도에 지나지 않았다. 그러나 중일전쟁 발발 이후 일본군의 화북침략과 함께 많은 한인들이 경제적인 동기로 이주하면서 그 수가 중일전쟁 직전의 10배 가까이 되는 7만여 명에 달하였다.

화북으로 이주한 한인들은 당시 아편마약 밀매업에 많이 종사하였다. 만주와 같은 농업이민이 아니었던 화북이주 한인들은 경제적 빈곤과 타국이라는 여건 속에서 '정업'을 구하기란 쉽지 않았다. 이 같은 상황에서 1910년 일본의 조선 강점 이후 '일본 신민'으로서 누릴 수 있는 치외법권이라는 특권은 이들 한인들을 '부정업'의 유혹에 쉽게 빠져들게 하였다. 게다가 일본 영사관이나 군대가 아편마약 위반을 관대하게 처벌하고 있었던 사실이 이러한 현상을 더욱 부채질했다.

중일전쟁 발발 이후 일본군의 화북침략과 함께 한인 이주자도 그 이전에 비해 10배 가까이 증가하였으며 마약 등 '부정업' 종사자 역시 늘어났다. 이미 화북에서 '부정업'에 종사하고 있던 한인들도 있었지만 만주국으로부터 이주해온 '부정업' 종사 한인들도 많았다. 당시 만주국에서 아편마약 밀매업을 대대적으로 단속하고 치외법권을 철폐시켰기 때문이었다. 또한 중일전쟁 발발 이후 일본군 주둔지 주변에서 군이 필요로 하는 물품의 판매를 명목으로 마약을 밀매하는 경우도 많았다. 1942년에 작성된 일본 측 자료에서 화북 이주 한인 7만여 명 가운데 상당히 많은 수가 마약업자라고 할 정도로 당시 화북 이주 한인의 '부정업' 종사 상황은 매우 심각한 정도였다.

사실 중일전쟁 발발 이후 화북 이주 한인의 마약밀매에 대한 일본의 단속태도는 적극적이지 않았다. 일본은 화북 점령 이후 괴뢰정부와 함께 1940년에 아편제도를 공포, 아편을 당국의 관리하에 둠으로써 재정수입을 도모하고자 하였다. 이로써 한인 등 일본 국적인의 마약밀매에 대한 단속은 그만큼 소극적이었다. 뿐만 아니라 화북지역에 대한 일본의 지배력이 부족하였다는 사실과 아편마약 밀매자 단속에 대한 외무성령의 관대한 처벌, 그리고 마약확산 방지에 대한 현지 일본 주둔군의 비협조는 한인을 포함한 일본 국적인에 대한 마약밀매 단속을 어렵게 하였다. 더욱이 화북 파견 일본 관계 각 기관(흥아원, 외무성 및 대사관, 현지 주둔군 등) 간의 협조미비 역시 밀매단속의 저해 요인으로 작용하였다.

요컨대 중일전쟁 발발 전후 화북의 도시로 이주한 많은 한인들은 낯선 이국이라는 환경 속에서 일본의 묵인 내지 느슨한 단속하에 아편마약 밀매업에 쉽게 종사하였다. 화북지역 한인들의 아편마약 밀매업 종사는 화북 이주 한인 사회의 불안정을 보여주는 상징적인 것이었다. 당시 한인들은 중국인을 대상으로 직접 밀소매를 담당하였고 이러한 행위는 한중간의 갈등을 심화시켰으며 나아가 국제사회로부터 한인이 신뢰를 획득하는 데 있어서도 부정적인 영향을 미쳤다. 화북 한인들이 이러한 상황에 처하게 된 현실에는 해외거주 일본 국적인의 아편마약 범죄에 대한 일본정부와 군부의 미온적인 대처, 현지에 파견된 일본 관계 각 기관 간의 비협조 그리고 한인 마약업자에 대한 일본군의 군략적 이용이라는 측면 등을 간과할 수 없다.

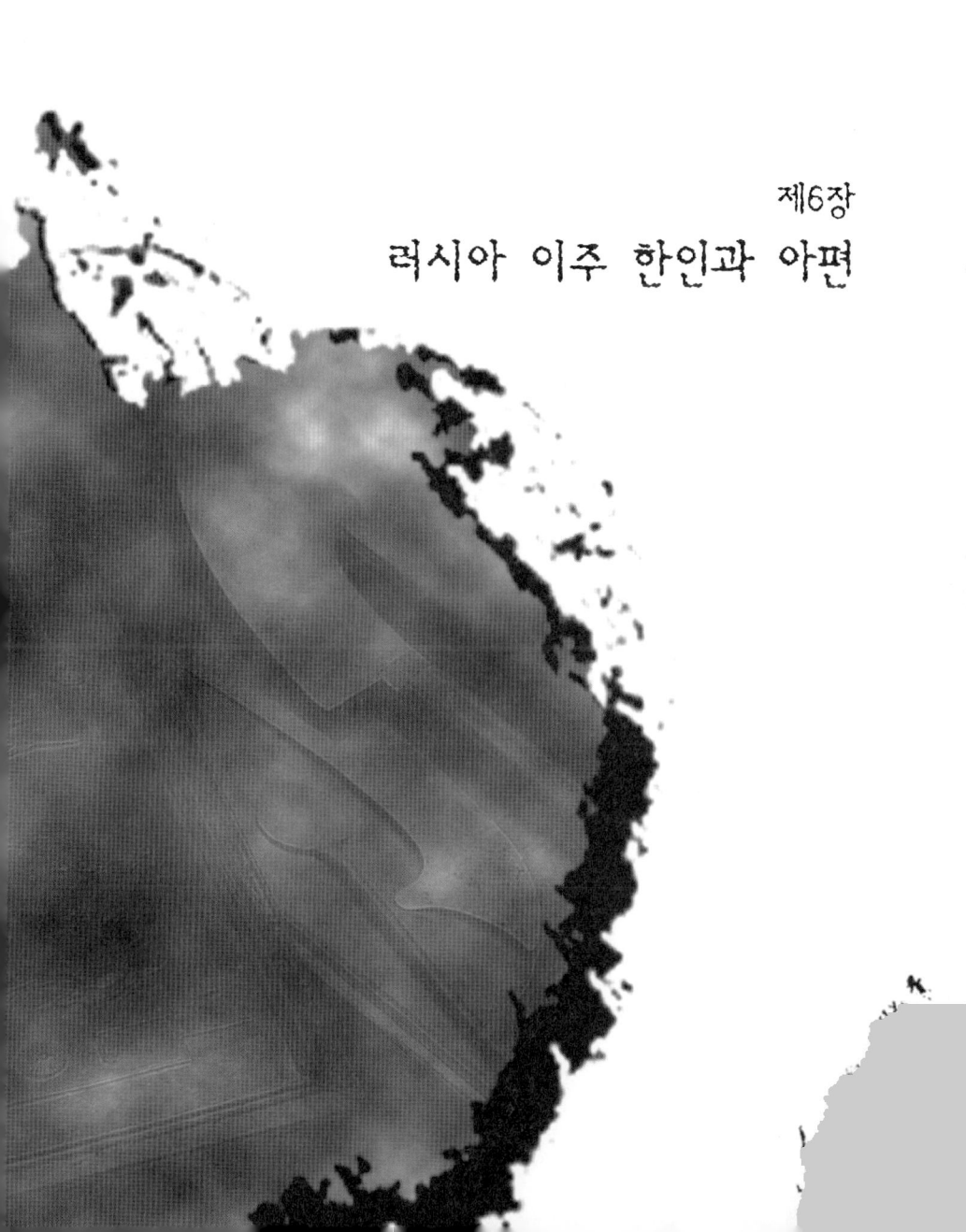

제6장
러시아 이주 한인과 아편

일본이 조선을 강점한 때를 전후하여 많은 한인들이 정치적, 경제적 이유 등으로 국경을 넘어 중국의 만주나 화북은 물론 러시아 연해주지역으로도 이주하였다. 러시아지역 한인 이주사를 이해할 수 있는 사료나 연구에서도 한인의 아편생산 및 밀매와 관련된 내용들이 보인다.1 그런데 그와 관련된 것들이 대체로 소략하고 구체적이지 못하여 이 시기 한인사회와 아편문제에 대한 이해는 부족한 실정이다.

본장에서는 러시아 연해주 이주 한인의 아편생산 및 밀매에 관한 실상을 보다 구체적으로 이해하기 위해 1920년 전후 우수리스크시(市) 부근지역을 중심으로 살펴보고자 한다. 우수리스크시는 지리적으로 만주와 접경하고 있어 중국으로 밀수가 용이한 지역이었다. 게다가 시기적으로는 1차 세계대전이 발발하여 의료용 마약의 수요가 증가한 상황에서 아편가격이 상승하였으므로 아편의 생산과 밀매가 모두 유리했던 시점이었다. 그리고 이 지역에 대한 아편재배 조사서(調査書)가 있다는 사실도 선행적 연구를 가능하게 한다. 당시 이 지역에는 시베리아 간섭의 일환으로 출병한 일본군대가 주둔하고 있었는데 그들에 의해 연해주 거주 한인상황 조사와 함께 우수리스크시 부근 한인의 아편재배 조사서가 작성되었다. 이들 문서의 존재로 러시아 거주 한인의 아편문제 연구가 가능하였다.2

1. 우수리스크시(市) 부근과 한인의 아편생산 배경

러시아 연해주 거주 한인들은 1860년 중국 청조와 러시아 사이에

---

1 玄圭煥, 『韓國流移民史』, 語文閣, 1967 ; 朝鮮總督府內務局社會課 編, 『滿洲及西比利亞地方に於ける朝鮮人事情』, 朝鮮總督府, 1927 ; 李尙根, 『韓人露領移住史研究』, 탐구당, 1996.
2 尼市特務機關, 「大正十年九月 第十一師團駐屯區域內 鮮人阿片栽培事業調査書」, 倉橋正直 編解說, 『二反長音藏 アヘン關係資料』, 不二出版, 1999 ; 尼市特務機關調製, 「第十一師團駐屯地域內 朝鮮人村落及人口調査書」, 1921.

북경조약이 체결되면서 본격적으로 이주하기 시작하였다. 한인들이 러시아 연해주로 이주하는 숫자는 계속 증가되었는데, 그 원인을 살펴보면 먼저 1869년과 1870년에 있었던 흉년에 의한 이주와 같이 생계불안이라는 요인이 있었다. 그리고 러시아가 한인 이주에 환영하는 태도를 보였다는 사실도 작용하였고, 일본인이 조선을 강점하게 되자 정치적 요인도 이주를 크게 부추겼다.[3] 이주한 한인들은 초기에는 남부 우수리 지역에 집중 거주하면서 한인촌락을 형성하였는데 점차 분산되어 각지에 한인 촌락을 조성하였다. 1904년 연해주지역에 32개의 한인 거주지가 있었으며 그 가운데 31개 거주지가 연해주 남부 우수리지방에 있었다.[4]

1920년대의 러시아 이주 한인통계를 보면 한인들은 그 전과는 달리 연해주 각지에 많이 확산되었다. 1927년의 통계에 의하면 블라디보스토크를 중심으로 부근 각지에 약 48,000명, 우수리스크시 부근 일대에 약 52,000명, 남부 우수리지방 기타 약 50,000명이 거주하였다. 연해주를 제외한 시베리아 전체에 거주하는 한인 약 50,000명 합산하면 시베리아 거주 한인은 약 20만 명에 달하였다.[5]

이들 지역 가운데 우수리스크시와 그 부근은 아편의 집산지와 생산지로 유명하였다. 1차 대전 이후 이 지역에서는 아편이 많이 생산되어 중국으로 밀수되었는데 이 지역 거주 한인들 대다수가 아편의 생산과 거래에 관여하고 있었다. 우수리스크시는 과연 어떤 지역이었을까?

우수리스크시는 유구한 역사가 있는 지역으로 러시아령이 된 이후 지리적 요인에 의해 발전하기 시작하였다. 청나라에 편입되어 있던 시대에는 이곳에 고성(古城)이 서로 나란히 있다고 하여 '쌍성자(雙城

---

3 玄圭煥, 앞의 책, 801쪽.
4 李尙根, 앞의 책, 43~48쪽.
5 玄圭煥, 앞의 책, 816~817쪽.

子)'라고 불렸대조선에서는 '소왕령(蘇王領)'이라고 칭하였음]. 1858년 6월 중국 청조와 러시아 양국이 조인한 천진조약(天津條約)에 의해 우수리주(州) 전체가 러시아령이 되었다. 당시 이곳에 작은 마을이 형성되었는데 이 마을이 '니콜스크(니콜스크-우수리스크의 준말)'로서 '니콜스크시(현재의 우수리스크)'의 전신(前身)이 되었다. 이곳은 과거 발해국(渤海國)의 수도인 동경부(東京府)가 있었던 곳이기도 하다. 러시아는 극동경영과 관련하여 이 지역을 주목하였다. 즉, 우수리스크시는 사통팔달의 도로망을 보유하였고 우수리 및 중동(中東)[6] 양 철도의 교차지였다. 이러한 이점에 따라 러시아는 이곳의 경제적 군사적 측면에서 시설을 투자해 나갔다. 이로써 우수리스크시는 1921년에 이르면 인구 4만여 명의 대시가(大市街)를 이루게 되었다.[7] 당시 우수리스크시 부근에 거주하는 한인 인구수는 1922년의 조사에 의하면 28,235명으로 집계되었는데, 그 가운데 약 71%인 19,908명이 농업에 종사하였다. 나머지 29%인 8,327명은 기타 직업군으로 분류되었다.[8]

우수리스크시 부근 지역을 중심으로 한인들은 농업에 종사하면서 아편을 많이 재배하였다. 한인들은 왜 타국인 러시아의 우수리스시 부근을 중심으로 아편을 많이 재배하였을까? 그 배경에 관해 몇 가지 살펴보자.

첫째, 러시아 영내 중국인의 영향을 들 수 있다. 연해주지역에서 아편을 재배하기 시작한 것은 중국인이었다. 특히 1907년경에 중국인들은 우수리스크시 부근의 땅이 비옥하여 아편재배에 적당하다고 보고 이를 재배한 결과 의외로 좋은 성적을 거두었다. 이것이 계기가

---

6 중화민국 성립 이전에는 동청철도(東淸鐵道)로 불림.
7 「1921년 11월 19일 (재)니콜스크 영사 스기노(杉野鋒太郎)가 외무대신 백작 우치다 고사이(內田康哉)에게 올린 글」.
8 玄圭煥, 앞의 책, 823쪽.

되어 우수리스크 부근에 이주한 한인 역시 낯설지 않게 아편을 재배하기 시작하였으며 이로써 한인 사이에 아편재배가 널리 보급되기에 이르렀다.9

둘째, 아편재배에 대한 러시아정부의 묵인도 관련이 깊다. 중국 청조는 아편전쟁 패배 이래 아편이 급속히 확산되어 심각한 사회문제를 야기하자 1906년 9월에 아편금지령을 선포하여 1908년부터 1917년까지 10년 기간 이내에 아편을 근절하겠다는 계획을 세웠다. 1907년에는 영국과 중영금연조약(中英禁煙條約)을 맺어 중국의 아편근절 효과에 따라 1908년부터 1917년까지 영국이 인도산 아편의 중국수출을 완전히 중지할 것을 약속받았다.10 이러한 상황에서 1910년 동청철도(東淸鐵道) 연선의 개척과 함께 중국 청조와 러시아 간에 조약이 체결되어 러시아에서는 더 이상 아편을 재배하여 중국에 수출하지 않는 조건으로 중국에서도 주류(酒類)를 양조하여 러시아에 수출하지 않는다는 것에 합의하였다. 그러나 이 합의는 잘 이행되지 않았다. 중국인들이 변방의 경계가 허술한 점을 이용하여 다량의 주류를 러시아령으로 밀반출하였고 그 이윤이 막대하였다. 이에 러시아 관헌들은 자신들의 이익확보는 물론 조약위반의 대책으로 러시아 영내 아편의 재배를 묵인하기에 이르렀다. 마침 중국정부가 산동성과 만주에서의 아편재배를 엄금하자 1911년경부터 중국과 러시아의 국경 부근에서 중국인의 아편재배가 증가하기 시작하였다.11 이와 같이 아편재배와 관련한 러시아 관헌과 정부의 묵인은 러시아 영내 중국인의 아편재배 증가를 야기시켰으며, 이것은 또한 우수리스크 부근을 비롯한 연해주 거주 한인의 아편재배에도 영향을 미치게 되었던 것

---

9 玄圭煥, 앞의 책, 861쪽.
10 于恩德, 『中國禁煙法令變遷史』(影印本), 文海出版社, 1973, 115~122쪽.
11 尼市特務機關, 「大正十年九月 第十一師團駐屯區域內 鮮人阿片栽培事業調査書」, 倉橋正直 編解說, 앞의 책, 87~88쪽.

이다.

셋째, 한인 농가의 경제적 어려움을 들 수 있다. 당초 경제적 빈곤 문제를 해결하기 위해 국경을 넘어 이국땅에 이주해 온 한인들은 이주 초기와는 달리 점차 경제적 어려움에 봉착하기 시작하였다. 이 같은 경제적 어려움과 아편재배와의 관련성에 대해 언급한 글들을 보면 다음과 같다.

> 해당 지방(중국과 러시아 국경 부근* 필자주)으로 이주하여 농업에 종사했던 선인(鮮人)들은 땅이 비옥하고 수확이 풍성하여 여유 있는 생활을 누렸으나 1907년경부터 점차 수확이 감소되고 곡물의 가격이 하락하면서 빈곤에 빠지게 되었다. 이에 새로운 농업지역으로 이주할 계획을 세우기도 하였다. 우연히 로지(露支, 러시아·중국* 필자주) 국경지역인 뽀그라니치나야 부근에서 중국인들이 아편을 재배하기 시작한 것을 보고 부업으로 재배를 시도하였고 의외로 좋은 성과를 거두었다. 뿐만 아니라 경작이 용이하며 큰 이익을 보게 되자 나태하고 안일함을 좋아하는 선인(鮮人)의 사업으로 크게 그들의 주목을 받게 되었다.[12]

> 1917년까지 도작(稻作)이 시도되기 전까지는 자연인구의 증가에 따른 경지부족도 또한 관유지 임대의 금지, 황색인에 대한 압박과 배척은 한농(韓農)의 존립에 크게 영향을 미쳤고 이것은 경제면에서도 극심한 타격을 주었다. 따라서 제한된 부족한 경지에서 단위면적당 수입이 높은 아편재배에 발을 들여놓는 자가 많았고……[13]

위의 두 글에서 언급되었듯이 한인 농가들은 농업수확량이 감소하고 곡물가격이 하락하면서 농가경제의 어려움을 비롯한 여러 가지 경제적인 문제에 봉착하고 있었다. 따라서 단위면적당 수입이 높은

---

[12] 尾市特務機關, 「大正十年九月 第十一師團駐屯區域內 鮮人阿片栽培事業調査書」, 倉橋正直 編解說, 앞의 책, 88쪽.
[13] 玄圭煥, 앞의 책, 835~836쪽.

아편재배에 주목하게 되었고 그 유혹으로부터 벗어나기 힘들었다는 상황이 존재하였음을 알 수 있다.

넷째, 아편가격의 상승을 들 수 있다. 1914년 1차 대전 발발 이후 남러시아방면에서 중국에 수출되던 아편이 두절되면서 전쟁 전 1근에 2, 3루불 하던 아편가격이 12루불 내지 15루불로 폭등하였다. 가격폭등에 따라 다음 해인 1915년부터 아편재배에 종사하는 사람들이 많이 늘어났다. 1921년의 경우 우수리스크시, 스파스카야 부근의 평지는 물론 우수리철도 동쪽의 산간벽지에 흩어져 사는 한인부락에서도 아편이 재배되지 않는 곳이 없다고 할 정도였다. 재배면적 역시 1921년의 경우 전년도의 2배 내지 3배로까지 확대되었다.[14]

끝으로 우수리스크시와 그 주변이 아편과 밀접한 관련성이 있었던 것은 우수리스크시가 갖고 있는 지리적 요인과도 관련이 깊다. 우수리스크시가 교통의 요충지라는 점은 앞서 언급한 네 가지 요인과 함께 우수리스크시 주변에서 아편이 많이 생산되게 하는 데 작용하였다. 이 지역은 사통팔달의 도로는 물론 우수리 및 중동 양 철도의 교차지라는 이점이 있어 러시아 당국이 극동을 경영하는 데 있어서도 주목하였던 곳이었다. 이러한 지역의 성격은 우수리스크시 주변에서 생산된 아편이 지리적 요충지인 우수리스크시에 집산되어 아편 소비지인 중국으로 쉽게 밀수출되는 환경을 제공하였던 것이다.

이상의 몇 가지 요인에 의해 러시아 연해주로 이주한 한인 가운데서도, 특히 우수리스크시 주변에 정착한 한인들이 아편생산에 많이 종사하였던 것이다. 우수리스크시 주변에서 생산된 아편은 우수리스크시에 집산되었고 여기에 거주하는 한인 대다수 역시 아편거래에 종사하였다. 이제 한인의 아편업 종사를 구체적으로 이해하기 위해

---

14 尼市特務機關, 「大正十年九月 第十一師團駐屯區域內 鮮人阿片栽培事業調査書」, 倉橋正直 編解說, 앞의 책, 88쪽.

우수리스크시 주변에 거주하는 한인의 아편생산과 우수리스크시에 거주하는 한인의 아편거래에 관한 실상을 살펴보기로 하자.

2. 한인의 아편생산 및 밀매

러시아 연해주 이주 한인의 아편생산과 관련해서는 구체적인 자료가 매우 부족하다. 다만 일본의 시베리아 출병으로 연해주에 주둔해 있던 일본군 특무기관이 주둔 지역 내 한인 부락의[15] 아편경작면적과 생산량 상황을 조사한 조사서가 남아있는 정도이다. 이 조사서를 통해 우수리스크시 부근에서 한인에 의해 생산되고 거래된 구체적인 아편상황 등을 살펴볼 수 있다.

연해주로 이주한 한인들은 우수리스크 부근의 농촌 각지에서 많은 아편을 생산하였다. 일본이 조사한 〈표 6-1〉 제11사단 주둔지역 내 아편재배 면적 및 생산량에서 보이는 바와 같이 이들 지역의 1920년도 아편생산량은 2만 7천6백여 근이었는데 실제 같은 해에 우수리스크시에 집산되어 거래된 아편은 대략 15만 근을 초과하였다. 이와 같이 생산량과 거래된 양의 수량 차이가 크게 나타난 현상에 대해 일본 측은 몇 가지 원인을 들어 설명하였다. 먼저 한인들이 과세의 증징(增徵)과 마적(馬賊) 등의 약탈을 우려하여 극히 소량을 보고하였기 때문이라는 것이고 다른 하나는 한인들에게 재물을 은닉하는 풍습이 있었기 때문이라는 것이다. 또한 일본군 주둔 지역 외에 거주하는 한

---

[15] 제11사단이 주둔한 지역 내 한인 촌락과 인구를 조사한 조사서에 보이는 지명은 다음과 같다. 니콜스크시, 荒坪, 長財嶺, 二次營, 車巨隅, 시네로프카, 푸치로프카, 포루타푸카, 추마코와, 라즈도리노에, 키파리소와, 구로듀우오, 스비닝스키, 이포리토프카, 체루니코프카, 스파스카야, 쿠이링그, 스이야기노, 카롱카 등이다(尼市特務機關調製, 「第十一師團駐屯地域內 朝鮮人村落及人口調査書」, 1쪽).

인의 수가 매우 많았고 그 한인 농가들이 거의 모두 부업으로 아편을 재배하였기 때문이라고 하였다. 즉, 각지에 흩어져 있는 한인들의 소규모 아편재배 수량까지 합한다면 조사된 생산량보다 훨씬 많은 아편이 재배되었다고 보았다.[16]

한인의 아편재배에 대한 선호는 다음해에도 이어졌다. 1921년의 경우 〈표 6-1〉에 나타난 재배면적을 보면 작년에 비해 약 1,000데샤진이나 증가하였다. 실제로는 재배면적이 작년의 2배 혹은 3배까지 증가하였으나 한발로 인해 수확이 평년작의 1/3 내지 1/2 정도로 감소되었다. 그러나 재배면적이 증가하였으므로 생산량은 전년도에 비해 크게 감소되지 않았던 것으로 추정되었다.[18] 수확량은 차치하더라

〈표 6-1〉 제11사단 주둔지역 내 아편재배 면적 및 생산량
(면적단위: 데샤진, 1데샤진=63.73아르, 생산량 단위: 근)[17]

생산지명	1920년			1921년		
	경작면적	생산량	호수	경작면적	생산량	호수
시네로프카 부근	220	4,400	435	432		435
푸치로프카 부근	246	4,960	840	475		840
唐於峴洞 부근	33	660	78	67		78
포루타프카 부근	319	6,190	557	551		557
구로듀우오 부근	161	3,160	454	315		454
스파스카야 부근	151	3,280	315	254		315
스이야기노 부근	20	530	53	65		53
라즈도리노에 부근	16	330	81	10		81
무치나야 부근	359	4,167	624	429		624
합계	1,525	27,677	3,437	2,598		3,437

* 비고: 본표의 조사구역은 제11사단 주둔 부근에 한정된 것으로, 그 외 지역에도 많은 아편경지와 생산량이 있다.

16 尼市特務機關,「大正十年九月 第十一師團駐屯區域內 鮮人阿片栽培事業調査書」, 倉橋正直 編解說, 앞의 책, 93쪽.
17 위와 같음.
18 위와 같음.

도 이와 같이 아편의 재배면적이 전년에 비해 증가했다는 것은 그만큼 다른 작물에 비해 수익이 컸기 때문일 것이다.

그러나 아편재배에 따른 한인 농가의 수익상황은 여러 가지 위험요소를 감안할 때 실제 기대보다는 높지 않았다. 〈표 6-2〉에 보이는 바와 같이 경지 소유자가 스스로 아편을 재배할 경우 평균 25근을 수확하고 또한 아편수확 후 노동력의 여유가 있을 때 무(大根)까지 재배함으로써 투하비용을 제외하고 479.4루블의 이익을 낼 수 있었다. 토지를 임대하여 소작시킬 경우라도 1데샤진당 203.4루블의 이익을 남겼다. 또한 경지 소유자가 몰래 재배하면서 탈세할 경우 그 이익은 730루블로 매우 높았다. 씨앗을 뿌린 후 타인에게 소작케 할 경우 지주는 수확량의 반을 취득할 수 있었다. 그러나 현실적으로 아편의 재배는 경지를 빌려 직접 경작하는 경우가 가장 많았고, 경지를 빌려 다시 소작을 주는 경우가 그다음이었다. 사실상 자기 소유의 토지이건 빌린 토지이건 직접 경작하지 않으면 수익은 크지 않았다. 직접 경작하더라도 아편이 금제품(禁制品)이었기 때문에 마적과 러시아 관헌의 약탈 및 몰수로 인해 실제 수익은 수확량의 절반에 불과하였다.[19] 아편을 재배하는 데는 여러 가지 위험부담이 수반되었기 때문에

〈표 6-2〉 1데샤진의 아편재배 수익표(단위는 루블)[20]

재배구분	종자료	借地料	인부임금	재배세	수확량			이익금
					근량(斤)	가격	무(大根)	
A	0.60	—	—	50.00	25	500.00	30.00	479.40
B	—	—	—	—	35	700.00	30.00	730.00
C	0.60	20.00	226.00	50.00	25	500.00	—	203.40

* 비고: A는 경지 소유자로서 자작하는 경우, B는 경지 소유자로서 자작하지만 탈세하는 경우, C는 借地하여 소작을 주는 경우.

19 위와 같음.
20 尼市特務機關, 「大正十年九月 第十一師團駐屯區域內 鮮人阿片栽培事業調査書」, 倉橋正直 編解說, 앞의 책, 92쪽.

한인 사이에는 대체 작물인 수도작(水稻作)이 유행하기도 하였으나 여전히 문제점이 존재하였다. 당시 수도작의 수익성은 1데샤진의 수전(水田)에서 평균 220루블을 기대할 수 있었다. 여기에 짚을 포함하면 순이익은 270루블 정도로 아편을 제외한 다른 작물과 비교할 경우 가장 수익성이 높은 작물이었다.[21] 또한 수도작은 아편에 비해 경작이 간편하여 한 사람이 5 내지 6데샤진을 경작할 수 있었으며 약탈의 피해 역시 비교적 적었다. 따라서 일부 한인들은 아편재배 대신 수도작으로 전환하기도 하였다. 그러나 함경도 출신의 이주자들은 수전 경작의 경험이 없었고 수도작을 하기 위해서는 많은 공사와 자금이 소요되는 개간이 요구되었다. 따라서 대다수의 빈곤한 한인들에게는 아편이 오히려 유리한 작물로 인식되었다.[22]

〈표 6-3〉 생산지와 우수리스크시 사이의 아편가격(1근당 가격, 단위는 루블)[23]

	1920년 8월	1921년 5월	1921년 6월	1921년 8월
우수리스크시	15,16	35 내지 40	40 내지 45	27,28
농촌	11,12			24,25

우수리스크시 부근에서 한인에 의해 생산된 아편은 모두 우수리스크시에 집산되었다. 우수리 이남의 철도연선 부근의 한인은 물론 기타 산간벽지에 거주하는 한인 역시 거의 아편을 재배하였으며, 생산된 아편은 우수리스크시에서 매각하였다.[24] 그러나 아편이 금제품이

---

21 玄圭煥, 앞의 책, 860~861쪽.
22 玄圭煥, 앞의 책, 836쪽 ; 尼市特務機關, 「大正十年九月 第十一師團駐屯區域內 鮮人阿片栽培事業調査書」, 倉橋正直 編解說, 앞의 책, 92·98쪽.
23 尼市特務機關, 「大正十年九月 第十一師團駐屯區域內 鮮人阿片栽培事業調査書」, 倉橋正直 編解說, 앞의 책, 91쪽.
24 尼市特務機關, 「大正十年九月 第十一師團駐屯區域內 鮮人阿片栽培事業調査書」, 倉橋正直 編解說, 앞의 책, 94쪽.

었고 생산지로부터 집산지까지 운반하는 데 많은 위험이 따랐으므로 생산지와 집산지 사이에는 자연히 가격차이가 발생하였다. 원래 아편의 재배는 러시아의 법령에 의해 금지되어 있었으나 러시아 혁명 이후 혼란한 상황에서 아편이 재배되었고, 아편생산지로부터 우수리스크시로 반출되는 도중 마적과 관헌들에 의해 약탈당하거나 몰수될 수 있는 위험이 상존하였다. 따라서 운반비와 함께 위험수당이 더해져 생산지와 우수리스크 시장(市場) 사이에 커다란 가격 차이가 발생하였다.[25] 게다가 아편은 시기별로도 커다란 가격차를 보였고 불안정한 가격을 형성하였다. 대체로 생산지에서는 7월 중순부터 아편을 수확하여 그달 하순부터 시장에 출하시켰다. 〈표 6-3〉에 보이는 바와 같이 수확기와 맞물려 출하량이 많은 1920년 8월의 가격과 이듬해 5, 6월의 가격은 큰 폭의 차이가 있다. 이는 물량부족에 따른 것이라고 하겠다. 반면 1921년 8월의 가격도 전년 8월에 비해 크게 상승한 것은 아편가격의 불안정을 보여주는 것이다.

우수리스크시에서의 아편거래는 주로 8월부터 12월까지 5개월간 행해졌으며 거래가 활발히 이루어지는 시기에 농촌으로부터 아편 매각을 위해 다수의 한인들이 이곳으로 몰려왔다. 따라서 이 시기 우수리스크시에는 평시인구(1921년의 경우 2,580명[26])의 2배 이상인 6~7천 명의 한인이 운집하였다. 그리고 이들 한인의 1년간 아편 총 거래량은 약 450만 루블 이상이 되었다. 아편의 매매과정에서 한인 상인들은 1근에 2루블 내지 3루블의 수수료를 챙겼다. 그것을 다시 중국령에 밀수출할 경우 그 가격의 2배라는 막대한 이익을 얻을 수 있었다. 따라서 우수리스크시에 거주하는 유력한 한인들 대다수는 아편상인이 되었으며 그 수는 60여 명을 헤아릴 정도였다.[27]

---

25 尼市特務機關, 「大正十年九月 第十一師團駐屯區域內 鮮人阿片栽培事業調査書」, 倉橋正直 編解說, 앞의 책, 91쪽.
26 尼市特務機關調製, 「第十一師團駐屯地域內 朝鮮人村落及人口調査書」, 1쪽.

그러나 아편의 생산과 거래 및 수출 등이 불법이었던 관계로 여러 가지 난관이 도사리고 있었다. 아편의 재배는 러시아 법령에 의한 금지령에도 불구하고 러시아혁명 이후 혼란한 상황에서 한인들의 아편 재배가 점차 증가하여 1920년에는 전년의 2배, 1922년에도 전년의 2배 이상 증가하였다. 정국이 혼란한 상황을 이용하여 러시아 관헌들은 사복(私腹)을 채울 목적으로 한인 아편 상인들의 가택을 수사하여 아편 전량을 몰수하기도 하였다. 한인 상인들은 이를 피하고 밀매를 묵인받기 위해 단속 관헌에게 뇌물을 주었다. 1920년의 경우 거래액의 다소에 따라 월 50루블 내지 100루블의 뇌물을 관헌에게 상납하여 밀매를 묵인받았다.[28]

밀매된 아편은 다시 중국으로 밀수되었는데 불법인 관계로 밀수 과정 역시 만만치 않았다. 우수리스크에서 밀거래된 아편 가운데 일부 아편만이 블라디보스토크로 출하되어 해로(海路)를 통해 상해방면으로 밀수되었을 뿐 대부분의 아편은 중동철도를 통해 하얼빈, 장춘, 봉천, 대련, 북경방면으로 밀수되었다.[29] 주로 철도 종업원이나 세관리(稅官吏) 등과 결탁하여 그들에게 뇌물을 지급하고 반입하는 경우가 일반적이었다. 하얼빈까지 몰래 수송하는 데에는 통상 아편 5근에 대해 30루불 내외의 수수료를 해당 철도 종업원에게 지급해야만 했다. 그럼에도 불구하고 때때로 아편을 압수당해 커다란 손해를 보는 경우가 적지 않았다.[30]

이 같이 우수리스크시는 연해주에서 아편의 집산지로서 유명해졌

---

27 尼市特務機關,「大正十年九月 第十一師團駐屯區域內 鮮人阿片栽培事業調査書」, 倉橋正直 編解說, 앞의 책, 94쪽.
28 위와 같음.
29 위와 같음.
30 尼市特務機關,「大正十年九月 第十一師團駐屯區域內 鮮人阿片栽培事業調査書」, 倉橋正直 編解說, 앞의 책, 94~95쪽.

다. 그 품질 또한 양호하여 중국에서 아편의 밀수와 소비로 유명한 상해시장에서까지 그 명성을 떨쳤다.[31]

한편 1922년 11월 연해주지방의 정권이 소비에트정부에 의해 통일되자 이 지역의 아편정책에도 일시적으로 변화가 일어났다. 소비에트정부에 의해 통일되기 전인 1921년 6월의 경우 블라디보스토크정부는 이 지역의 재정난을 완화하기 위해 아편에 대해 재배세를 제정하였으나 제대로 성과를 거두지 못하였다.[32] 다음해 소비에트정부에 의해 이 지역이 통일된 후 일시적으로 아편의 재배가 엄금되었다. 그러나 민간경제의 상황이 악화되고 소비에트정부의 재정 역시 궁핍해지자 그 해결책으로 1924년부터 다시 아편의 재배를 허용하게 되었다. 따라서 그해 5월 중순부터 블라디보스토크정부는 각 촌락에 아편재배지의 면적과 재배자 성명 등을 조사 보고토록 하여 재배세를 징수하고자 하였다. 이제 아편재배자들은 일정한 재배세를 납부하여 허가를 받게 되면 누구나 합법적으로 아편을 재배할 수 있게 되었다. 그런데 이 시기에도 아편재배자의 대다수는 여전히 한인들이었다.[33]

1926년에 이르러 소비에트정부는 재차 아편의 재배를 금지하는 강제조치를 내렸으나 이 또한 여의치 않자 아편 국영책(國營策)과 같은 정책을 취하였다. 1926년에 다시 아편의 재배 금지조치를 내린 소비에트정부는 곧 밀재배자가 많아 실행이 어렵다고 판단하게 되었다. 이에 1927년 8월에 극동집행위원회는 아편의 재배를 공허(公許)하고 구입과 거래를 관에서 관리하는 일종의 아편 국영책과 같은 정책을 입안하여 시행하였다. 그러나 관에서 아편생산자로부터 구매하는 가

---

31 尼市特務機關,「大正十年九月 第十一師團駐屯區域內 鮮人阿片栽培事業調查書」, 倉橋正直 編解說, 앞의 책, 88쪽.
32 尼市特務機關,「大正十年九月 第十一師團駐屯區域內 鮮人阿片栽培事業調查書」, 倉橋正直 編解說, 앞의 책, 95쪽.
33 外務省通商局,『支那ニ於ケル阿片及魔藥品』, 1925, 635~636쪽.

격이 저렴하였기 때문에 여전히 밀매는 근절되지 않았다.[34]

3. 한인사회와 아편과의 관계

러시아 연해주에 거주하는 한인들 가운데는 우수리스크 부근을 중심으로 아편의 생산과 밀매에 종사하는 경우가 많았다. 앞서 언급했듯이 이들 한인들은 경제적 어려움에 직면하여 아편을 많이 재배하였다. 농촌에서 생산된 아편은 우수리스크시로 출하되었는데, 이 지역에도 아편거래에 종사하는 한인들이 많았다.

그러나 한인들이 아편의 생산과 거래 등에 종사한다고 하여 늘상 막대한 수입을 보장받을 수 있었던 것은 아니었다. 무엇보다도 아편의 생산이 러시아 법령에서 금지된 것이었고, 러시아 혁명 이후에도 정부에서 부과한 아편 재배세를 피하기 위해 부정품을 거래하는 경우가 많았다. 아편의 높은 수입에는 그만큼 높은 위험부담이 따르기 마련이었다.

한인들이 아편재배에 많이 의존함으로써 아편의 풍흉은 곧 한인 농촌경제에 심각한 영향을 미칠 수 있었다. 연해주 등으로 이주한 한인들은 이주 초기에는 땅이 비옥하고 수확이 넉넉하여 생활이 안정적이었다. 그러나 개간 후 세월이 경과하자 점차 수확이 감소되어 생활이 불안정해졌다. 이러한 시기에 아편의 재배로 막대한 이윤을 보는 자들이 발생하면서 한인 사이에 아편의 재배가 널리 보급되었다. 이에 한인 경작지의 많은 부분이 아편경작지로 변했으며, 아편생산의 풍흉은 한인생활에 크게 영향을 미쳤다.

아편의 재배는 한인 농민들에게 일시적으로 높은 소득을 가져다주

---

34 玄圭煥, 앞의 책, 862쪽.

기도 했지만 부정적인 영향 역시 자못 컸다. 아편의 투기적 소득은 한인들에게 요행을 부추기는 작용을 해 엉뚱하게 자산을 탕진하는 사례를 발생시켰는 데, 그 대표적인 경우가 도박이었다. 아편을 재배하여 수확한 농민들은 집산지인 우수리스크시에 체류하는 동안 중국인이 경영하는 도박장을 기웃거렸고, 심지어 아편수입을 탕진하여 오히려 생활이 어려워지는 경우까지 발생하였다. 1921년만 하더라도 우수리스크시에서 한인들을 상대로 중국인이 개설한 도박장 수는 42곳이나 되었다. 한인들은 이곳에서 하루 평균 7, 8천 루블을 탕진하였을 정도로 그 피해는 매우 컸다.35

도박의 유혹에 빠져 아편으로 번 돈을 쉽게 날리는 것은 물론이고 한걸음 더 나아가 오히려 고리대 채무에 시달리는 경우도 있었다. 즉 아편의 재배에 열중하면서 자급용 잡곡의 재배에 소홀하기 일쑤였고, 아편의 출하로 벌어들인 소득 역시 쉽게 탕진하기까지 하였으므로 부족한 생계를 유지하기 위해 1개월에 2할 대에 달하는 고리대를 피할 수 없기도 하였다.36

이뿐만 아니라 부정한 관헌들의 주구 역시 끊이지 않았다. 아편의 재배 자체가 불법인 관계로 러시아 관헌 가운데는 단속을 빌미로 사복을 채우고자 아편을 몰수하는 경우가 많았다. 1921년 아편재배세를 제정해 징수한 이후에도 상황은 여전히 달라지지 않았다. 많은 한인 농가들이 탈세를 기도하였으므로 이를 빌미로 사복을 채우려는 러시아 관헌들은 가택을 수색하거나 운반 도중에 검사하여 아편을 몰수하곤 하였던 것이다.37

---

35 尼市特務機關,「大正十年九月 第十一師團駐屯區域內 鮮人阿片栽培事業調査書」, 倉橋正直 編解説, 앞의 책, 95~96쪽.
36 尼市特務機關,「大正十年九月 第十一師團駐屯區域內 鮮人阿片栽培事業調査書」, 倉橋正直 編解説, 앞의 책, 96쪽.
37 尼市特務機關,「大正十年九月 第十一師團駐屯區域內 鮮人阿片栽培事業調査書」,

아편을 재배하는 한인 농가들에게는 마적으로부터의 피해 역시 심각한 것이었다. 만주지역의 토비인 마적은 아편과의 관련성이 매우 깊었다. 만주지역의 아편 주산지는 동부 북만, 즉 길림성의 동북지방, 중소국경이 이어지는 삼림지대로 아편왕국이라고 불릴 정도였다. 마적들은 이들 지역에서 스스로 아편을 경작하거나 혹은 밀경작자를 비호하는 두 가지 방법으로 재원을 마련하고 있었다. 또한 마적은 연중행사로 촌락을 습격하여 약탈, 방화, 강도를 일삼곤 하였다. 이러한 행동은 5, 6월경과 9월 말에서 11월 중순 정도에 주로 실시되었다. 이때는 해빙기이거나 결빙기 초인데 해빙기에 약탈을 자행하는 최대의 목적은 아편재배에 필요한 자금을 조달하고 관헌들을 견제하기 위한 것이었다. 수확이 끝나서 해산기에 가까워지면 마적들은 1년 소득을 분배하여 동영(冬營) 준비에 들어가곤 하였다. 이때 아편의 작황 악화로 기대했던 수확이 부족하게 되면 이를 보충하기 위해 촌락을 습격하곤 하였다. 이 시기는 촌락 역시 수확 직후인 관계로 아편과 식량이 비교적 풍부하였기 때문에 약탈하기 좋은 때이기도 하였다.[38]

마적들은 러시아 부락보다는 한인 농가들을 습격의 주요 대상으로 삼았다. 그 이유는 한인 농가의 자위력이 러시아 농가에 비해 취약하다는 약점도 있었지만 보다 중요한 원인은 아편이 있었기 때문이었다. 러시아 농가에 주로 운반이 불편한 곡류와 가축류가 있었던데 비해 한인 농가에는 부피가 작으면서도 가격이 비싼 아편이 있었던 것이다. 1920년을 전후하여 한인 농가에서 아편의 재배가 공공연히 이루어지고 있었고, 그 생산량 역시 증가하면서 북만지역 마적들의 아편을 약탈하기 위한 침입은 더욱 활성화되고 있었다.[39]

倉橋正直 編解說, 앞의 책, 95쪽.
38 渡邊龍策, 『馬賊社會誌』, 秀英書房, 1981, 178~179・186~187쪽.
39 尼市特務機關, 「大正十年九月 第十一師團駐屯區域內 鮮人阿片栽培事業調査書」,

도시의 경우 역시 부정한 관헌들의 주구가 심각하였다. 부정한 관헌들은 갖가지 구실로 한인 아편상인들의 가택을 수색하여 아편 전량을 몰수하거나 뇌물을 받고 밀매를 묵인해 주었다. 1920년에는 거래액의 다소에 따라 단속을 담당하는 관헌에게 월 50루블 내지 100루블의 뇌물을 납부하여 밀매를 묵인받기도 하였다.[40]

이와 같이 우수리스크 부근을 중심으로 러시아령 한인의 아편 재배 및 거래는 높은 수익에도 불구하고 불안정한 생계수단이기도 하였다. 농촌의 경우 초기에는 부업으로 시작했던 것이 본업으로 변하면서 아편의 풍흉에 따라 심각한 타격을 받았다. 이러한 현상은 농촌에 한정된 것이 아니라 도시에서 아편거래에 종사하던 한인에게까지 큰 영향을 미쳤다. 여기에 탈세와 단속을 빌미로 한인 농가에 대한 관헌들의 주구 등이 계속되었고, 마적 역시 아편을 약탈하기 위해 한인 마을을 침입하기 일쑤였다. 이뿐만 아니라 한인 농가에서는 아편의 출하를 통해 수익을 얻었더라도 도박 등의 유혹으로 고리대에 시달리는 경우까지 있었다.

또한 아편은 구입하는 소비자뿐만 아니라 생산자와 거래자 역시 쉽게 아편 중독자로 전락하는 경우가 많았다. 한인 아편재배자 가운데도 흡연자 문제가 사회문제로 대두되기도 하였다. 이러한 현상이 벌어지자 블라디보스토크에서 한인들에 의해 발행되었던 『권업신문』의 논설에서는 아편의 심각성을 지적하면서 한인들에게 아편흡연에 대한 경각심을 일깨우고자 하였다.[41]

한편 일본은 러시아 연해주 이주 한인사회가 안고 있는 여러 가지 아편문제와 관련하여 다른 시각에서 경계심을 보이고 있었다. 일본은

　　倉橋正直 編解說, 앞의 책, 96쪽.
40 尼市特務機關, 「大正十年九月 第十一師團駐屯區域內 鮮人阿片栽培事業調査書」, 倉橋正直 編解說, 앞의 책, 94쪽.
41 李尙根, 앞의 책, 158쪽.

1909년 상해에서 개최된 세계 최초의 국제아편회의는 물론 관련 회의에 계속 참석하여 조약에 조인하는 등 아편 및 마약의 남용 방지에 노력할 것을 약속하였다.42 그럼에도 불구하고 일본은 식민지 유지를 위한 재원확보와 관련하여 대만과 관동주에서 아편전매정책을 실시하였다. 또한 중국 동북지역과 화북지역에서 한인의 아편마약 밀매를 암묵적으로 지지하기도 하였다.43 이와 같이 아편의 금지노력에 소극적이었던 일본이 러시아 이주 한인의 아편생산 및 거래에 경계심을 보인 것은 한인의 아편재원이 항일독립운동을 위한 군자금으로 흘러간다는 우려 때문이었다.

당시 러시아 연해주에 거주하는 한인들의 아편자금과 항일운동 재원과의 관련성에 대해서는 일본 외무성 측 자료를 통해서도 어느 정도 확인할 수 있다. 1921년 우수리스크 영사가 일본 외무대신에게 보낸 자료를 통해 보면,

> 당지(우수리스크시* 필자주)가 정치적, 경제적으로 동부 시베리아 선인(鮮人)세력의 중심집지(中心集地)인 까닭은, 선인은 거의 모두 농경의 부업으로, 오히려 주로 앵속을 재배하여 아편을 채취 밀매하여 거부(巨富)를 이루었다. 또한 유식계급이 많고 따라서 배일(排日) 및 한국독립운동자의 군자금은 이곳에서 구해짐으로 그들 음모의 책원지(策源地)이기 때문이기도 하다.
> 문창범(文昌範)도 홍도범(洪圖範, 洪範圖를 오기한 것으로 생각됨* 필자주)도 역시 이곳에서 제반 계획을 획책하였고 기타 우리 '블랙리스트'에 실린 무리들로서 이곳에 한 번도 발을 들여놓지 않은 자가 없다고 한다.44

---

42 于恩德, 앞의 책, 115~122쪽.
43 朴橿, 『中日戰爭과 阿片: 내몽고지역을 중심으로』, 지식산업사, 1995, 60~64쪽.
44 「1921년 11월 19일 (재)니콜스크 영사 스기노(杉野鋒太郞)가 외무대신 백작 우치다 고사이(內田康哉)에게 올린 글」.

라고 한 것과 같이 일본은 이 지역에서 형성된 아편자금이 항일독립 운동의 군자금과 관련성이 높다고 보아 예의 주시하였음을 알 수 있다.

뿐만 아니라 일본은 소비에트정부가 들어선 이후 오히려 소비에트 정부에 대해 아편의 금지를 적극 시행하게 해야 한다는 입장을 세웠다. 러시아령에서 아편을 재배하는 러시아, 중국, 한인 중에서 한인 재배자가 대다수를 차지하고 있었다고 일본은 보고 있었으며, 1924년의 경우 러시아령 전체 아편의 재배를 한인이 장악하였다고 보았다. 따라서 일본은 '선인(鮮人)과 아편'의 연계성에 대해 크게 우려하였다. 중국에서 아편이 마적(馬賊) 양성의 자원이었듯이 러시아령에서는 아편이 '불령선인(不逞鮮人)' 양성의 자원이었다고 확신하였던 것이다. 이로써 아편금지를 소비에트정부에 강요할 필요가 있었다.[45] 요컨대 일본은 이 지역 한인들의 아편재원이 항일독립운동 자금으로 흘러들어가는 것을 우려하여 소비에트정부에 아편금지를 요청함으로써 이를 차단하고자 하였다.

4. 소결

일본이 조선을 강점한 시기를 전후하여 정치, 경제적 이유 등으로 많은 한인들이 인접한 타국으로 이주하였다. 한인 이주민의 경우 금제품인 아편의 재배 및 판매와 밀착되어 있었고 러시아지역 역시 예외가 아니었다. 특히 러시아 연해주 이주 한인 가운데 우수리스크시 부근을 중심으로 한인의 아편재배가 많이 이루어졌다. 그것은 러시아 영내 중국인의 영향과 아편재배에 대한 러시아 정부의 묵인, 한인 농가의 경제적 어려움과 관련이 깊었다. 또한 1차 대전 발발 이후 아

---

45 外務省通商局, 앞의 책, 636~637쪽.

편의 수요가 급증하였고, 우수리스크시가 교통의 요충지라는 점도 우수리스크시 부근의 한인 농가가 아편을 많이 재배하게 된 요인이 되었다.

이 같은 배경 속에서 한인 농가와 도시에 거주하는 한인 상인들은 위험부담이 있더라도 수익이 높은 아편을 재배하고 거래하는 것을 선호하였다. 농촌의 경우 아편이 금제품이라는 근거를 이용해 몰수하는 부정한 관헌들의 주구에 시달렸고, 마적의 약탈, 그리고 도박장의 유혹과 고리대의 피해 등 많은 위험이 상존하고 있었다. 도시에 거주하는 한인 아편상인의 경우 역시 부정한 관헌들의 아편몰수 혹은 이를 무마하기 위한 뇌물공여가 필요하였다. 뿐만 아니라 아편생산자와 거래자 역시 아편 중독자가 될 가능성에 항시 노출되어 있었다. 이러한 불안정성에도 불구하고 가난한 대다수의 한인들은 아편이 다른 농작물에 비해 재배가 유리하였으므로 아편을 선호하였다. 우수리스크시에 거주하는 대다수의 한인 유력자들 역시 수익이 높은 아편 상인이 되었다.

러시아령 연해주에 거주하는 한인들의 아편업 종사문제에 대해 일본은 러시아와는 다른 측면에서 이 문제를 우려하고 경계하였다. 일본은 1909년 이래 국제아편회의에 참가하여 아편금지에 노력할 것을 약속하였다. 그럼에도 불구하고 식민지화한 대만이나 관동주 등에서 재정적인 목적으로 아편을 전매하였다. 중국 화북과 만주지역에서도 일본은 도시 거주 한인들의 아편밀매행위를 일본 영사관이 암묵적으로 지지하기도 하였다. 그럼에도 불구하고 러시아 지역 한인의 아편 생산 및 밀매에 대해서는 오히려 경계하였다. 그것은 중국 화북이나 만주지역과는 달리 러시아 연해주지역 내 우수리스크 부근 한인들의 아편자금과 항일독립운동 군자금과의 관련성 때문이었다.

경제적 빈곤 등으로 인해 불법적인 아편이 러시아 연해주지역 한인 농촌과 도시에서 생산·거래되면서 한인 사회에 많은 부정적이고 불안정한 측면을 제공하였다. 그런데 이 문제는 다른 측면에서 주시되기도 하였다. 만주와 화북지역과 달리 이 지역은 일본의 영향력이 미진한 곳이었던 반면 항일독립운동이 활발한 만주지역과 인접한 곳이었다. 게다가 일본은 우수리스크지역 한인들의 아편자금이 항일독립운동 자금으로 흘러들어간다고 우려하여 러시아정부에 단속과 금지를 요청하기도 하였다. 이는 우수리스크지역이 항일독립운동의 후방기지 역할을 하였던 것과 관련하여 민감한 사안으로 받아들여졌던 것이다. 또한 항일독립운동을 위한 자금과 물자의 조달이 얼마나 열악한 환경에서 이루어지고 있었는가를 반영하는 것이기도 하다.

결론

결론

　이 책은 일본의 조선 강점 이후 나타난 국내외 한인과 관련된 아편마약 문제를 당시 한인이 처한 상황과 일본의 아편마약정책 속에서 살펴보고자 하였다. 1910년 이후 일본 식민지배하에 있던 조선은 물론 일부 해외 이주 한인들까지 중국과 국제사회로부터 아편마약 문제와 관련하여 부정적인 시선을 감수해야만 했다. 그런데 이 문제에 관한 기왕의 단편적으로 언급되고 주목하기를 꺼려왔던 상황에서는 평가하기 어려운 점이 있었다. 이제 보다 구체적인 실상과 시대적 상황을 되짚어가면서 객관적인 이해에 도달해야 할 필요가 있다.

　먼저 한인의 아편마약 문제는 일본이 청일전쟁 이래 각 식민지 및 점령지를 대상으로 실시했던 아편정책과 밀접하게 연계되어 있다. 일본은 대외침략 과정에서 획득한 식민지·점령지 유지는 물론 공작자금의 확보를 위해 아편정책을 시행하면서 국제법을 위반하였다. 당시 아편 및 그 대용품인 마약문제와 관련하여 여러 국제조약에서 금지에 노력할 것에 동의한 일본으로서는 최대한 범죄를 은닉하려 할 수밖에 없었다. 또한 일본당국은 자국의 아편정책 시행 과정에서 일부 한인들의 아편밀매를 방조하거나 묵인하여 소비자인 중국인과 국제사회의 비난을 모면함과 동시에 한인과 중국인 사이의 협력을 저해시키는 효과도 기대하였다.

　마약문제에서도 일본은 국제적으로 중국 내 마약확산의 주범으로 인식되었다. 일본은 1차 대전 기간에 유럽에서 과잉 생산된 의료용 마약은 물론 1차 대전 기간에 자력으로 국내에서 생산하기 시작한 마약까지 중국에 대량으로 밀수출하여 막대한 이득을 챙기기 시작하였다. 일본의 마약 판매상이나 제약회사들이 중국에 적극적으로 마약을 밀수출할 수 있었던 것은 일본정부의 마약단속 의지가 부족하였다는 점과도 관련이 깊었다. 일본의 마약 관련 제약회사들은 마약 제조량에 대해 신고만 하면 아무런 제약을 받지 않았으며, 마약을 외국에 재수출할 경우 국내 소비량 이상의 마약을 수입하더라도 문제를 삼지 않았다. 1920년에 일본 내무성령으로 마약단속 법규가 공포되었지만 처벌이 너무 가벼워 실효성이 없었다. 이 같은 일본당국의 미약한 단속의지는 중국에 거주하는 일본인의 마약밀매 과정에서도 마찬가지였다. 중국에서 마약을 밀매하는 일본인들은 치외법권의 특권을 누릴 수 있었으므로 중국 관헌이 직접 단속할 수 없었다. 설령 단속되더라도 일본 영사관령이 다른 나라에 비해 지나치게 가벼워 오히려 밀매를 장려하는 듯한 인상을 줄 정도였다. 당시 일본 영사관은 한인에 대해서도 '일본국 신민'으로 간주하여 치외법권은 물론 일본인과 같이 가벼운 처벌을 내렸기 때문에 한인의 마약밀매 등이 쉽게 조장되다시피 하였다.

일본의 아편정책은 아편의 소비가 거의 없는 청정지역이라고 할 수 있는 식민지 조선에도 적용되었다. 청일전쟁 이래 식민지를 획득하기 시작한 일본은 아편소비 인구가 있는 지역을 중심으로 재원확보 차원에서 일련의 아편전매정책을 전개시켜 나갔다. 이를 유지하기 위해 이들 소비지역에 필요한 아편은 주로 지역 외(주로 외국)에서 조달하는 방식을 취하였다. 그런데 1차 대전기를 계기로 외국산 마약의 수입이 곤란해지자 의료용 마약의 자급책 차원을 넘어 서구열강이 후퇴한 동아시아의 마약시장 장악을 위해 아편의 생산 및 소비가 거의 없는 조선을 대규모 원료아편의 생산 및 마약의 공급지로 구상하였다. 그러나 1차 대전의 때 이른 종식과 조선 내의 관대한 마약단속으로 해외수출이 여의치 않은 마약이 오히려 조선에서 소비되어 심각한 사회문제를 초래하였다.

식민지 조선은 또한 만주사변 이래 일본 세력권에 대한 아편과 마약의 공급지로 그 역할이 강조되었다. 1931년의 만주사변으로 새롭게 대규모 아편소비지역인 만주지역이 일본 식민지에 포함되자 전매제 유지차원에서 값싼 아편을 조달하기 위해 일본은 조선의 아편생산에 주목하였다. 특히 중일전쟁과 2차 대전 발발 이후에는 외환관리의 강화, 외국산 아편의 수입이 어려운 상황 등의 문제가 있었으므로 조선산 아편에 대한 기대는 더욱 증폭되었다. 따라서 조선이 만주사변 이래 일본 세력권, 즉 대만, 관동주, 만주국의 전매제 유지를 위한 외국산 아편의 대체지로서 그 중요성이 부각되었던 것이다. 특히 1930년대 이후 만주국의 경우는 조선에서 생산된 아편뿐만 아니라 마약의 최대 수출지였다. 이와 같이 식민지 조선은 아편의 소비가 거의 없는 지역이었음에도 불구하고 일본의 아편정책으로 인해 아편과 마약의 생산·공급지로서 또한 마약의 소비지로 전락되는 결과를 낳았다.

한편 1910년 일본의 조선 강점을 계기로 많은 한인들이 해외로 이주하였는데, 특히 도시로 간 만주 이주민의 경우 아편마약 밀매와 관련이 깊었다. 당시 재만 한인들은 일본에 의해 조선이 강점된 이후 일본의 경제적, 정치적 핍박을 피해 만주로 이주해 온 사람들이 대부분이었다. 이들은 일본이 한인의 중국귀화를 인정하지 않았기 때문에 이중국적에 따른 불안정한 법적지위를 가지고 있었고, 이로 인해 생계유지가 어려울 수밖에 없었다. 이러한 상황에서 일부 한인들이 일본 영사관의 묵인 하에 치외법권을 이용하여 아편마약의 밀수입과 연관업에 종사하였다.

한편 재만 한인을 '일본국 신민'으로 간주하는 일본에게 있어 만주지역 한인의 아편마약 문제는 중국 관민과의 대립 여하에 따라 언제든지 중국 침략의 빌미로 이용될 수 있었다. 만주는 일본에게 있어 국권을 잃은 한인들이 가장 많이 이주해온 곳이며 또한 해외 독립운동의 주된 근거지이기도 하였다. 따라서 재만 한인에게 뿐만 아니라 독립운동에 있어서도 만주지역의 주권 당국인 중국정부와 중국인의 지지와 협력은 필수적이었다. 이러한 상황에서 아편마약 문제와 관련한 재만 한인의 부정적인 시선은 중국과 국제사회의 한인에 대한 동정과 지지를 잃게 하는 데 영향을 미쳤다고 볼 수 있다.

1932년 만주국 수립 이후 일본에게 있어 침략의 도구로 이용되었던 한인의 의미가 상실되었듯이 한인 아편마약업자 역시 마찬가지였다. 즉, 일본은 만주국 수립 이후 이 지역의 안정화를 위해서는 한인보다는 '만주국인'(또는 '만인')에 대한 배려가 더 중요하였다. 그러나 아편전매제 시행 초기 아편의 밀재배와 밀매문제로 제대로 성과를 거두지 못하자 이를 해결하기 위해 잠정적으로 한인 등 이 지역에서 아편업에 종사해왔던 인력과 조직을 활용하였다. 이때 '한인'의 경우는 '귀화 한인'을 의미하는 것이었다. 한인이 '일본국 신민'의 신분을 갖고 있어 그대로 만주국의 아편소매인으로 지정할 경우 법적으로 문제의 소지가 있었기 때문이었다. 결국 만주국 수립 이후에도 한인들은 만주국 전매아편의 조속한 확립과 밀매의 단속과정에서 일시적으로 필요에 의해 다시 이용되었다. 그러나 중일전쟁 발발 이후 완전한 전매제 시행에 따라 아편업에 종사한 한인들은 다시 배제되는 운명을 겪게 되었다.

중일전쟁 발발 전후 화북지역의 이주 한인 역시 아편마약과 무관하지 않았다. 만주와 같은 농업이민이 아니었던 화북이주 한인들은 경제적 빈곤과 타국이라는 여건 속에서 '정업'을 구하기란 쉽지 않았다. 이 같은 상황에서 '일본국 신민'으로서 누릴 수 있는 치외법권이라는 특권은 이들 한인들을 '부정업'의 유혹에 쉽게 빠져들게 하였다. 게다가 일본 영사관이나 군대가 아편마약 위반을 관대하게 처벌하고 있었던 사실이 이러한 현상을 더욱 부채질했다.

특히 1937년 중일전쟁 발발 이후 일본군의 화북침략과 함께 한인 이주자도 그 이전에 비해 10배 가까이 증가하였으며 마약 등 '부정업' 종사자 역시 늘어났다. 이미 화북에서 '부정업'에 종사하고 있던 한인들도 있었지만 만주국으로부터 이주해온 '부정업' 종사 한인들도 있었다. 또한 중일전쟁 발발 이후 일본군 주둔지 주변에서 군이 필요로 하는 물품의 판매를 명목으로 마약을 밀매하는 경우도 있었다.

사실 중일전쟁 발발 이후 화북 이주 한인의 마약밀매 증가는 일본의 단속태도와도 관련이 깊었다. 일본은 화북 점령 이후 아편위주의 정책을 시행하면서 상대적으로 한인 등 일본 국적인에 대한 마약밀매 단속에 소극적이었다. 뿐만 아니라 화북지역에 대한 일본의 지배력이 취약하였다는 사실과 마약 밀매자 단속에 대한 외무성령의 관대한 처벌, 그리고 마약확산 방지에 대한 현지 일본 주둔군의 비협조는 한인을 포함한 일본 국적인에 대한 마약밀매 단속을 어렵게 하였다. 더욱이 화북 파견 일본 관계 각 기관(흥아원, 외무성 및 대사관, 현지 주둔군 등) 간의 협조미비 역시 밀매단속의 저해 요인으로 작용하였다. 이러한 상황에서 화북 이주 한인들은 쉽게 마약밀매의 유혹에 빠져들었다.

해외 이주 한인의 아편생산과 밀매는 중국인 아편소비자가 거주하는 만주나 화북뿐만 아니라 러시아 연해주지역에서도 나타났다. 러시아 연해주의 경우 우수리스크시 부근을 중심으로 한인의 아편재배가 많이 이루어졌다. 그것은 러시아 영내 중국인의 영향과 아편재배에 대한 러시아 정부의 묵인, 한인 농가의 경제적 어려움과 관련이 깊었다. 또한 1차 대전 발발 이후 아편의 수요가 급증하였고 우수리스크시가 교통의 요충지라는 점도 이 지역 부근의 한인 농가가 아편을 많이 재배하게 된 요인이 되었다. 이 같은 배경 속에서 가난한 한인 농가와 도시에 거주하는 한인 상인들은 위험부담이 있더라도 수익이 높은 아편을 재배하고 거래하는 것을 선호하였다.

그러나 러시아령 연해주에 거주하는 한인들의 아편업 종사문제는 화북이나 만주와는 다른 측면을 내포하고 있다. 중국 화북이나 만주 거주 한인들의 아편마약 밀매행위를 암묵적으로 지지하거나 묵인했던 일본이 이 지역 한인들의 아편업 종사에 대해서는 오히려 경계하였다. 그것은 중국 화북이나 만주지역과는 달리 러시아 우수리스크 부근 한인들의 아편수입(收入)과 항일독립운동에 소요되는 군자금과의 밀접한 관련성 때문이었다. 따라서 일본은 러시아정부에 대해 한인들의 아편재배에 대해 단속과 금지를 요청하기도 하였다.

이상의 내용을 바탕으로 한인의 아편마약 문제를 다음 몇 가지로 정리해 볼 수 있다.

첫째, 일본의 조선 강점 이후 만주나 화북 등 도시로 이주한 한인들 가운데는 불안정한 법적 지위하에서 치외법권의 특권을 이용하여 아편마약 관련업에 종사한 경우가 많았다. 1910년 일본의 조선 강점으로 정치적, 경제적 어려움에 처해 있던 많은 한인들이 해외로 이주해 갔으며 이들 가운데 일부는 경제적 어려움에 직면하여 '부정업'의 유혹을 받았다. 특히 중국으로 이주한 한인의 경우 일본이 귀화를 인정하지 않고 '일본국 신민'으로 간주함으로써 불안정한 법적 지위(이중국적자)를 갖게 되었다. 이에 따라 농촌으로의 이주와는 달리 도시로 이주해 간 경우 '정업'을 구하지 못해 '부정업'의 유혹에 그대로 노출되어 있었다.

한편 만주나 화북 등 중국 이주 한인들은 '일본국 신민'으로 간주되어 일본인과 같이 중국에서 치외법권의 특권을 누릴 수 있었다. 즉, 중국에서 어떠한 불법적인 행위를 자행하더라도 중국 관헌의 단속을 받지 않고 일본 영사관에 인도되었다. 일본 영사관은 일본인과 함께 한인에 대해서도 관대한 처벌만을 내렸다. 만주나 화북 등 도시로 이주해 간 한인의 경우 이 같은 유혹을 뿌리치지 못하고 아편마약 밀매 등 '부정업자'로 전락하는 경우가 많았다. 이들 가운데는 생계유지 수단으로 '부정업'에 종사하는 경우가 많았지만 일확천금을 꿈꾸며 만주나 화북으로 간 경우도 있었다.

둘째, 러시아 우수리스크시 부근 한인들의 아편수익금은 일부 항일독립운동의 군자금과도 밀접한 관련이 있었다. 이 지역은 만주나 화북과는 달리 일본의 영향력이 거의 미치지 못했던 지역으로 아편수익금 중 일부가 쉽게 항일독립운동의 군자금으로 전용될 수 있었다. 물론 국제적으로 금제품인 아편자금의 군자금 활용에 대해 긍정하는 것은 아니지만 이를 통해 항일독립운동을 위한 자금과 물자가 얼마나 열악한 상황에서 조달되고 있었는가를 짐작할 수 있다.

셋째, 해외 이주 한인들의 아편마약 등 '부정업' 종사는 일본의 대외침략정책과 아편정책 수행 과정에서 이용된 측면도 간과할 수 없다. 만주사변 이전의 경우 일본 마약상인이나 제약업자의 밀수출 과정에서 한인 밀매인들은 일본 영사관의 관대한 처벌로 쉽게 밀매에 종사할 수 있었다. 이러한 일본의 마약을 중국인에게 판매하는 과정에서 중국 관헌의 단속으로 마찰이 생길 경우 일본은 이를 빌미로 중국당국을 압박하기도 하였다. 이로 인해 한인들은 중국인들에게 일본의 주구로 인식되기도 하였다. 뿐만 아니라 항일을 위한 중국과의 협력은 물론 조선에 대한 국제사회의 신뢰를 약화시키는 데도 한 몫을 하였다. 만주국 시기에도 아편전매제 시행 초기에 일본에 의해 이용되다가 다시 배제되는 운명을 겪기도 하였다. 화북에서는 역시 일본 현지 군부에 의해 군략적으로 이용되기도 하였다.

넷째, 한편 국내적으로는 식민지 조선에 대한 일본의 아편정책으로 아편과 마약이 생산되어 대만, 관동주, 만주국 등 중국인 소비자들에게 공급되었다. 비록 식민지 조선에서 생산되어 공급되었지만 일본의 식민 지배정책에 의해 시행된 것이었다. 또한 식민지 조선에도 마약이 공급되어 국내 한인들 중독이 증가하는 등 심각한 피해를 받기도 하였다.

다섯째, 중국과 국제사회에서 이미 아편과 마약의 금지를 위해 다각적으로 노력하고 있는 상황하에서 당시 한인이 처한 상황이 아무리 어렵더라도 해외 이주 한인의 아편마약업 종사는 비난을 면하기 어렵다. 아편과 그 대용품인 마약 등은 1909년 상해에서 개최된 국제아편회의 이래 국제사회에서 금제품으로 지정되었다. 뿐만 아니라 중국에서도 1907년 중영금연조약 체결 이후는 물론 민국시대에 들어와서도 아편마약 금지를 위한 일련의 법규가 제정되었다. 이와 같이 당시는 국제사회와 중국 국내적으로도 아편과 마약의 금지를 위한 법규가 마련되고 일련의 노력이 진행되고 있었다. 이런 과정에서 아무리 상황이 힘들고 일본에 의해 이용된 측면이 있다고 하더라도 한인의 아편마약 관련 종사에 면죄부를 주기는 어렵다.

요컨대 재원확보와 관련한 일본의 식민지 및 점령지에 대한 아편정책에서 지금까지 한인들은 주로 아편마약의 밀매자로서, 즉 일본 관민과 더불어 가해자로서 중국인과 국제사회에 많이 각인되었다. 사실 한인들의 아편마약업 종사는 1910년 일본의 조선 강점에 따른 해외 이주 한인 사회의 불안정을 보여주는 상징적인 것이었다. 당시 도시로 이주한 많은 한인들은 생계유지 차원에서 일본의 묵인 내지 비호하에 중국인을 대상으로 아편마약을 직접 거래하였다. 이로써 한중 간의 갈등을 심화시켰으며 나아가 국제사회로부터 한인이 신뢰를 획득하는 데 있어서도 부정적인 영향을 미쳤다. 해외 이주 한인들이 이러한 상황에 처하게 된 현실에는 일본의 대외침략 및 아편마약 정책과 관련한 암묵적인 묵인과 비호, 더 나아가서는 이용이라는 측면을 간과할 수 없을 것이다.

참고문헌

제1장. 20세기 전반 일본의 아편정책

『極東國際軍事裁判速記錄(1)』, 東京: 雄松堂書店, 1968.
滿洲日日新聞社, 『滿洲年鑑: 昭和13年版』, 大連: 1937.
加藤豊隆, 『滿洲國警察小史(第一編)滿洲國權力の實態について』, 松山: 元在外公務員援護會, 1978.
江口圭一 編, 『資料日中戰爭期阿片政策: 蒙疆政權資料を中心に』, 東京: 岩波書店, 1985.
江口圭一, 『十五年戰爭史』, 東京: 青木書店, 1987.
江口圭一, 『日中アヘン戰爭』, 東京: 岩波書店, 1988.
岡田芳政 外 編, 『續現代史資料(12) 阿片問題』, 東京: みすず書房, 1986.
關東局 編, 『關東局施政三十年史』, 1936.
구라하시 마사나오(倉橋正直) 저, 박강 역, 『아편제국 일본』, 서울: 지식산업사, 1999.
김종현, 『근대일본경제사』, 서울: 비봉출판사, 1991.
南京市檔案館 編, 『審訊汪僞漢奸筆錄(上)』, 南京: 江蘇古籍出版社, 1992.
多田井喜生, 『大陸に渡った円の興亡』, 東京: 東洋經濟新報社, 1997.
多田井喜生 編, 『續現代史資料(11) 占領地通貨工作』, 東京: みすず書房, 1983.
馬場明, 『日中關係と外政機構の研究』, 東京: 原書房, 1983.
朴橿, 『中日戰爭과 阿片: 내몽고지역을 중심으로』, 서울: 지식산업사, 1995.
朴橿, 「朝鮮에서의 日本 阿片政策」, 『韓國民族運動史研究』 20집, 1998.
朴橿, 「滿洲國阿片斷禁政策의 再檢討」, 『釜大史學』 23집, 1999.
森久男, 「臺灣阿片處分問題(1)」, 『アジア經濟』 19卷 11號, 1978.
森久男, 「臺灣總督府の糖業保護政策の展開」, 臺灣近現代史研究會 編, 『臺灣近現代史研究』 創刊號, 1978.

澁澤信一,「國際問題として阿片問題」, 菊地酉治 等 著,『阿片問題研究』, 東京: 國際聯盟協會, 1928.
石島紀之,「中國占領地の軍事支配」,『岩波講座 近代日本と植民地2 帝國統治の構造』, 東京: 岩波書店, 1992.
小林元裕,「阿片をめぐる日本と汪兆銘政權の相剋」,『總力戰・ファシズムと現代史 ; 年報・日本現代史』3號, 1997.
野波靜雄,『國際阿片問題』, 東京: 平凡社, 1925.
歷史學研究會 編,『太平洋戰爭史3 日中戰爭 Ⅱ』, 東京: 靑木書店, 1974.
外務省條約局,「昭和13年度執務報告拔萃 194~203 6章 阿片及麻藥ニ關スル問題」,『極東國際裁判記錄 檢察側證據書類』82卷.
外務省通商局,『華盛頓會議參考資料 阿片問題』, 1921.
原朗,「日中戰爭期の國際收支」,『社會經濟史學』34卷 6號, 1969.
原朗,「戰時統制經濟の開始」,『岩波講座 日本歷史(20) 近代(7)』, 東京: 岩波書店, 1976.
劉明修,『臺灣統治と阿片問題』, 東京: 山川出版社, 1983.
林進發,『臺灣統治史』, 臺北: 民衆公論社, 1935.
井上光貞 外 編,『日本歷史大系(4) 近代(Ⅰ)』, 東京: 山川出版社, 1987.
朝鮮總督府專賣局,『朝鮮專賣史(3)』, 京城: 朝鮮總督府專賣局, 1936.
中村隆英,「戰爭經濟とその崩壞」,『岩波講座 日本歷史(21) 近代(8)』, 東京: 岩波書店, 1976.
倉橋正直,「日本の阿片・モルヒネ政策(その5)」,『近きに在りて』5號, 1984.
倉橋正直,『日本の阿片戰略: 隱された國家犯罪』, 東京: 共榮書房, 1996.
倉橋正直 編・解說,『二反長音藏・アヘン關係資料』, 東京: 不二出版, 1999.
治安部警察司,『滿洲國警察史』(復刻本), 松山: 1976.
黑羽淸隆,『十五年戰爭史序說(上)』, 東京: 三省堂選書, 1984.
Frederick T. Merrill, *Japan and the Opium Menace*, New York: International Secretariat Institute of Pacific Relations and the Foreign Policy Association, 1942.
Jennings, John M., *The Opium Empire: Japanese Imperialism and Drug Trafficking in Asia, 1865~1945*, London: Praeger, 1997.

제2장. 중국의 마약확산과 일본

「外人與中國煙禍」, 『拒毒月刊』 36期, 1929.
『第五回阿片及麻藥類ニ關スル委員會議事錄』, 外務省條約局第三課, 1928.
F.Musto 저, 周雲 역, 『美國禁毒史』, 北京: 北京大學出版社, 1999.
江口圭一, 『日中アヘン戰爭』, 東京: 岩波書店, 1988.
岡田芳政 外 編, 『續現代史資料(12) 阿片問題』, 東京: みすず書房, 1996.
龔纓晏, 『鴉片的傳播與對華鴉片貿易』, 北京: 東方出版社, 1992.
구라하시 마사나오(倉橋正直) 저, 박강 역, 『아편제국 일본』, 서울: 지식산업사, 1999.
菊地酉治, 「支那における阿片の害毒」, 『阿片問題の研究』, 東京: 國際聯盟協會, 1928.
大內丑之助, 『支那阿片問題解決意見』, 1917.
馬模貞 主編, 『中國禁毒史資料』, 天津: 天津人民出版社, 1998.
山田豪一, 『滿洲國の阿片專賣』, 東京: 汲古書院, 2002.
蘇智良, 『中國毒品史』, 上海: 上海人民出版社, 1997.
野波靜雄, 『國際阿片問題』, 東京: 平凡社, 1925.
外務省條約局, 『各國ニ於ケル阿片取締狀況』, 1929.
外務省通商局, 『華盛頓會議參考資料 阿片問題』, 1921.
于恩德, 『中國禁煙法令變遷史』(影印本), 臺北: 文海出版社, 1973.
劉明修, 『臺灣統治と阿片問題』, 東京: 山川出版社, 1983.
張力, 『國際合作在中國』, 臺北: 中央研究院近代史研究所, 1999.
趙泉, 「中國禁煙當前之麻醉藥品問題」, 『拒毒月刊』 24期, 1928
朱慶葆 外 著, 『鴉片與近代中國』, 南京: 江蘇教育出版社, 1995.
倉橋正直, 「日本の阿片・モルヒネ政策(その3)」, 『近きに在りて』 6號, 1984.
黃嘉惠, 「困難過程中之拒毒運動」, 『拒毒運動』 41期, 1930.
甯頗, 「中國鴉片流禍的槪觀」, 『拒毒月刊』 65期, 1933.

제3장. 일본의 조선 아편정책

『極東國際軍事裁判記錄 檢察側證據書類』 82卷.

『東京朝日新聞』
『日本帝國統計年鑑』
江口圭一 編著, 『日中戰爭期阿片政策: 蒙疆政權資料を中心に』, 東京: 岩波書店, 1985.
岡田芳政 外 編, 『續現代史資料(12) 阿片問題』, 東京: みすず書房, 1986.
菊地西治, 「朝鮮に於ける阿片モヒ害毒問題」, 『社會事業』 12卷 3號, 1928.
金俊淵, 「朝鮮モルヒネ問題」, 『中央法律新報』 1卷 5號, 1921.
滿鐵經濟調査會第5部, 『朝鮮阿片麻藥制度調査報告』, 1932.
朴橿, 「滿洲國 阿片斷禁政策의 再檢討」, 『釜大史學』 23집, 1999.
外務省條約局, 「昭和14年度 外務省執務報告」, 1939.
外務省條約局, 「昭和15年度 外務省執務報告」, 1940.
外務省條約局外務省書記官西村熊雄, 「滿洲國及北支ニ於ケル阿片麻藥問題ニ關スル視察報告」, 1935.
長田欣也, 「植民地朝鮮における阿片生産」, 『早稻田大學大學院文學部紀要』 別冊 20卷, 1994.
專賣總局, 『阿片事業槪況』, 新京: 1938.
朝鮮總督府 編, 『朝鮮事情』 昭和11~16年, 京城: 1936~1940.
朝鮮總督府 編, 『朝鮮總督府統計年報』, 京城: 1940.
朝鮮總督府專賣局, 『朝鮮專賣史』 3卷, 京城: 1936.
倉橋正直, 「日本の阿片モルヒネ政策(その4)」, 『近きに在りて』 4號, 1983.
倉橋正直, 『日本の阿片戰略: 隱された國家犯罪』, 東京: 共榮書房, 1996.
John M. Jennings, "The Forgotton Plague: Opium and Narcotics in Korea under Japanese Rule, 1910~1945", *Modern Asian Studies*, No. 29-4, 1995.

제4장. 재만 한인의 아편마약 밀매

「外人與煙禍槪述」, 『拒毒月刊』 36期, 1929.
『極東國際軍事裁判 檢察側證據書類』 81卷.
『極東國際軍事裁判速記錄(1)』, 東京: 雄松堂書店, 1968.
『自昭和7年1月至同17年9月 阿片其他毒劇藥取締關係雜件 滿洲國の部』, 대한민국국회도서관소장 마이크로필름자료, S42501-60.

岡田芳政 外 編, 『續現代史資料(12) 阿片問題』, 東京: みすず書房, 1986.
國民政府外交部 編, 『中日問題之眞相: 參與國際調查團中國代表提出之二十九種說帖』, 臺北: 學生書局, 1975.
金三民, 『在滿朝鮮人の窮狀と其の解決策』, 大連: 新大陸, 1931.
禁煙總局, 『阿片及麻藥關係法令集』, 新京: 1941.
김경일·윤휘탁·이동진·임성모, 『동아시아의 민족이산과 도시: 20세기 전반 만주의 조선인』, 서울: 역사비평사, 2004.
南滿洲鐵道株式會社經濟調查會, 『滿洲國專賣制度の現狀』, 1935.
戴秉衡, 「日本帝國之鴉片政策與東省煙禁之前途」, 『拒毒月刊』 32期, 1929.
呂永華, 『僞滿時期的東北煙毒』, 長春: 吉林人民出版社, 2004.
滿洲國史編纂刊行會, 『滿洲國史總論』, 東京: 滿蒙同胞援護會, 1970.
滿洲國史編纂刊行會, 『滿洲國史各論』, 東京: 滿蒙同胞援護會, 1971.
滿洲帝國政府 編, 『滿洲建國十年史』(復刻本), 東京: 原書房, 1969.
民, 「遼寧三角地帶毒品之實況」, 『拒毒月刊』 86期, 1935.
朴橿, 『中日戰爭과 阿片: 내몽고지역을 중심으로』, 서울: 지식산업사, 1995.
朴橿, 「滿洲國 阿片斷禁政策의 再檢討」, 『釜大史學』 23집, 1999.
朴宣泠, 『東北抗日義勇軍』, 北京: 中國友誼出版公司, 1998.
박영석, 「일제하 재만한인사회연구」, 『국사관논총』 1, 1989.
山田豪一, 『滿洲國の阿片專賣』, 東京: 汲古書院, 2003.
歷史學研究會 編, 『太平洋戰爭史(1) 滿洲事變』, 東京: 靑木書店, 1974.
王貴勤, 「淺析僞滿時期的鴉片斷禁政策」, 『僞皇宮陳列館年鑑』, 1984.
外務省條約局, 『各國ニ於ケル阿片取締狀況』, 1929.
外務省通商局, 『華盛頓會議參考資料 阿片問題』, 1921.
外務省通商局, 『支那ニ於ケル阿片及魔藥品』, 1925.
隱岐猛男, 「滿洲に於ける阿片類」, 『滿鐵調查月報』 12卷 12號, 1932.
依田憙家, 「滿州における朝鮮人移民」, 滿州移民史研究會 編, 『日本帝國主義下の滿州移民』, 東京: 龍溪書舍, 1984.
李恩涵, 「九一八事變前後日本對東北(僞滿洲國)的毒化政策」, 『中央研究院近代史研究所集刊』 25期, 1996.
李作權, 「僞滿洲國的鴉片政策」, 『僞皇宮陳列館年鑑』, 1985.
日滿實業協會, 『滿洲國阿片制度と阿片の槪念』, 1936.

專賣總局, 『滿洲國阿片專賣制度槪要』, 新京: 1938.
專賣總局, 『阿片事業槪況』, 1938.
朝鮮總督府內務局社會課 編, 『滿洲及西比利亞地方に於ける朝鮮人事情』, 京城: 朝鮮總督府, 1927.
中華民國拒毒會 編, 『中華民國拒毒會第一年度報告』, 1925.
拓務大臣官房文書課 編, 『滿洲と朝鮮人』, 東京: 拓務大臣官房文書課, 1933.
鶴嶋雪嶺, 『中國朝鮮族の硏究』, 大阪: 關西大學出版部, 1997.
한석정, 『만주국건국의 재해석: 괴뢰국의 국가효과, 1932~1936』, 부산: 동아대학교출판부, 1999.
玄圭煥, 『韓國流移民史』, 서울: 語文閣, 1967.

제5장. 화북 이주 한인의 아편마약 밀매

「蒙疆の經濟建設」, 『東亞』, 1943年 7月.
「靑島日人毒害華人調査」, 『拒毒月刊』 52期, 1932.
「平津販賣毒物之日僑」, 『拒毒月刊』 55期, 1932.
『極東國際軍事裁判記錄 檢察側證據書類』 12卷.
『極東國際軍事裁判記錄 檢察側證據書類』 81卷.
『極東國際軍事裁判記錄 檢察側證據書類』 82卷.
『第五回阿片及麻藥類ニ關スル委員會議事錄』, 外務省條約局第三課, 1928.
江口圭一 編著, 『資料 日中戰爭期阿片政策』, 東京: 岩波書店, 1985.
江口圭一, 『日中アヘン戰爭』, 東京: 岩波書店, 1988.
岡田芳政 外 編, 『續 現代史資料(12) 阿片問題』, 東京: みすず書房, 1986.
菊地酉治述, 宋哲夫記, 「日本鴉片政策之解剖」, 『拒毒月刊』 25期, 1928.
김광재, 「중일전쟁기 중국 화북지방의 한인 이주와 '蘆臺農場'」, 『한국근현대사연구』 11집, 1999.
김광재, 「중일전쟁 이후 북경지역의 한인단체 연구」, 『한국민족운동사연구』 23집, 2004.
鄧一民 主編, 『日本鴉片侵華資料集(1895~1945)』, 中共河北省委黨史硏究室, 2002.
鈴木武雄, 「蒙疆の政治と經濟」, 京城帝國大學大陸文化硏究會 編, 『蒙疆の自然と文化』, 京城: 古今書院, 1939.

賴淑卿, 『國民政府六年禁煙計劃及其成效』, 臺北: 國史館, 1986.
滿洲國史編纂刊行會 編, 『滿洲國史各論』, 東京: 1971.
朴橿, 「'滿洲事變' 以前 日本과 在滿韓人의 阿片麻藥 密賣問題」, 『韓國民族運動史研究』 35집, 2003.
朴橿, 「中日戰爭 以前 中國의 麻藥擴散과 日本政府의 態度」, 『中國史研究』 32집, 2004.
朴橿, 「'滿洲國'의 阿片麻藥 密賣對策과 在滿韓人」, 『韓中人文學研究』 19집, 2006.
石島紀之, 「中國占領地の軍事支配」, 『岩波講座 近代日本と植民地2帝國統治の構造』, 東京: 岩波書店, 1992.
蘇智良, 『中國毒品史』, 上海: 上海人民出版社, 1997.
安井三吉, 「日本帝國主義とカイライ政權」, 『講座中國近現代史6抗日戰爭』, 東京: 東京大學出版會, 1978.
歷史學研究會 編, 『太平洋戰爭史5 太平洋戰爭Ⅱ(1942~1945)』, 東京: 靑木書店, 1974.
外務省條約局, 「昭和16年度執務報告」, 1941.
外務省條約局外務省書記官西村熊雄, 「滿洲國及北支ニ於ケル阿片麻藥問題ニ關スル視察報告」, 1939.
李恩涵, 「本世紀30年代前後日本對華北的毒化政策」, 『近代史研究』, 1997年 4期.
張力, 『國際合作在中國: 國際聯盟角色的考察 1919~1946』, 台北: 中央研究院近代史研究所, 1999.
專賣總局, 『滿洲國專賣槪要』, 東京: 日滿實業協會, 1936.
專賣總局, 『阿片事業槪況』, 新京: 1938.
朝鮮總督府官房外務部, 『中華民國在留朝鮮人槪況』, 1939.
朝鮮總督府北京出張所, 『在北支朝鮮人槪況』, 1940.
朱慶葆 외 저, 『鴉片與近代中國』, 南京: 江蘇教育出版社, 1995.
倉橋正直, 『日本の阿片戰略: 隱された國家犯罪』, 東京: 共榮書房, 1996.
天津地域史研究會, 『天津史』, 東京: 東方書店, 1999.
平竹傳三, 「蒙疆建設論」, 『蒙古』, 1940. 6.
倉橋正直, 「日本の阿片モルヒネ政策(その3)」, 『近きに在りて』 5號, 1984.
玄圭煥, 『韓國流移民史』, 語文閣, 1967.

黃嘉惠, 「中國今日之鴉片問題」, 『拒毒月刊』 88期, 1935.

John M. Jennings, *The Opium Empire: Japanese Imperialism and Drug Trafficking in Asia, 1895~1945*, London: Praeger, 1997.

제6장. 러시아 이주 한인과 아편

「1921년 11월 19일 在니콜스크 영사 杉野鋒太郞이 외무대신 백작 內田康哉에게 올린 글」.

尼市特務機關調製, 「第十一師團駐屯地域內 朝鮮人村落及人口調査書」, 1921.

渡邊龍策, 『馬賊社會誌』, 東京: 秀英書房, 1981.

朴橿, 「'滿洲國'의 阿片麻藥 密賣對策과 在滿 韓人」, 『韓中人文學硏究』 19집, 2006.

박환, 『박환의 항일유적과 함께 하는 러시아기행 1』, 국학자료원, 2002.

外務省通商局, 『支那ニ於ケル阿片及魔藥品』, 1925.

于恩德, 『中國禁煙法令變遷史』(影印本), 臺北: 文海出版社, 1973.

李尙根, 『韓人露領移住史硏究』, 탐구당, 1996.

朝鮮總督府官房外務部, 『中華民國在留朝鮮人槪況』, 1939.

朝鮮總督府內務局社會課 編, 『滿洲及西比利亞地方에 於ける朝鮮人事情』, 京城: 朝鮮總督府, 1927.

朝鮮總督府內務局社會尼市特務機關, 「大正十年九月 第十一師團駐屯區域內 鮮人阿片栽培事業調査書」, 倉橋正直 編解說, 『二反長音藏 アヘン關係資料』, 東京: 不二出版, 1999.

玄圭煥, 『韓國流移民史』, 語文閣, 1967.

■ 사진자료

『東京朝日新聞』, 1921年 3月 17日.

孟烈 外 主編, 『畵說哈爾濱』, 北京: 華齡出版社, 2002.

朝鮮總督府專賣局 編, 『朝鮮專賣』, 京城: 朝鮮總督府專賣局, 1941.

中華國民拒毒會 編, 『中國煙禍年鑑』 第三集, 中華國民拒毒會, 1929.

中華國民拒毒會 編, 『中國煙禍年鑑』 第四集, 中華國民拒毒會, 1930.

倉橋正直 編解說, 『二反長音藏 アヘン關係資料』, 東京: 不二出版, 1999.

중문초록(中文摘要)

目录

著书的同时

绪论

第一章　20世纪前半期日本的鸦片政策
    1. 日本实施鸦片政策的背景
    2. 中日战争前的日本鸦片政策
    3. 中日战争爆发后鸦片政策的扩大
    4. 小结：日本鸦片政策的性质

第二章　中国的毒品扩散和日本
    1. 中国毒品扩散的背景
    2. 日本的毒品制造及扩大秘密输出
    3. 日本政府对毒品扩散的对应及责任
    4. 小结

第三章　日本的朝鲜鸦片政策
    1. 朝鲜作为日本毒品供给地的构想
    2. 第一次世界大战后朝鲜境内毒品消费者的增加
    3. 9·18事變爆发之后转换成为鸦片供给地
    4. 小结

第四章　在满洲韩人鸦片毒品的密卖
    1. 韩人的满洲移住及实态
    2. 鸦片毒品及在满洲韩人的活动
    3. 伪满洲国的鸦片专卖的实行及密卖问题
    4. 韩人的鸦片毒品密卖及伪满洲国的对策
    5. 小结

第五章　移住华北韩人的鸦片毒品密卖
    1. 中日战争期间日本的华北鸦片政策
        1) 华北鸦片政策的性质
        2) 华北和伪满洲国鸦片政策的比较
    2. 移住华北的韩人和鸦片毒品密卖
        1) 中日战争战前后韩人的华北移住
        2) 中日战争前在华北韩人的鸦片毒品密卖
        3) 中日战争期间在华北韩人的毒品密卖
        4) 韩人的鸦片毒品密卖及日本政府的态度
        5) 小结

第六章　移住俄罗斯的韩人及鸦片
    1. 乌苏里斯克市附近及韩人鸦片生产的背景
    2. 韩人的鸦片生产及密卖
    3. 韩人社会和鸦片的关系
    4. 小结

结论
参考文献
中文目录及中文摘要
索引

20世纪前半期的東北亞韩人與鴉片

如果是经历过日本帝国主义时代的人，或是对那个时代有某种程度关心的人，应该都会有通过多种渠道听到过 "在满洲做鸦片生意挣大钱的故事"，"殖民地朝鲜的鸦片瘾者故事"，"在农村得了寒腹痛的话常常把后院的罂粟花煮了吃的故事" 等 国内外韩人(朝鲜人)和鸦片毒品相关的故事经历。韩人和鸦片毒品的关系，和国内相比更多的是在满洲等移住海外的韩人间的走私活动相互联系地展开。当时很多的韩人在受到日本的庇护的同时买卖鸦片使中国人患病，韩人因此而成为日本的走狗。但是究竟在日本帝国主义时期海外移住韩人实际上是不是大量的从事鸦片毒品的买卖，如果从事的话又是如何沦落到成为日本人走狗的境地等等，至今为止也没有明确的答案。

本书旨在分析日本在强占朝鲜以后出现的国内外与韩人有关的鸦片毒品问题，及在日本鸦片毒品政策中分析韩人所处的状况。1910年以后日本殖民地统治下的朝鲜，当然甚至是一部分移住海外韩人甘心受到中国和国际社会对于鸦片的不满的眼光。但就这个问题，像以往单方面的被谈到，在忌讳关注此问题在的情况下来评价是有困难的。因此现在是有必要重新通过考察具体的实相和时代的状况，来达到对此问题做出客观地理解的时候了。

在第一章里通过对日本鸦片政策的整体勾画，来理解国内外和韩人相关的鸦片毒品问题的基本背景。韩人的鸦片毒品问题，中日甲

午战争(清日战争)以来，和日本对各殖民地和占领地为对象实行的鸦片政策有着密切地联系。日本在对外侵略的过程中为了维持已取得的殖民地和占领地，当然是为了秘密地保障工作资金，实行鸦片政策的同时违反了国际法。当时鸦片及其代用品毒品的相关问题上，同意在许多的国际条文中努力禁止鸦片和毒品的日本，不得不隐藏下这个极大的罪恶。再有日本当局在实行鸦片政策的过程中，借助一部分韩人避免了中国消费者和国际社会的对其批判，同时也等待出现阻碍韩国人和中国人关系的效果。

第二章中以鸦片的代用品出发,在中国社会中,开始决定治理认为比鸦片更为严重的中国毒品的扩散问题。在毒品问题中，日本被认为是国际上的中国国家内部毒品问题扩散的主犯。日本在第一次世界大战期间,在欧洲生产过剩的医疗用毒品,是在第一次世界大战期间通过本国的力量在国内开始生产的毒品往中国大量地秘密输出而取得庞大的利益目的开始的。日本的毒品贩卖商和制药公司之所以能够在中国积极地输出毒品,和日本政府对毒品的管制意志不足有很深的关联。日本的制药公司对于毒品的制造量只要申报的话就会不受任何的制约，再有毒品往国外再输出的情况，即使输出的毒品超过国内消费量也不会被认为是问题。1920年自日本内务省令出台的毒品制约法规由于处罚非常轻而没有什么实效性。与此相同的是日本当局微弱的毒品管制意志与在中国居住的日本人的毒品秘密买卖的过程中也是差不多的。在中国进行毒品秘密买卖的日本人，因为能够享受治外法权的特权,中国的官吏不能够对其进行直接地管制，即使被管制日本领事馆令与别的国家相比非常之轻，反而甚至是达到了给人一种像是在鼓励其秘密买卖的程度。当时日本领事馆，对于韩人也是当作是"日本国臣民"来看待，自然也就像日本人一样享受治外法权的特权，因为处罚很轻微的原因也更加轻易地助长了韩人的毒品秘密买卖。

在第三章里，曾经是没有鸦片毒品的日本殖民地的朝鲜，是在什么样的环境和意图中，如何沦陷成为对日本势力圈的鸦片毒品的生产和供给地的,以及滥用毒品是如何成为朝鲜严重的社会问题的,分析此些问题产生的背景和实际的状态。作为殖民地的朝鲜，在9.18事变(满洲事变)以来，在日本势力权限下被强调是鸦片和毒品的供给地。经过9.18事变成为新的大规模鸦片消费的满洲地区，成为日本殖民地之时,在专卖税的方面，日本为了调达昂贵的鸦片，日把目光投向了朝鲜的鸦片生产。特别是在中日战争和第二次世界大战爆发以后，外换管理的强化,外国产鸦片的输入,存在一系列困难的问题,这样一来就更是加大了在朝鲜生产鸦片的期待。9.18事变以来日本的势力范围，即为了维持在台湾，关东洲,伪满洲国的专卖税成为外国产鸦片的代替产地而呈现出朝鲜的重要性。特别是1930年以后的伪满洲国，朝鲜不仅生产鸦片而且成为毒品的的最大输出地。与此相同的是，作为殖民地的朝鲜，从前尽管是几乎没有鸦片消费的地区，但是由于日本的鸦片政策，成为作为鸦片的生产和供给地而沦落成为毒品的消费地区。

在第四章中分析在9.18事变的前后,移住满洲的韩人鸦片毒品的相关问题。这和1910年日本强占朝鲜后，许多的韩人移住海外特别是去往城市的满洲移住民与鸦片毒品有着很深的关系。当时在满洲的韩人大部分是在朝鲜被日本强占以后，为了躲避日本的经济政治逼迫而移住到满洲地区的。由于日本不承认他们韩人的中国归化，由于两重国籍的他们拥有不稳定的法律地位，因此维持生计就比较困难。在这种请况下一部分韩人在日本领事馆的包庇下，利用治外法权来从事鸦片毒品的秘密输入和从事烟馆行业。

一方面，在满洲的韩人被看做是'日本人'，满洲地区的韩人的鸦片毒品的问题和中国官民相对立，日本无论何时都会借此成为侵略中国的理由。满洲是失去国家的韩人移住生活最多的地方也是独立运动

的主要根据地。对于在满洲地区的韩人，在独立运动方面，也需要拥有主管满洲地区权利的中国政府和人民的支持和协力。在此情况下，和鸦片毒品相关问题相关的满洲地区的韩人对取得中国和国际社会的同情和支持有不利的影响。

伪满洲国建立以后，曾经作为日本侵略的工具而被利用的韩人的意义仿佛在丧失，韩人鸦片毒品从业者也处于相似的境地。即日本在伪满洲国建立之后，为了满洲地区的安定化，对满洲国人的关心相较韩人更加重要。但是在实行鸦片专卖初期，由于鸦片的秘密栽培和秘密买卖没能取得成果，为了解决这一问题，暂时决定由韩人等在这一地区来负责鸦片业人力和组织上的调配。这时的'韩人'意味着是'归化韩人'，他们拥有'日本国臣民'的身份。最终伪满洲国建立以后，韩人在鸦片专卖及早快速地确立和管制过程中一时得到日本的需要，因而被再次利用。但是1937年中日战争爆发之后随着完全的专卖制的实行，那些从事鸦片业的韩人又再次走上被日本抛弃的命运。

在第五章中，在中日战争爆发前后，分析在华北的韩人的鸦片毒品秘密买卖的问题。1937年中日战争爆发以后，移住在华北地区的韩人依旧是和鸦片毒品有关联。和满洲的农业移民不同的是移住在华北的韩人，在经济上困难和在异国的环境下，很难找到'正式的行业'。在此情况下，能够享受'日本国臣民'治外法交特权的他们，也就很容易地陷入到'不正当行业'的诱惑之中去。由日本领事馆或是军队来负责处治违反鸦片毒品的事实，就更是加快了他们陷入'不正当行业'的步伐。

特别是中日战争爆发之后，这一地区的韩人移住者，和之前相比增加了大约近十倍，很自然从事毒品等'不正行业'人也增加了很多。这其中有以前就从事此行业的人，也有从满洲移住过来的从业者，还有战争爆发之后在日本军驻地周边借着军需的名义做买卖的人。

事实上中日战争爆发之后，华北韩人的鸦片买卖的增加和日本的

管制态度有很大关系。日本在侵占了华北之后，实行以鸦片为主的政策的同时相对于韩人等持日本国籍的秘密买卖的管制是比较消极的。而且和在华北地区日本的统治力量比较薄弱，及外务省令对毒品贩卖者的管制宽大处罚，包括作为现地日本驻军非协助的韩人对毒品扩散置之不管，所以对拥有日本国籍的秘密买卖的管制是很困难的。综合以上的原因移住在华北的韩人就很容易陷入进毒品买卖的诱惑当中。

在第六章中分析关于移住在俄罗斯沿海州的韩人的鸦片生产和秘密买卖，特别是在1920年前后以乌苏里斯克市的附进地区为中心来进行考察。移住海外的韩人的鸦片生产和秘密买卖的对象不仅是居住在满洲或是华北的中国人也出现在了俄罗斯的沿海州区域。他们以俄罗斯沿海州的乌苏里斯克市附近地区为中心，进行了大量的鸦片生意。加之第一次世界大战爆发后，鸦片需求的急增，乌苏里斯克市作为交通要地，这也是居住在这附近的韩人大量种植鸦片的一个重要原因。在此环境下，这一地区贫穷的韩人和住在城市的商人们宁可冒着危险也愿意去栽种能够收获很大利益的鸦片。

然而住在这一地区的韩人，与满洲`华北的韩人有所不同。私下里承认和支持在满洲和华北的从事鸦片秘密买卖的日本却对俄地区的韩人加以警戒。这是因为在俄罗斯沿海州的乌苏里斯克市周边韩人的鸦片收入，和抗日独立运动需要的军费有密切的关系。因而日本对要求俄罗斯政府对鸦片进行管制和禁止。

通过以上的内容对韩人的鸦片问题进行几点整理。

第一，在日本强占朝鲜之后，在满洲和华北等城市居住的韩人在法律上不安定的处地，使得他们利用日本的治外法权的特权来进行鸦片毒品生意。1910年由于日本对朝鲜的强占，在政治经济上处于困难之中的韩人纷纷前往外国移住，在这其中面临经济困难的许多韩国人陷入到'不正当行业'的诱惑之中。特别是日本不承认韩人的

归化而拥有不稳定的法律上的二重国籍。前往农村移住的韩人与移住城市的不同,他们找不到"正式的行业"而陷入"不正当行业"之中。

另一方面移住中国满洲和华北等地的韩人被看做是日本人而可以享受治外法权的特权。即在中国不论做出什么样的不法行为也不受中方的管辖而是受日领事馆的管理。日本领事馆对待日本人和韩人同样实行宽大的刑法。前往满洲华北等城市移住的韩人经不起这种特权上的诱惑,很多都沦落成为"不法经营者"。在这其中虽然有许多为了维持生计而从事'不正当行业',也有的是想借此生意而大发一笔前往满洲和华北的。

第二, 俄罗斯沿海州的乌苏里斯克市附近韩人的鸦片收入和一部分抗日运动的军费有着密切的关系。在这一地区由于不是日本的管辖范围一部分的收入很容易被转化成为对抗日本的军事费用。虽然通过国际上的禁用品而获利充当军费是不赞赏的, 但仅通过这一点我们就可以猜测出当时的物资调配是在多么的恶劣的条件下展开的。

第三, 海外移住的韩人的鸦片毒品等从事'不正当行业'的韩人,在日本实行对外侵略政策和鸦片毒品政策时利用的方面也不能被忽视。9.18事变以前,日本在鸦片和制造业上秘密输出的过程中, 由于日本领事馆宽大的处罚使得韩人得以从事秘密买卖。

日本的鸦片卖给中国的过程中, 由于中方官员的管制而出现和产生的摩擦, 日本借此理由来给中国当局施加压力。因此中国人把韩人看做是日本的走狗。不仅如此, 为了抵抗日本, 朝鲜理应要与中国联合携手的, 由于毒品买卖的问题也使得国际社会消减了对朝鲜的信赖度。伪满洲国时期的韩人,在实行鸦片专卖制度初期被日本所利用, 后来用走上被抛弃的历史悲惨命运。华北地区也曾被日本现地军部作为军事战略而利用。

第四,一方面因为日本的鸦片政策,在朝鲜内部生产鸦片,供给给台湾, 广东, 满洲等地的中国消费者。虽然是由朝鲜生产但是这一

切都是在日本的殖民支配政策之下实行的。在朝鲜向外供给鸦片的同时也面临和承受国内的韩人鸦片中毒的严重的社会问题。

第五，在中国和国际社会中，为了禁止鸦片和毒品进行多边努力的情况下，韩人所处的环境移住从事鸦片毒品的海外的韩人无论多么困难也很难避免遭到批判。鸦片和其代用品，在1909年召开的国际鸦片会议上被指定成为国际社会的禁用品。中国于1907年签署中英禁烟条约之后，虽然是进入了民国时代，但还是制定了一系列严禁鸦片的法规。与此同时，在中国国内和国际社会都在为禁烟法律的颁布做着一系列地努力。在这一过程中，无论情况有多么困难，即使是被日本利用也不能为韩人从事鸦片毒品交易的行为作出辩护。

总而言之，为了扩大财源的日本对于殖民地和占领地实行的鸦片政策，韩人作为鸦片毒品的贩卖者即作为日本官民一起作为的犯罪者的形象，至今为止还被中国和国际社会这样来认识。韩人从事鸦片毒品的买卖，事实上是1910年日本强占朝鲜后，移住海外韩人社会的不安定地位的象征的呈现。当时移住城市的韩人为了维持生计在日本的庇护下向中国人直接进行毒品买卖。由此加剧了韩中间的矛盾深化，更进一步在国际社会上，对韩人的信赖程度也产生了极其不好的影响。移住海外的韩人在这样的情况下，在日本对外侵略和鸦片毒品政策相关的私下里受到的保护，更进一步不能忽略韩人被利用的事实。

찾아보기

ㄱ

가격정책 61
가토 다카아키(加藤高明) 82
간도 50, 138
강생원(康生院) 171
강소성 203
경봉선(京奉線) 144
경산선(京山線) 205
경찰제도 49
계연소 217
계연약(戒煙藥) 73, 74, 77
계연의원 77
계연총국(戒煙總局) 47, 63
계연특별감정 183
고려인 202
고베(神戶) 81, 88
고토 신페이(後藤新平) 42, 82
공작자금 45, 46, 47, 64
관동국 121
관동군 50, 153, 163, 188, 191
관동대지진 200
관동주 32, 42, 43, 46, 48, 49, 51, 53, 64, 65, 81, 91, 119, 124, 125, 127, 128, 145, 154, 242, 251
관동주 조차지 39

관동청(關東廳) 43, 95
관연소(管煙所) 171
괴뢰정권 44, 183
굉제선당(宏濟善堂) 43, 47, 54, 63, 66
구라하시 마사나오(倉橋正直) 72
구리하라(栗原) 165
국민혁명 139
국제검찰국 46
국제사회 91, 105, 130, 192
국제아편회의 64, 71, 72, 77, 97, 153, 242
국제연맹 72, 202
국제조약 64, 66, 249
국제회의 77, 97
군위안소 198
군자금 242, 243, 244, 253, 254
권업신문 241
귀화 조선인 164
귀화 한인 169, 176, 252
극동국제군사재판 47
극동집행위원회 237
금연(禁煙) 44
금연운동 39, 74, 75, 100
금융공황 201
금제품(禁制品) 30, 146, 197, 233,

234
기동(冀東) 210
기밀비 64
기찰정권(冀察政權) 195
기찰정무위원회 195
기쿠치 유지(菊地酉治) 75, 118
김삼민(金三民) 146
김준연(金俊淵) 117

ㄴ

나가다 킨야(長田欣也) 105, 125
나가사키(長崎) 88
나카노(中野有光) 43
남경정부 재정부 47
남만주지역 144, 145
남만주철도주식회사 경제조사회 164
남북만주 145
남양 111, 113
내무성 95
내무성령 94, 101
네덜란드 64
노대 모범농촌 198
노대농장(蘆臺農場) 198, 205
노스 차이나 헤럴드 97
니시무라 구마오(西村熊雄) 205, 215
니콜스크-우수리스크 35, 227
니콜슨 174
니혼(日本) 제약주식회사 88

ㄷ

다이니혼(大日本製藥) 82
다이쇼 제약주식회사 111, 113, 114, 118
단금기간 65
단금정책 66
단금주의 211
당고협정(塘沽協定) 201
대련 85, 87, 90, 236
대만 39, 46, 48, 49, 51, 64, 65, 119, 120, 125, 128, 154, 242, 251
대만공사(大滿公司) 162
대만보(大晩報) 203
대만총독부 95, 121
대장성 95
대한제국정부 106
도립의원(道立醫院) 116
도박 241
도박장 239
도죠내각(東條內閣) 47
도쿄 112
도쿄 아사히신문(東京朝日新聞) 95, 117
도쿄재판 66, 186
독극물(毒劇物) 92
독소(獨蘇) 127
독일 84, 87
동경부(東京府) 227
동아동락사(東亞同樂社) 202
동아일보(東亞日報) 117
동양협회 139
동청철도(東淸鐵道) 227, 228
두레저(Dreser) 73
두만강 138
드루(Edward. B. Drew) 78

ㄹ

라지움(製藥)　82
러시아 관헌　233, 236, 239
러시아 혁명　235, 236
러일전쟁　32, 39, 40, 42, 46, 53
리지엔푸(里見甫)　45

ㅁ

마쓰이(松井)　60
마쓰자와(松澤)　172
마약　84, 85
마약 판매상　100
마약 흡음소　200
마약문제　33, 193, 249
마약밀매　33, 73, 93, 206
마약밀매자　173
마약밀수　99
마약생산　33, 73, 109
마약소비　34
마약점　204
마약제조　73
마약중독　114
마약중독자　116
마약확산　73, 81
마적(馬賊)　163, 231, 233, 235, 240, 241, 243
마취약품수출입법안　87
마취제　71
만몽　111
만인(滿人)　136, 170, 252
만주 이주　138

만주국　30, 32, 34, 35, 42, 43, 48, 49, 50, 53, 57, 58, 60, 64, 65, 119, 120, 123, 124, 125, 127, 135, 137, 153, 154, 159, 160, 161, 162, 166, 170, 171, 172, 173, 175, 181, 185, 187, 188, 192, 206, 251
만주국 전매제도　121
만주국인　135, 168, 169, 252
만주국정부　121, 161, 165
만주사변　30, 32, 34, 42, 51, 97, 119, 129, 130, 131, 136, 137, 140, 153, 163, 167, 168, 195, 201, 250, 251
만주사변기　181, 188
만철　139
만철·북지경제조사소(滿鐵·北支經濟調査所)　44
만철경제조사회제5부　110
만철부속지　152, 171
만철연선　146
매춘업　146
메릴(F. T. Merril)　151
모르페우스(Morpheus)　73
모르핀　71, 73, 74, 75, 79, 81, 82, 87, 108, 109, 110, 111, 116, 128, 149
모르핀 단속법　81
모르핀류　82, 85, 100, 101
모르핀치죄조례(嗎啡治罪條例)　76, 78
몽강(蒙疆)　58, 60, 123, 126, 185
몽강정권　63, 184, 185, 186, 187
몽강지역　54, 55, 56, 59, 62, 63, 65

몽강토약공사　54
몽강토업조합　54
몽고연합자치정부(蒙古聯合自治政府)　44, 186
무토(武藤)　164
문창범(文昌範)　242
미쓰야(三矢)　139
미쓰야협정(三矢協定)　139
미야지마 미키노스케(宮島幹之助)　91
미즈노 우타가우(水野遵)　46
밀매가격　61, 189

ㅂ

바이엘 제약회사　73
발해국　227
방공정책지구　185
백면(白面)　74
백분(白粉)　74
복건　210
봉천　50, 87, 144, 145, 166, 236
봉천성　87, 141
봉천총영사관　143
부정업　30, 135, 146, 163, 168, 173, 174, 192, 198, 199, 205, 206, 207, 209, 221, 254, 255
부정업자(不正業者)　142, 149, 167, 173, 195, 217
북경　204, 236
북경조약　226
북만주　148
북만지역　142, 240
불령선인　243

블라디보스토크　226, 236, 241
블라디보스토크정부　237
비밀 공작자금　46
비적(匪賊)　120
빈강(濱江)　50
뽀그라니치나야　229

ㅅ

사법성　95
산서　57
산쿄(三共製藥)　82
삼강성(三江省)　50
상해　72, 88
상해 국제아편회의　107
상해 대영의원(上海大英醫院)　73
생아편　128, 156, 159
선교사　79, 87
선적품(船積品)　81
세계 대공황　201
세이카 제약주식회사(精華製藥株式會社)　88
소비에트정부　237, 243
소왕령(蘇王領)　227
속의통상행선조약(續議通商行船條約)　75
수도작　234
수원(綏遠)　201
수입위주(收入爲主)　44
스기노(杉野鋒太郎)　227
스위스　84
스파스카야　230
시베리아　226

시베리아 출병 231
시베리아철도 81
식산흥업(殖産興業) 42
신경(新京) 157, 166
쌍성자(雙城子) 226

ㅇ

아리타(有田) 123
아이치 기이치(愛知揆一) 183
아편 71, 149
아편 밀매매 62
아편 중독자 49, 61, 62, 74, 149
아편 흡연습관 50
아편가격 61, 189
아편고문위원회 77
아편공급지 59
아편근절 45, 57, 176
아편도매인 156, 157
아편마약 29, 105, 106, 163
아편마약 문제 249
아편마약 밀매 209
아편마약 밀매문제 137, 193
아편마약 밀매상인 192
아편마약 밀매상황 194
아편마약 밀매업 136, 220
아편마약단금10개년계획 129
아편마약단금방책요강 171, 173, 176
아편마약업 192, 200
아편마약의 밀수입 251
아편마약정책 32, 35, 174, 175, 192, 249
아편무역금지협회 87

아편밀매자 166
아편법 157, 159
아편보상가격 126
아편상인 161, 175, 235
아편생산량 125, 231
아편생산지 109
아편소매인 156, 157, 164, 166, 167, 168, 170
아편소비지역 53, 56, 65, 129
아편수매인 156, 161
아편수요 62
아편수익 53
아편수익금 47
아편수입 46, 62
아편엄금 120
아편연고 156
아편왕국 240
아편자금 242, 243, 244
아편자문위원회 72, 202, 209
아편재배 228, 230, 232, 233
아편재배면적 59
아편쟁이 29
아편전매 57
아편전매수입 42
아편전매이익금 63
아편전매정책 242, 250
아편전매제도 30, 32, 34, 48, 64, 119, 123, 162, 163, 167, 175
아편정책 32, 59, 61, 63, 105, 106, 119, 154, 181, 187, 255
아편제도 61, 62, 217
아편증산정책 59, 62
아편확산 97

아편흡연자　56, 64, 110, 120, 156, 157, 159, 160
아프가니스탄　127
안동(安東)　143, 166
압록강　138
앵속　108
앵속 경작면적　125
앵속 재배　109, 113, 186
앵속 재배면적　123
앵속 재배자　156
야나이하라 다다오(矢內原忠雄)　140
양귀비　29
양약방(洋藥房)　74
엄금정책(嚴禁政策)　48, 120, 155, 181
엔 블록　55
연(煙)　39
연고(煙膏)　124
연관　145, 149, 173, 200
연관업(煙館業)　76, 146, 148, 175, 251
연길　141
연토(煙土)　200
연해주　29, 31, 35, 225, 226, 230, 231, 238, 241, 243, 244
열하성　50, 158
영구(營口)　145
영국　80, 84, 87
영사관 경찰　197
영사재판　99
영사재판권　67, 136
오오이 시즈오(大井靜雄)　43
오우치 우시노스케(大內丑之助)　98

오족협화(五族協和)　191
와타나베(渡邊寅三郞)　174, 207, 208, 214
왕쓰환(汪時環)　183
왕징웨이(汪精衛)　212
왕징웨이(汪精衛)정권　47, 65, 191
왕청(汪淸)　141
왕커민(王克民)　191
외무성령　253
외무성조약국　215
외화지불　57
외환관리　51, 55, 123, 126, 250
외환관리의 강화　128, 131
외환부족　67
요코야마 마사유키(橫山正幸)　96, 98, 210
우가키 가즈시게(宇垣一成)　44, 216
우수리스크시　35, 225, 226, 228, 230, 231, 234, 235, 238, 239, 243, 244, 253, 254
우수리지방　226
우수리철도　230
우에다(植田)　123, 172
우치다 고사이(內田康哉)　194, 227
우카이썽(吳凱聲)　72
위엔쓰카이(袁世凱)　84
위쩐(于珍)　139
유럽　113
유신정부(維新政府)　54, 63
이라크　127
이란　50, 84, 127
이란산　62
이스탄불　127

이주 한인 225
이중국적 175
이중국적자 151, 254
이훈구(李勳求) 137
인도 50, 84
일만의정서 162
일본 내무성(內務省) 83, 107
일본 내무성 위생국 82
일본 내무성 위생시험소 82
일본 내무성 위생시험장 110
일본 내무성령 85, 250
일본 대장성 83
일본 세력권 62
일본 신민 220
일본 영사관 92, 93, 99, 139, 199, 250
일본 영사관령 101
일본 외무성 214
일본 외무성 조약국 87, 205
일본대사관 182, 211
일본영사관 146, 170
일본영사관령 152
일선 낭인 203

ㅈ

자혜의원(慈惠醫院) 116
장가구 174
장춘 87, 145, 149, 236
재만 한인 143, 145
재원확보 32, 57, 64, 111, 130, 193, 242
재정수입 45

쟝위쉬엔(張玉軒) 161, 162
전매공서 157, 158, 159
전매수입 48, 53
전매제도 131, 161
전시경제 66
점감방책 106, 154
점감정책(漸減政策) 55
점금방침(漸禁方針) 42
점금정책(漸禁政策) 47, 48, 49, 53, 131
점금주의 119, 120, 123, 154
정부예산 63
정업 30, 170, 192, 220, 252
정치자금 47, 64
제1차 세계대전 50, 51, 71, 72, 84, 87, 100, 107, 110, 113, 225, 243, 249, 253
제2차 아편전쟁 74
제네바 제1아편조약 64
제네바 제1아편회의 97
제네바 제2아편조약 64
제약회사 100
제제운동 84
제투르너(F.W.Sertuner) 73
조계지 71, 152
조계지역 200, 201
조선인 밀업자 207
조선총독부 관방외무부 197
조선총독부 95, 106, 107, 111, 113, 116, 121, 124, 128, 139, 140, 141, 142, 197
조선형사령 106
조제(粗製)모르핀 128

조차지 71
주구(走狗) 146
준(準) 아편전매제도 44, 158, 172
준(準) 외부공급방식 57, 120, 189
중동철도(中東鐵道) 146, 152, 236
중영금연조약(中英禁煙條約) 74, 77, 228, 255
중일전쟁 30, 32, 33, 35, 53, 54, 55, 56, 61, 64, 66, 97, 123, 129, 131, 171, 174, 181, 186, 187, 192, 193, 194, 195, 196, 199, 200, 204, 205, 206, 208, 209, 211, 221, 250, 252
중일전쟁기 59, 65, 181, 184, 192
중화국민거독회(中華國民拒毒會) 88, 153
중화민국 임시정부 183, 189, 190, 212
증산정책 59
지부(芝罘) 91, 96
짜오취엔(趙泉) 77

ㅊ

차하얼성 174, 201
척식국(拓殖局) 95
천진 85, 87, 90, 94, 96, 144, 174, 204, 210
천진조약 227
천치타이(陳啓泰) 75
청도(靑島) 42, 43, 88, 91, 96, 204
청도시(靑島市) 공안국 204
청일전쟁 32, 39, 40, 42, 48, 111, 120, 155, 181, 249

청일협약(淸日協約) 151
체신성 95
총력전체제 66
추기치안숙정공작 50
치본공작 50
치안 토벌전 188
치안공작 50
치외법권 71, 92, 93, 94, 99, 135, 136, 162, 163, 168, 174, 206, 220, 250, 251, 254
치외법권 철폐 171, 176
치치하얼 165, 167, 170
치표공작 50

ㅋ

코데인 82, 83, 108
코카인 82, 149
태평양전쟁 40, 55, 65

ㅌ

터키 50, 84
토지상조권(土地商租權) 151
통감부 106
특별청소지역 50

ㅍ

평진지방 203
푸러(Stuart Fuller) 45, 209
프랑스 84

ㅎ

하남 57
하얼빈 142, 148, 149, 166, 170, 236
하층사회 81, 100
한인 농가 233, 244
한인 마약밀매자 214
한인 마약업자 204
한인 상인 236, 244
한인 아편상인 241
한인 이주자 221
한인사회 31, 32, 194, 225, 241
한인생활 238
한족 138
항일독립운동 242, 243, 244, 253, 254
항일무장세력 48
해관(海關) 94
헤로인 71, 73, 82, 83, 88, 108, 110, 111, 210
헤로인 밀소매 208
헤이그 국제아편회의 107
헤이그 국제조약 72
호리우치(堀內) 216
호시(星) 제약회사 82, 88
홋타 마사아키(堀田正昭) 98
홍범도(洪範圖) 242
화룡(和龍) 141
화북 29, 44, 123, 174, 185, 208, 219, 244
화북 이주 30
화북 점령지 45, 57, 193
화북금연총국 218
화북임시정부 211
화북정무위원회 61, 191, 212
화북지역 35, 62, 181, 187, 188, 192, 200, 209, 217, 220
화북침략 221, 252
화중점령지 44, 45, 62
화중지역 54, 59, 62, 63, 184, 187
환약(丸藥) 85
황국 218
황군 207
회춘약(回春藥) 115
후쓰쩌(胡世澤) 97, 202
후지와라 테츠타로(藤原鐵太郎) 98
훈춘 141
흑룡강성 141
흥아원(興亞院) 54, 58, 63, 66, 253
흥아원 화중연락부 186, 217, 218
흥아원 화북연락부 31
흥안서성 50, 158
히로타 고키(廣田弘毅) 96, 172, 210

기타

21개조 조약 151
2차 세계대전 62, 126, 127, 129, 131, 250
3·1운동 195
3자치정부 186

저 자   박 강(朴 橿)

1963년생
고려대학교 경제학과 졸업
고려대학교 대학원 사학과(동양사) 졸업(문학박사)
현재 부산외국어대학교 역사관광학과 교수

■ 주요연구
『중일전쟁과 아편: 내몽고지역을 중심으로』(지식산업사, 1994)
(『日本の中國侵略とアヘン』, 『中日戰爭與鴉片: 以內蒙古地區爲中心』이라는 제목으로 일본과 대만에서 각각 번역 출간)
『일제의 대륙침략사: 화북사변』(번역, 고려원, 1993)
『만주사변기 중일외교사』(공역, 고려원, 1998)
『아편제국 일본』(번역, 지식산업사, 1999)
「광동정부시기(1923~1925) 孫文의 禁煙理想과 現實」(2001)
「청말민초 상해의 煙館」(2006)
「일본의 아편정책과 三井物産・三菱商事의 활동」(2008) 등 다수